公元281—338

之 THREE KINGDOMS

狼觊天下

明轩公子 著

辽宁人民出版社

图书在版编目（CIP）数据

三国之狼觊天下：公元281-338 / 明轩公子著. —
沈阳：辽宁人民出版社，2018.1
ISBN 978-7-205-09097-5

Ⅰ. ①三… Ⅱ. ①明… Ⅲ. ①中国历史-三国时代-
通俗读物 Ⅳ. ①K235.09

中国版本图书馆CIP数据核字（2017）第231610号

出版发行：辽宁人民出版社
地址：沈阳市和平区十一纬路25号　邮编：110003
电话：024-23284321（邮　购）　024-23284324（发行部）
传真：024-23284191（发行部）　024-23284304（办公室）
http://www.lnpph.com.cn
印　　刷：辽宁星海彩色印刷有限公司
幅面尺寸：170mm × 240mm
印　　张：17.5
字　　数：275千字
出版时间：2018年1月第1版
印刷时间：2018年1月第1次印刷
责任编辑：赵维宁
封面设计：异一设计
版式设计：留白文化
责任校对：周　健
书　　号：ISBN 978-7-205-09097-5

定　　价：39.80元

写在前面

提起中国的乱世，首推两晋南北朝，春秋战国离我们过于邈远，而五代十国又过于短促。所以位于这两个乱世之间的两晋南北朝更能引发人们共鸣。然而，遗憾的是，基于种种原因，这段历史长期以来被淡化，人们对于这段历史中最关注的只怕还是魏蜀吴三国鼎立时代。

然而，如果我们细心去观察便会发觉，在长达三百多年的两晋南北朝时期，并非只出现过一次三足鼎立。从广义上来说，这段时间三足鼎立的情形至少出现过三次。如果细化一下，则可以划分到五次及以上。

那么，我们以广义的视角来区分，这三次三国时代究竟产生于何时呢？众所周知的前三国（即魏蜀吴）自不必多说，而近年来随着影视题材或是网络小说的红火，后三国——梁（陈）、西魏（周）、东魏（齐）也开始进入大家的视线。

而在这前三国与后三国之间，还出现过一次三国鼎立。这一次三国鼎立的局面很奇特，可以细化分为两个时期，前一时期鼎足情形类似前三国，北方统一的羯胡政权对峙南方的成汉政权及东晋政权；后一时期鼎足情形类似后三国，北方的前秦、前燕对峙南方统一的东晋。我们姑且将其称为中三国时期吧，以区别于前三国与后三国。

只是很久以来，由于两晋这段时间极为混乱，这混乱在北方更为显著，所以统称为东晋十六国时期。然而，整个十六国时期却以淝水之战为节点，形成了两个截然不同的时期。前期即是我们所要讲述的三足鼎立时代，从胡（汉赵）、氐（成汉）、汉（东晋）到秦、燕、晋。后期则是北方诸国并立的时代。

谈及这段历史，有诸多的因素让我们不愿去详提，因为那是一段胡汉交融的纷争史，一段汉人的半屈辱史。可是有些东西并不会随着我们的淡忘而消退，过往发生的一切都客观地陈列在那儿。往事已逝，无论我们是愤慨还是惋惜，这都已经无法改变，而如果说我们能够拨开迷雾，从那段千年前的过往中得到些借鉴，那必然是这段历史留给今人的最大价值所在。

从“八王之乱”中的离石台，到淝水之战前的八公山。匈奴、鲜卑、羯、氐、羌相继在中原的舞台上演着一幕幕惊心动魄的权力搏杀与王朝更迭，其中形形色色的人物风云际会，逐鹿天下。

司马家八王相争，战火燃遍中原大地，屠各部乘势而起，雄师马踏黄河两岸。

东晋皇权旁落，内部纷争动荡不已，北方两强并立，刘曜石勒中原逐鹿。

残暴不仁的石虎窃据帝位，在一系列倒行逆施之后终于迎来末日的审判……

胸怀天下的桓温一生彷徨，即使在生命的最后一刻都在追逐不可实现的梦……

还有宽容远怀的苻坚，忍辱负重的慕容垂，徒增笑柄的庾亮，三定江南的周玘……正是因为有了他们的加盟，才让我们从那段鲜血四溅的历史中能找到灵魂的慰藉。

目录

第一章 八王之乱——同室操戈相煎急

（一）

每当谈起两晋南北朝这个历史时期，人们总是喜欢选择性地无视和遗忘，大到历史教材，小到影视题材，都尽力地跳过这一时期。因为那段时期，中华的儿郎都承担着生命难以承受之重，其混乱和黑暗程度，超越了近代百年屈辱史，但你待见或不待见，这段历史终究在那儿，不增不减。

而今天，笔者将带领大家一起追溯这段历史，而首先要说的，便是揭开这黑暗 ·幕的导火索——八王之乱事件。而要提到八王之乱，则迈不过这么两位人物——司马衷和贾南风，这一对痴儿丑妇便是打开潘多拉魔盒的关键性人物……

公元 290 年，农历四月己酉日，一代雄主晋武帝司马炎驾崩，时年五十五岁。按理来说，老皇帝驾崩，新皇帝登基，这并不是什么蹊跷的事，只不过，咱们这位新皇帝实在……

用孟子的一句话来评价司马衷，那便是“望之不似人君”啊。那司马衷究竟如何不似人君呢？这就要从司马炎死前几年开始说了。

司马炎的皇后杨艳给他生了三个嫡子，长子司马轨还没长大成人就不幸匆匆离世了；接下来，司马衷成了太子的首要人选，只可惜司马衷估摸着有我们现代常说的自闭症，从而导致智力水平一直保留在和阿甘一样的值上。那么问题来了，选太子哪个强？皇后杨艳来帮忙。在司马衷和三子司马柬之间，杨艳最终选择了二儿子司马衷。

这样的抉择会让很多人大惑不解，后世很多人认为杨艳之所以选择司马衷，那是因为出于母爱：生出这么一个低能儿，自然希望尽母亲最大的努力去补偿他啊。可事实并非如此，首先，嫡长子继承制的古老条例摆在那里，司马衷作为嫡长子自然有继承权，退一万步来说，即使司马衷先天不足，那也不可能到庶子里挑选，所以只能是司马柬和司马衷。

那有人又要问了，为何杨艳不选择司马柬呢？《晋书》记载司马柬“识量过人、性情仁厚”，看起来挺不错的样子。但大家都忽略了这史料中另外提到的一点——“不善言辞”，好嘛，合着搞了半天还是个有自闭症倾向的孩子啊，这让杨艳很担忧，万一长大了也和司马衷一样怎么办？杨艳的未雨绸缪并非没有科学依据，遗传学告诉我们，很多遗传病亲兄弟都会染上的。

除此之外，当时司马柬虽然是杨艳的第三个儿子，但是在司马炎众多的儿子中却已然较为靠后了，他和司马衷之间夹杂了不少同父异母的兄弟。一旦他登基，那些兄长的地位显然很尴尬，而考虑定太子的时候，司马柬也才三四岁。“立嫡以长不以贤”，何况这边的司马柬既不是“长”，又看不出“贤”，经过反复思考，杨艳最终下决心定司马衷。

有人又要问了，杨艳毕竟是个皇后，不是“后宫不得干政”吗，这立太子的事情杨艳能说得准吗？别说，杨艳还真有这“一锤定音”的本事，凭的就是她和司马炎几十年的夫妻感情，这不仅仅体现在这次的立太子事件上，也包括日后的立皇后事件上。

泰始三年（267），九岁的司马衷被册立为皇太子。不过，这个太子虽然年龄一天天增长，可智商却像中国足球一样永远都是那个水平。一次，他去华林园玩，突然听到一阵蛤蟆叫，心血来潮的太子便抛出这么一个论题——“论蛤蟆鸣叫是为公还是为私”。侍从们一听太子爷问了这么个问题，一下子蒙了，就像是学霸也难以解决脑筋急转弯的问题一样，正常人永远跟不上司马衷的思维。

不过司马衷一看他们都不回答，生气地说道：“那什么，你们，你们再不回答我就要打你们板子了。”

大家一看这主儿是要玩真的了，只得立马开动大脑，仔细思考。终于，一个侍从脑子活络，上前说道：“太子爷，我知道了，这养在官家池中的便为官家叫，这养在私家池中的便是为私家叫。”司马衷觉得这人说得在理，连忙好好地赏赐了他一番。

一边是自己的傻儿子扶不上墙，另一边则是被酒色掏空之后身体每况愈下的司马炎，晋朝未来的路该往哪儿走，大臣们夹在中间往往是最担忧的……

（二）

不久，京城里开始有传言了，说百官都想拥护司马炎的弟弟齐王司马攸日后接班。提到这个司马攸，司马炎便是一个劲儿地不爽，因为当初他的老父司马昭最喜欢的儿子不是他司马炎，而恰恰是司马攸，甚至一度还拍着自己的座位对大臣们说："看，这以后就是桃符（司马攸小名）的座位。"

后来，虽然迫于大臣们的压力，司马昭不得不立司马炎为世子，但对司马攸的宠爱却未曾减弱。再到后来，做了皇帝的司马炎虽然没有记恨自己的弟弟，在外人面前和司马攸的关系很融洽，一副"兄友弟恭"的样子，但真实的情况如何，也许只有他俩私下里知道。

这次的传言让司马炎明白，只要自己这个齐王弟弟还在京师，那自己傻儿子日后的皇位必受威胁，于是司马炎开始谋划驱逐自己的这个弟弟了。很快，司马攸便收到自己哥哥要求自己离开洛阳回封地的旨意。不过，司马攸待人友善，朝中很多大臣都是他的死党，司马炎这么做，一下子便激发了数十位大臣一同上书，请求司马炎让齐王继续待在朝中辅政。

没这联名上书还好，这一联名上书，司马炎更像是被戳中了肺管子一样："好嘛，我就知道你们这些鸡贼私下早就和齐王勾结了，就等我归天呢！齐王还能留下来？"随即司马炎又下了一道旨意，要齐王火速离京——再不走就将武力遣送了。司马攸无法想象，这一向宽仁的皇兄竟然是这么一副嘴脸，结果一气之下竟然吐血身亡了。

司马炎原本只想赶走自己这个弟弟的，但没想到闹出人命来了，只得号啕大哭一场，并厚葬了齐王司马攸，让司马攸的儿子司马冏承袭了齐王之位。只是，他不知道，仇恨的种子一旦播下，那必将祸延下一代的，这个司马冏日后便参与了那场司马家的大混战——八王之乱。

司马攸虽然死了，可是司马炎和大臣们都知道，要是太子依旧是这么个样子，那晋朝以后还会出现第二个、第三个"司马攸"。这时，尚书令卫瓘决定铤而走险，劝司马炎更换太子。这个老卫可了不得，年轻时曾经平定了蜀中邓艾、钟会之乱，让晋朝得以安全地控制住蜀中。随后司马炎在择立太子妃的时候，还一度考虑到要用卫家的女儿。

这么样的一个人，他必然具有相当分量的话语权。一次，卫瓘在宴会上假借醉酒向司马炎进言。司马炎便问："爱卿有何事启奏啊？"老卫没说话，而是踉踉跄跄地走到御座旁，一边摸着御座一边叹息道："这个，这个座位，可惜了，可惜啊。"这样的劝谏方式，既能达到劝谏效果，又保护了自身，后来北周的时候，也有大臣如法炮制地劝谏过宇文邕，只不过御座换成了宇文邕的大胡子。

司马炎何等精明啊，早就听出了老卫的话外音了，于是他故意板起脸来，对老卫说道："爱卿你喝醉了，快回去吧。"老卫知道司马炎懂自己话的意思了，便就坡下驴，趁机离开酒宴回去了。

老卫走了，司马炎则心里犯起了嘀咕：这个老卫平时老实巴交的，犯不着冒这个头啊，难道说朝中已经有相当一部分人不满意这个太子啦？想到这儿，司马炎很是忧心，一旦朝臣不和，是会影响未来国家的长远发展的，必须用实际行动证明：太子完全有能力治理这个国家！

由于司马炎出发点就定位在为太子正名上，而不是为国家长远考虑，所以注定了他这次的举措只能是走走过场的。而司马炎走过场的形式在今天看来也是十分普遍——考试。

司马炎找了一些题目，让人送到太子那里去，要求太子作答。虽然这是一次考试，但是却一点儿都不正规，就和大学里的一些开卷考试一样，即使平时不学，关键时刻也能找到答案，更何况还没监考老师呢。

于是司马衷的丑媳妇贾南风立刻开始场外求助，从外边找了一位儒生作为枪手替司马衷答题。这个枪手得知这次考试是事关太子的存废和未来国家明天的问题，可不敢怠慢，连忙奋笔疾书，交上去了一份优秀的答卷。不过这个答卷虽然优秀，但还是有个致命的缺点。

（三）

看出这个致命缺点的人叫张泓，是太子府的给使，说白了就是个打杂的下人。但是，恰恰是这个下人，为自己的主人保住了太子之位，老张指出，这张卷子答案太完美了，简直是无懈可击，明眼人一看就是找了枪手。用网上一句幽默的话来说就是："抄答案抄得太全了，差点儿把人名都抄上去了。"

贾南风一听，说得在理啊，虽然她为了更贴近真实，特地让司马衷亲手誊抄了答案，但却忽略了这么一个问题，以司马衷的智商是不可能答出这么一份完美答卷的。不过，既然老张能提出这个问题，便必然有解决问题的方法。于是，贾南风再次问计老张，老张狡黠一笑道："不如直以意对。"这句话的意思是让司马衷用白话文作答。要知道，古文一直沿用的是当初春秋战国时代的遣词造句，但是人们的语言却是不断发展的，于是乎，文言文和白话文的差距便越拉越大。这边老张就让太子不要玩弄古文了，直接上白话文。

老张的主意让贾南风很开心，贾南风于是笑着说道："他日若能富贵，必与张公共享。"就这样，中国古代第一篇白话文就在这么一个情况下诞生了。但是，史学界却一般公认白话文的起源在唐朝，不过这些都不是我们要去考虑的了，我们只需知道，这份答案为司马衷保住了太子之位。

虽然这份答案伪造得巧夺天工，但是，像司马炎这样的明白人绝对不会就此被蒙骗过关的。只是司马炎没有去追究，反而当众将这份试卷给反对司马衷的大臣观摩，以此打消他们心中对太子不满的念头。

卫瓘看了这份答卷，当时便无话可说，随即磕头请罪。而其他反对派大臣一看老卫都这副德性了，自然也是再无意见。司马炎见自己的目的已经达到，心里很是得意。至此，估计大家都明白了，这次考试纯粹就是走过场的，是司马炎需要这么一份试卷来堵住反对派大臣的悠悠之口，从而维护住群臣的团结。如果司马炎真心想考一考自己的儿子，大可以直接面试，根本不用来这么一场水分多多的笔试。作为父亲，司马炎比任何人都知道自己儿子的水平，但是，作为帝王，他又比任何人都知道，更改太子的危险。所以，他所能做的，只能是不停地捣糨糊。

为了能够拱卫自己这个傻儿子，司马炎亲自封了自己的其他四个儿子：司马玮、司马允、司马乂、司马颖分别做了楚王、淮南王、长沙王和成都王，沿长江一线一字排开，牢牢地为晋王朝控制住了南方版图。司马炎希望，日后这四个儿子能为他们的傻哥哥保驾护航，稳住帝位。却不料，日后这四位王爷竟然有三位参与了"八王之乱"。

而司马炎之所以迟迟不愿更换太子，还有另一个方面的原因，那就是他的"好皇孙"司马遹。

这个孩子出生很神秘，以至于我们不知道该喊他司马炎的皇孙还是司马炎的皇子。爱八卦的人肯定会问了：偶买噶，难道司马炎是扒灰仔？是，也不是。司马遹的母亲姓谢，最早是司马炎的女人。可是，司马炎担心自己的傻儿子不懂人事，所以派了谢美人前去给司马衷普及一下男女之事，但是司马衷娶了贾南风之后，谢氏的地位可就变得十分尴尬了。贾南风嫉妒心极强，曾经因为一位郑氏的妃子怀了司马衷的骨肉，而将其用戟戳破肚子残忍杀害了。

鉴于这个剽悍的儿媳妇在，司马炎可不敢让谢美人伴虎而居，随即又将谢美人重新找回宫中，可后来一检查，竟然发现谢美人怀孕了。那么问题来了，这个孩子的亲生父亲是司马炎？司马衷？这个问题千百年来一直困扰着史学家，笔者表示也不好说，所以也就不去纠结了，姑且将他认定为皇孙吧。

这个皇孙小时候就表现出了仲永的智商，一次皇宫中失火，司马炎便带着这个小皇孙一起登上城楼观看。年仅五岁的小皇孙却是死命拉扯司马炎的衣袖，将他拽到暗处，一本正经地说道："在夜里发生这种情况需要格外当心啊，一旦火光照清楚了爷爷你的脸庞，那是极其危险的，如果此时潜伏着别有用心之人，爷爷你就身处险境了。"

（四）

五岁的娃娃竟然有如此强大的分析能力，司马炎着实震惊了，不得不对这个皇孙刮目相看，连带着作为皇孙父亲的司马衷，也因为儿子的功劳使得太子之位得以进一步巩固。不过，常言道"小时了了，大未必佳"，司马遹恰恰就是这么一个被一语道中的人物。

只是，垂垂老矣的司马炎看不到自己这个皇孙颓废的那一天了，公元289年，长期纵情声色的司马炎终于病倒了。在病榻上，司马炎自知时日无多，便下诏让叔父汝南王司马亮即刻进京，与杨骏一同辅佐自己的傻儿子顺利登基。可是，杨骏不傻，能够独揽大权怎么会容忍他人来分一杯羹呢，于是他把诏书扣了下来，对外则严密封锁司马炎病危的消息。

等到了司马炎已经病得无法说话的时候，皇后杨芷和杨骏拿出了一份他们自己拟定的诏书要求司马炎用印。司马炎看了一下，差点儿没当场气死，这诏书里面不仅没有提到自己的皇叔司马亮，反而将杨骏的职位不单单定位在一个辅政大臣上，而是集财政军大权于一身的权臣。

面对这道诏书，司马炎愤愤地将它推开，拒不用印，不多时，也便一命呜呼了。而杨骏可不管司马炎愿意不愿意，当即僭越了一下，让这道诏书成了名副其实的遗诏。不知道司马炎濒死之际，心中是否对于杨骏的这一举动以及帝国的未来有着深深的忧虑呢？可这些忧虑对现实又有什么作用呢！司马炎这辈子该享乐的都已经享乐完了，眼睛一闭，身后的事都是他无法左右的了。

司马炎驾崩后司马衷登基，是为晋惠帝，加封贾南风为皇后，司马遹为太子。杨骏则根据“遗诏”，顺理成章地成了唯一的辅政大臣，大权独揽。而就在这时，那个被司马炎寄予厚望的皇叔司马亮得知自己侄子死了的消息，连忙进宫要吊唁。

可是杨骏得知这个消息后，觉得这厮明摆着是来夺权的，于是和杨芷商议，决定将司马亮诱骗进宫中，随后斩杀。幸好司马亮平时人缘不错，眼线早已将这个消息告诉给了司马亮，司马亮倒吸了一口凉气：“杨骏这老小子心肠真毒，我差点儿成了何进啊。”随即，司马亮也顾不上吊丧了，直接往封地许昌跑去，生怕迟些自己就去黄泉路上陪大侄子了。

赶走了司马亮，杨骏只觉得天是格外的蓝，云是别样的白，心情也是大为轻松，于是他为了收买人心，以皇帝的名义，将京城内的官员都各升一级。百官莫名其妙地就被馅饼砸中了，都不知道该高兴还是该忧伤，毕竟老皇帝才刚刚走，心中怎么样都该有些悲戚的，可是突然间升官了，说不开心铁定是假的。

杨骏的这一做法可是在他的反对派眼中成了一个大大的笑柄，可杨骏不怕，依旧我行我素，结党营私，把持朝政，他甚至还把自己的家搬到了以前曹爽的府邸。这一切的一切让贾南风看了很是不爽，贾南风作为女人虽然不漂亮，但要论起对权力的欲望，那可绝对是数一数二的。

曾经贾南风在司马衷上朝的时候在一旁听政，结果引来杨骏的一阵破口大骂，杨骏还指使兵士将贾南风当场轰了出去。贾南风在大庭广众下栽了面子，心里恨不得将杨骏碎尸万段，而要获得权力，贾南风除去杨骏也是势在必行的。

贾南风的几个手下给贾南风提意见，招汝南王司马亮进宫击杀杨骏，毕竟司马亮和杨骏早就有矛盾了。贾南风觉得此计可行，连忙派手下李肇去私下联络司马亮入京勤王。不过没想到，这个司马亮纯粹脓包一个，当他得知要去杀杨骏的时候，头摇得和拨浪鼓一样。李肇见这样子，也无法强求，但又不想无功而返，便悄悄地放出话去：有谁能砍掉杨骏脑袋，就予以辅政大权。

重赏之下必有勇夫，很快一个人乐呵呵地喊道：“问天下头颅几许，看小爷手段如何！”李肇循声望去，正是楚王司马玮。司马玮是司马炎那么多庶子里面年纪最大的，且当初受命坐镇荆州，是司马炎安排在南方拱卫天子的四王之首，有他加盟，事情必然能成。当然，司马玮也不单干，他顺带喊上了自己的弟弟淮南王司马允，两人一同带兵入朝。

（五）

虽然没能调来司马亮这只老狐狸，但是“江南四大法王”来了俩，也算不虚此行了。贾南风对此表示很满意，司马玮也不含糊，兵马火速开到了洛阳城外，“八王之乱”由此打响了第一枪，此时距司马炎去世才过去十个月。

贾南风在宫内首先发动政变，她派人前去司马衷那边揭露杨骏谋反，司马衷本就没什么脑子，半天憋出了这么一句话：“他，他这是想学王莽吗？”对于底下人，这一句话已经足够了，足以给杨骏定上“谋反”的罪名了。于是，司马衷传出诏令：全城戒严，楚王司马玮和东安公司马繇带兵入城，立刻去捉杨骏。

杨骏毕竟是独揽大权的人，所以朝中眼线众多，很快，司马玮要捉拿自己的消息便传到了府内。这时的杨骏急得不知道如何是好，好在他手下的党羽中有明白人，立刻有人提议由杨骏派人先去火烧云龙门，以此制造混乱，将敌人的注意力全集中到火灾上。随后再去城外调集部队，伙同太子的东宫卫队一起进宫面圣，逼皇帝交出乱党。

这么做具有相当大的风险，这中间只要有一个环节出了差错便会一败涂地，尤其是出城调军。万一城外的部队已经被司马玮控制了，那杨骏出去岂不是死路一条吗？不过，事到如此，只能兵行险招了，这么做是九死一生，可不这么做那是必死无疑。但是显然杨骏并没这么大的魄力，为了给自己的怯懦找借口，杨骏推辞说：“那什么，云龙门是曹叡当年修建的，是古迹了，且造价高昂，这么烧了岂不可惜啊。”

怕死就怕死，非要给自己找这么个不是理由的理由，大家伙原本还斗志高昂地想豁出去干一场，可杨骏的一席话着实给他们浇了一盆冷水。既然如此，幕僚们便各自给自己找理由作鸟兽散了。

而皇宫这边，身在后宫的太后杨芷得到司马衷要铲除自己爹爹的消息，连忙让左右帮自己写了数道诏书——“能救太傅者，必将重赏”。随即绑在箭上面，纷纷射出宫去，士兵们将这些绑着诏书的箭带给司马繇，司马繇便派人去请示贾南风。

结果贾南风态度坚决："杨骏造反，帮他求情的便是附逆，同罪论处！"既然贾南风都这么说了，司马繇也不含糊，立刻率领手下士兵围攻杨府。司马繇这边进展得相当顺利，先头部队已经用弓箭手堵住了杨骏突围的道路，而杨骏这边，除了刘豫试图进行点儿行动补救外，其他人都纷纷倒戈，刘豫也死于乱军之中。

很快，司马繇带兵攻进了杨府，下令凡是杨家人，一律格杀勿论。就这么短短的一段时间，杨家上下一百余口被杀得干干净净。不过，遗憾的是，这一百多号人里面居然没有杨骏，没能杀掉杨骏便不能算完成任务，于是司马繇下令继续搜捕。

一番搜寻后，士兵们发现马厩的草料堆里有动静，士兵也不管三七二十一了，直接拿着长矛往里面乱刺，只听数声惨叫，权倾朝野的杨骏便一命呜呼了。

杨骏一死，就该开始清算杨骏的余党了。作为杨骏兄弟的杨珧自然是逃不了，可是这张杨骏同党的名单中有个奇怪的名字——文鸯。

文鸯可以说是三国末期少有的厉害将领，曾经间接吓死了司马师。可他怎么和杨骏扯到了一起呢？实在没有逻辑。原来，司马繇有个外公，便是"魏得其狗"的诸葛诞，曾经与文鸯的爹一同挑起过"淮南三叛"。后来起了内讧，诸葛诞杀了文鸯的爹，文鸯便反水，投靠了司马昭，带兵消灭了诸葛诞。

剧情各种狗血，虽然说诸葛诞对于司马家来说可以算得上反革命分子，但谁让司马繇又要喊他一声外公呢。所以，就冲这点，他司马繇也要找机会为外公报仇。公报私仇，历来百试不爽，司马繇便是这么对文鸯的。而且，在接下来的时间里，这样的事还有很多……

（六）

这次在清洗杨骏的党羽过程中，有数千人丧生，其中不乏像文鸯一般躺着也中枪的。但是，作为皇太后的杨芷毕竟身份在那里，贾南风一时之间也找不到理由将她诛杀。可贾南风不找杨芷，杨芷倒是主动找上门来了。

杨太后得知父亲一家被灭门了，心里十分悲愤，怒气冲冲地跑到了贾南风的宫里，对着贾南风劈头盖脸一顿臭骂："你个贼婆娘，当初你差点儿被先帝废掉，是我跑前跑后地给你说情，才勉强保住了你太子妃之位。结果你不思感恩，反倒灭了我满门，你良心给狗吃了吗？"贾南风一本正经地说道："你爹那是谋反，是该死，我只是没走一套完整的法律程序，而率先用国家暴力机关（军队）来处理了这件事。虽然稍微有那么一丁点儿不妥的地方，但基本路线没错，你有什么资格责备我！”

杨芷一看这丑婆娘作恶了还理直气壮，心里更是怒不可遏，也不顾和她理论了，直接扑上去与贾南风一番扭打。贾南风也不甘示弱，立马回击，手下的宫女连忙劝架。经过一番折腾，杨芷才愤愤地离开了，不过杨芷虽走，可贾南风却起了杀她之心。

不久之后，贾南风便拿着杨芷之前射出宫外的诏书去司马衷那边撺掇说杨芷附逆，必须除掉。司马衷虽然傻，可却还有些良心，毕竟喊了杨芷这么多年小妈，且这个既当阿姨又当小妈的杨芷对他也确实不错，真心舍不得杀了她，便推辞说：“等等再说吧。”

但贾南风可不会就此罢休，刀已出鞘，不见血怎么得了。虽然不能明着杀掉杨芷，但贾南风还是伙同群臣迫使司马衷将杨芷废为庶人，关押在金墉城里。接下来，一个已经毫无身份地位的杨芷，对于贾南风来说，想弄死真是太简单不过了。

数日后，金墉城里传来杨芷病逝的消息，不过只有贾南风心里清楚，杨芷到底是怎么死的。因为她派人封锁了给杨芷送食物的路径，杨芷便这么被活活饿死了。不过，贾南风貌似有些迷信，担心杨芷化作厉鬼报复自己，连忙从老道士那边求来了几道黄符给杨芷的尸体贴上，让她永世不得超生。

至此，杨骏一派在朝中被彻底清除干净，就在贾南风觉得自己能接过权力大棒的时候，一个不请自来的人硬是横插了一杠子。这个人就是汝南王司马亮，当他得知杨骏被清除后，觉得自己的机会来了，连忙马不停蹄地赶来洛阳。刚到洛阳城，他就打起了群众牌，对着热情的群众连声说：“洛阳的父老乡亲们，本王想死你们了。”

司马亮本来就在朝野内外口碑不错，这次一枪没放又成了众人公认的英雄。随后，朝廷大权由司马亮和卫瓘共同掌控，楚王司马玮则升任为卫将军，负责京畿的军务。而司马繇也从公爵一下子变身为王爵了，以后见了司马繇可得喊东安王了。只是，贾南风忙前忙后大半天，啥好处都没捞到，反倒给人们树立了一个惹事婆娘的负面形象。

权力欲极强的贾南风岂能就此罢休？虽然这次她什么都没捞到，但却是明白了一个道理：那些高高在上的人们并不是那么神圣不可侵犯，只要你脑子转得快，完全可以将他们一一拉下马来，杨骏就是例子。处理了杨骏之后，贾南风已经沾染鲜血的屠刀便不再想入鞘了，她将刀锋再次对准了汝南王司马亮。

其实也算司马亮自己作死，他掌权后的所作所为和杨骏没啥不同的，老三样：升官，培植党羽，肆意妄为。杨骏借着新皇帝登基将百官全部官升一级，而司马亮在他的基础上又来了一次“全民升官”活动，司马亮的这番作为，让他手下的明白人深感忧虑。

时任御史中丞的傅咸出来劝阻道：“王爷啊，杨骏之所以失败，就在于滥用权力，胡乱封官，培植党羽，肆意妄为。而王爷你现在也是三点全占了啊，您莫不是要步杨骏的后尘？”司马亮眼睛咕噜一转，说道：“杨骏他也能和我相比，撑死了也就一外戚，自古外戚乱政的有，可有听过王爷乱政的？而且我封官和他一样吗？我培植党羽那也是为国家培养人才，我这是为公，杨骏是为私，不一样，不一样啊。至于排场什么的，人活一世不就是为这些？”

面对忠言，司马亮只觉得逆耳，他到处树敌却依旧浑然不知，而此时，贾南风那边却已经是磨刀霍霍了。

（七）

此时的贾南风和司马玮接上头了，当初怎么对付杨骏的，这次自然也是怎么对付司马亮。本来司马玮和司马亮并没什么不可调和的矛盾，可惜这位楚王年轻气盛，心里憋着一股气着实不舒服。原来，在司马亮结党营私，铲除异己的过程中，也摆了司马玮一道，借杨骏已除的缘由要求司马玮回到封地。

司马玮可不像他那个傻哥哥司马衷，稍微忽悠一下就答应了，自己拼死拼活忙活了半天可不能为他人作嫁衣。虽说司马亮按辈分已然是他爷爷辈了，但一旦牵扯到权力纠纷，就是亲兄弟都两说（后来长沙王和成都王的争权也佐证了这一点）。

气愤之余的司马玮便派手下前去和贾南风接洽了，贾南风正中下怀，于是叔嫂再次合作，轻车熟路地便草拟了“屠亮计划”。在计划中，贾南风毫不客气地在反贼头目分子司马亮的后面又加上了卫瓘的名字，究其原因，无外乎那四个字“公报私仇”。当初司马炎早先曾拟定卫家的女人做太子妃，而老卫又曾不长眼地借酒胡言，差点儿废掉司马衷的太子之位，这些旧怨积压已久，岂能不报？

但是，当董猛拿着所谓“密诏”给司马玮时，一向头脑简单的司马玮还是有些迟疑，嘀咕道：“你这道诏书没走合法的途径吧，是不是非法文件？”董猛“嘿嘿”一笑，忙说：“王爷，你怎么这么死脑筋呢？现在司马亮把持朝政，咱们要发动扳倒他的政变，怎么还能大张旗鼓地走合法途径呢？想当初除灭杨骏的时候，貌似也没有走正规法律途径吧？”

司马玮恍然大悟地说道：“在理，在理啊。好，我现在就带人去办，老小子司马亮和老卫一个都跑不了。”随后，他拿着这所谓的“密诏”，公开宣称司马亮要谋反，命令禁军即刻出动，前去捉拿叛乱分子。

当时司马亮正在府内睡大觉，好嘛，忽然一伙子兵头就把他从被窝里揪了出来，捆了个结实。随后，司马亮被带到了司马玮跟前，给出的罪名和当初杨骏一样——“谋反”。这时，司马亮非常惊讶：“我？谋反？我顶你个肺，这天下就是我司马家的，我谋反作甚啊！”

不过司马玮可不和他废话，厉声呵斥手下：“来之前是怎么和你们说的？对于叛乱分子要格杀勿论，你们是想附逆不成？”手下很多人都经历过上次的“杨骏事件”，深知一个不当心就会被划归到“附逆分子”的行列，不然上次“八竿子打不到一块儿”的文鸯怎么死的？于是，登时就有人上前，一剑刺了司马亮个透心凉。

而另一边，前去搜捕老卫的部队也是斩获颇丰，荣晦一刀杀死卫瓘。随后士兵们又趁势灭了老卫满门，除了当时还不在府内的卫璪、卫玠两兄弟。值得一说的是，卫玠在后世还被评为“中国古代四大美男之一”。

司马亮死了，标志着“八王之乱”中第一位王爷就此成为历史。前后掌权四个多月，仅仅好过楚王司马玮，因为这个司马玮非常搞笑，就转了一天便旋即被消灭。

回过头来说司马玮，消灭了老卫和亮爷之后，这个楚王觉得志得意满，大有普天之下舍我其谁的豪迈。不过，他的手下岐盛脑子活络，凑到司马玮跟前说道：“王爷，贾南风这个女人心肠歹毒，早晚还是得惹事。你看你现在重兵在握，倒不如一不做，二不休，顺势把那丑婆娘也宰了，到时候你控制了皇帝，便可以独揽朝纲了。”

司马玮头脑简单，觉得这么做太不仗义了，毕竟上次的“叔嫂合作”给他带来的印象还是挺好的，所以司马玮觉得这次他也能像上次一样收获到不少的好处。在司马玮心目中，刀尖舔血的生活哪比得上安安稳稳过下半生好呢。

（八）

但是，司马玮明显忘记了一件事，那就是他现在已经卷入权力的旋涡了，而这个旋涡是有来无回的，要想回去，付出的代价只能是生命。可是，岐盛的眼光明显比他长远，他知道盟友之所以存在，是在于受共同的利益支配，可一旦这共同的利益消失殆尽，那盟友自然也就做不长了。

望着执迷不悟的司马玮，岐盛说了一句最后的劝告："今日你不杀她，明天她必杀你，只可惜我等都要为你陪葬了啊！"岐盛并没有说错，因为此时的贾南风正在和张华密谋着除掉司马玮的计划。

当然，贾南风是幸运者，正当楚王司马玮喜滋滋地来复命，贾南风却把脸一板："你拿着一道'伪诏'就把当朝大臣给杀啦？你好大的胆子啊！"司马玮当时的表情一下子"石化"了，说："当初是你说这东西不能走正规的法律途径的，我才这么干的，董猛呢，让这家伙出来对质，怎么这么快就变脸了啊！"

贾南风只觉得司马玮可笑，就这样的蠢货也能去执天下之牛耳？随即一声厉喝，左右上前将还没回过神的司马玮绑了个结实。这时，贾南风又立即宣布了司马玮的罪状，当司马玮听到"杀无赦"三个字的时候，一下子全明白了，结结巴巴地悲歌一曲："你好毒，你好毒，你好毒毒毒毒毒……"

拿下了司马玮，贾南风又派人以皇帝的旨意宣布解散了城外司马玮的部队，并将司马玮的余党悉数抓获。那个岐盛果然没有说错，连同他在内的司马玮党羽都被诛了三族。

继司马亮之后，年仅二十一岁的司马玮成了"八王之乱"里倒下的第二位王爷。仅仅一天的时间，他便从万人景仰的王爷一下子沦为孤魂野鬼，与他一母同胞的长沙王司马乂也被改封为常山王，算是象征性地惩罚了一下吧。

贾南风又给死去的司马亮和老卫谥号，平反了一下冤案，取得了朝臣的好感，为她接下来几年把持朝政打好了群众基础。从司马玮的下场我们可以得出这么一个结论：做什么事情都得先把脑子练好啊，不然被人当枪使了还蒙在鼓里，最后反送了卿卿性命。

要想坐稳朝堂，除了会算计人，政务处理能力也不可或缺，这一点贾南风算是软肋了。不过，贾南风自己不行，她手下倒是有不少能人。首先，她从家族里挑选了俩人——贾模和贾谧，两人都被委以重任，而贾谧除了在朝堂上有崇高的地位之外，他在朝堂外的影响力也不弱。以他为核心，当时汇聚了一批文人墨客，并称为“金谷园二十四友”。而这二十四人都有谁呢？有富甲天下的石崇，有掷果盈车的潘安，还有东吴名士陆机、陆云兄弟，甚至包括后来在太原力抗石勒的刘琨。

与其将这“金谷园二十四友”当成一个文学性质的集合，倒不如将它比作一个汇集了西晋王朝各方面翘楚的政治集团。

有这样的政治集团给自己撑腰，还有张华这样的能臣给自己打理朝政，贾南风的日子过得很是逍遥。要知道，张华能走到如今的地步，没靠门第，没拼爹，靠的全是他一点一滴的积累，从当初灭吴行动中，他就开始建功立业了。

有人要问了，张华把所有的政务都处理好了，那有贾南风什么事啊，那贾南风不是很闲了吗？事实上，贾南风可不闲，她有比国家大事更能刺激全身神经的事干，嘛事？这个该怎么说呢，这个还得用一句谚语来解释，那就是“饱暖思淫欲”。

三十出头的贾南风正值如狼似虎的年纪，可是他的傻老公却在夫妻性生活方面常常不能如她的意，那怎么办呢？大权在握的贾南风自然有无数个男的愿意拜倒在其裙下。曾经看过一张图，里面画着一个妙龄美女倒在一个猪头男的怀里还很销魂，旁边一句标语“有多少女的为了金钱可以和这样的男的在一起”。其实男女都一样，面对富婆，也会有不少男的甘愿跪其面前，大喊三字“求包养”，哪怕这个富婆又老又丑。

（九）

许多时候，现代生活中很多人会哀叹“世风日下”，其实不然，这是“饱暖思淫欲”的必然结果，而这句“世风日下”据说从尧舜之后，三王时期就开始喊了，一喊就喊了千年。在生产力低下，食物匮乏，经济条件恶劣的情况下，吃饱饭是人们的唯一乞求，哪还有时间琢磨这些东西？

但是，随着社会经济的好转，满足了人们最基本的温饱问题后，所有的麻烦就都开始萌生了，而“世风日下”的社会现象也就此出现。所以，要解决社会问题最简单的方法不是用宗教神马的来度化人心，而是一下子回到解放前那个食不果腹的时代，自然人们也不再寻思那些有的没的了。不过，真要到了那样子的情况，这反倒是社会的倒退了。

像贾南风这样的富婆，如此雄厚的条件，实力摆在那儿，求她包养的男的自然也不少。首先是太医程据，贾南风总拿“每月有几天不舒服”为借口找程太医来给自己医治，然后这看病看着看着就看到床上去了。后来“金谷园二十四友”集团形成后，大帅哥潘安便出现在了贾南风的视野中，随后贾南风与潘帅开始了缠绵悱恻的一段岁月。

但是，或许帅哥无法让她感到男人味吧，没过多久，她便对潘安失去了兴趣，开始到处撒网，寻觅男伴了。于是乎，贾南风身边的婢女便乔装打扮出宫，在外边给她搜罗美少年，找到了就用竹筐子装好送回宫中，以供贾南风淫娈。不过，玩完之后这帮男的下场都很悲惨，基本难逃一死。可凡事没有绝对，在这些受害的男的当中自然也会有漏网之鱼。

不久，京师出了一起特大盗窃案，其中涉案人员是一个姓张的小吏，这人原本就是一底层屌丝，可突然有一天他香车宝马地出现在众人眼前，可不得引起人们怀疑么？经过一番审讯，这厮招供了，但是这招供和宋江的招供一样，很是语无伦次。

“我，老张人，那天重复着朝九晚五的工作，本也就平淡无奇，突然被一个老妈子给喊住了。她当面就问我，活儿好不好，我滴个娘哎，大街上哪有当面就问人活儿好不好的啊。你说我回答好，还是不好呢？”

“讲重点！”衙役一声厉喝，他可不想听老张在一些无关紧要的环节上浪费时间了。

老张只得哆哆嗦嗦继续说道：“是，是，重点就是，我当时好像回答了活儿好，然后一个黑布袋就把我罩上了，等我再次睁开眼睛的时候，我感觉自己好像到了瑶池。里面有仙女，有一个有点儿黑的，眉间长了一颗痣的女的朝着我走来，然后，然后我们……”

未等老张把话说完，就有人把他嘴堵住了，聪明人都知道，要让他继续说下去，那在场的人都得死啊。那个黑女人，眉间长痣的还能是谁？当朝第一姐，贾南风呗，估摸着是贾南风与老张春宵一度之后觉得这个老张还挺讨人喜欢的，就没有加害他，这么一来，他之所以一夜暴富也就解释得清了。

这案子查到这个份儿上，明白人都知道不能再查下去了，得把这案子做死，如果这个案子不做成死案，那死的就是在座的诸位了。不过，贾南风红杏出墙的事情还是不可避免地传了出去，好在司马衷也是个傻子，不会去计较自己媳妇那档子事的。

不过，作为处理政务的一把手，张华还是婉转地劝诫了一下贾南风，他给贾南风推荐了一本书——《女史箴》，后来顾恺之的《女史箴图》就是以此为蓝本创作的。可这些没能起到作用，换来的只是贾南风的白眼。

只是，贾南风再怎么逍遥，都只有几年时间快活了。因为，接下来由天灾引发暴动，由暴动引起人祸，暂时性平息的“八王之乱”又被重新挑起，而贾南风也会为之殒命。元康四年（294），蜀中地震，安徽涝灾，紧接着地震又波及今安徽、湖北、河北、内蒙古等广大地区。到了第二年，闹得更凶了，不只地震，蝗灾、火灾、涝灾、旱灾一股脑儿地全砸在了晋朝人民的头上了。

（十）

一系列的灾害更是引发了全国性的饥荒。赈灾需要钱，而此时的晋朝国库已经是相当空虚，建国之初司马炎带头搞腐败，本就没有留下太多家底。而灭吴之后，司马炎为了彰显自己的仁德，一口气免除了江南地区 20 年的赋税。

这一举动直接导致了当时晋朝版图上有四分之一是免税区，因此财政收入就更少了。有人觉得这是司马炎沽名钓誉之举，压根儿就没有什么实质性作用。可正是因为司马炎的这一举措，才让江南人民愿意在永嘉之乱后接纳流亡到这的东晋政府，才让整个江南地区有了一定时间恢复元气，发展经济。为以后东晋，乃至宋齐梁陈得以抗衡北虏积累财富，打下坚实的经济基础。

综上所述，当时的晋朝就是一片经济大萧条的景象，俩字：没钱。没钱自然就容易出乱子，可是我们勤劳的汉民族除非逼不得已，否则，就算是锅里只有下一顿的口粮，也决计不会扯旗造反的。虽然汉人没造反，西北的少数民族兄弟可是按捺不住了。

这次出事的地方在关中，当初诸葛亮多次北伐，曾经借助西北胡人一起找曹魏的麻烦，曹魏为了安全起见，就把这些胡人都招安了。作为拱卫关中，抵挡蜀军北伐的一道屏障，说白了就是打造一支少数民族敢死队，替死鬼。而这些少数民族主要以羌人和氐人为主，由于存在交流和沟通障碍，当地汉人和这些少民矛盾重重。

这要搁在平时还行，反正大家都有口吃的，也不存在谁欺压谁的问题。可如今正值大饥荒的时期，粮食就那么多，汉人自己还不够吃呢，哪里还有多余的粮食提供给他们？

没吃的那就只能造反了，一个叫齐万年的氐人率先扛起了大旗，这一年是公元 297 年。一般来说，现代史学界都把“少数民族南下”的开端定在南李北刘同年建国的那年，但是，如果要将这个时间上限往上提一提，根子就出在齐万年的这次造反上。他是整个“少数民族南下”大事件中第一块倒下的多米诺骨牌，而成汉能建国依靠的那部分氐族流民，不少就是来自于齐万年被平定后的流亡部队。齐万年的造反撼动了整个晋王朝，也为后来的少数民族树立了一个典型，具有划时代的意义。

贾南风先是任命赵王司马伦为总指挥，负责西北军事，雍州刺史解系归他节制。这个司马伦是司马懿的第九子，辈分很高了，和之前死掉的司马亮是兄弟，司马衷见了他还得喊一声“九爷爷”。但是这个司马伦不学无术，还喜欢瞎折腾，人品和本事都是低劣到极点了，齐万年造反，他和手下孙秀可是起了催化剂的作用。

明知道灾害连连，饥民遍野，可赵王司马伦还是对关中地区横征暴敛，弄得老百姓更是连口粥都喝不上。而齐万年造反了，他却吓得不敢采取任何军事行动，反倒和雍州刺史解系开始相互推诿，各自扯皮。

朝廷一看，这么下去一百年都搞不定这个乱局啊：你司马伦手握重兵干吗的，难不成还等雷劈死齐万年啊！贾南风急了，一纸诏书将司马伦和老解都召回了京师，重新安排人员平乱。这一次负责平定齐万年作乱的是梁王司马肜和御史中丞周处。

司马肜这个人没什么好讲的，也是司马懿的儿子，辈分和司马伦一样高，除此之外，他就是彻头彻尾一人渣，比起司马伦只能说有过之而无不及。

周处这个人则需要颇费笔墨介绍一番。

（十一）

周处，字子隐，三国后期吴国人，他出生在义兴（今江苏宜兴）。而他周家，在义兴也是一个较大的家族，他父亲便是那个“断发赚曹休”的周鲂，一度做到太守一职。

按理说，出生在这么一个家族，原本应该是文质彬彬，一表人才啊。可惜，周处可不是一个翩翩贵公子，假如有人穿越回一千七百多年前的义兴街头，你就会看到一个肌肉男在大声怒吼。随后，就将街头那些弱不禁风的路人一个个撂倒臭揍一番。不用问，此人就是义兴的“街头霸王”周处。

而当时的义兴，南山上的白额虎，长桥下的蛟龙，再加上周处，并称为“三害”，百姓苦不堪言。有一次，周处兴致高，逛街的时候听到一个老农在唉声叹气，便好奇地问道：“你干吗叹气啊，收成不好？”老农一看是周大爷，连忙应声道：“哎，收成虽好，可惜有三害在啊。”

周处一听有害，内心的豪气被激发出来了，忙问：“是哪三害啊，告诉你周公子，我立马去除了！”老农便说：“南山上的白额虎，长桥下的蛟龙，你能除掉吗？”周处嘴一撇：“算个嘛，把‘吗’字去掉，我都能除掉！”随后，周处收拾行装，就去射虎斩蛟了。

关于这个蛟龙究竟是什么，一直没有一个确切的说法，有人认为是鳄鱼，但鳄鱼在古代还有另外一个说法——“鼍”，和蛟龙还有所不同。所以蛟龙要和鳄鱼画等号还真不是这么简单的一件事，从周处和蛟龙搏斗的漫长过程来看，也不该是鳄鱼，因为和鳄鱼对决，那只能是短时间结束，不是你杀了它，就是它杀了你。那这个蛟龙是否真是传说中的龙呢，现在还不好说，毕竟抗战期间还有人见过所谓的龙呢。

好了，不用纠结那蛟龙到底是什么了，且说周处杀完了白虎又和蛟龙搏斗了三天三夜，在水里浮浮沉沉。大家伙儿都以为这俩祸害都已经同归于尽了，于是喊来了吹死人的“八音班”，一通胡吹，庆贺三害消灭。

可没过多久，周处却从水里蹦跶出来了，大家伙儿还以为诈尸了，结果周处满脸愠怒：“嚎个嘛丧，你家周公子还没死呢！”不过一看百姓纷纷庆祝自己死亡，才明白自己在老百姓眼中也是一害啊。于是乎，这位周公子决定痛改前非，洗心革面，做个好人，便去找当时吴国的名人陆机、陆云学做人。

陆机、陆云名声在外，周处觉得自己和他们学一定也可以成才。可惜他去的时候没遇上陆机，只有陆云。周处就把自己的经历告诉了他，又说担忧自己现在这么大了，怕来不及学好了。陆云笑了，说道：“古人云‘朝闻道，夕死可矣’，你有这样的决心了不起，你前途无须多虑，只要能保持住这样的志向，他日必有所得。”

于是乎，改过自新的周处发展成了一个文武双全的人才，到了孙皓执政时期，他已经升任都督一职。只可惜，孙皓这个败家子经营无道，孙吴很快便被晋朝灭了。作为胜利者的晋军，进入建业城后肆意妄为，嚣张跋扈，一副征服者就该高高在上的姿态。

王浑作为晋军的高级将领，竟然将宴会开在了建邺宫内，还喊来一帮吴国的臣子，趾高气扬地嘲笑道："那什么，你们这些亡国之臣居然还能兴高采烈地陪本将军喝酒，就没有一点儿悲伤的感觉吗？"一席话让在座的吴国臣子都羞红了脸，而周处却勃然作色，站起来高声回应道："东汉末年分三国，烽火连天战不休。这魏国可是比我大吴国早灭了十五年啊，将军你年轻时想必也做过魏国的臣子吧，真要说起亡国之悲，恐怕也不仅仅针对我们吧。将军你做了贰臣，尚且能如此趾高气扬，我们兴高采烈喝喝酒怎么就没出息了呢？"这句话说了出来，一下子为东吴旧臣扳回了颜面，而王浑的酒也醒了大半，连忙惭愧地向周处道歉。

随后，周处在晋朝做官，先是在雍州安抚好了羌人和汉人的民族矛盾，赢得当地百姓的赞扬，又在广汉太守的任上解决了三十多年的疑难大案。紧接着，他深处楚地，促使当地百姓移风易俗，大大变更了丧葬风俗，可以说，当时的周处已经跑遍了半个中国，所到之处听到的都是老百姓对他的赞美。

（十二）

然而，正是周处的秉公处事，让朝廷在关键时刻起用了他，但也恰恰是他的秉公处事，也最后害得他丧了性命，真是"成也萧何，败也萧何"啊。

梁王司马彤被周处参过一本，所以这次他特地要求朝廷指派他和周处一道去平叛，旨在借刀杀人。这时候，孙秀善意提醒周处道："哎，老周，司马彤这老贼摆明了要把你往死里整呢，要不你和朝廷说你尚有八十老母要奉养，推辞掉如何？"这边周处还当真有老母要奉养，所以这绝对是理由而不是借口，但周处却正色说道："我有老母，那将士们就没老母了吗？你不扛枪，我不扛枪，谁来保卫祖国谁来保卫家呢？"

一席话说得孙秀也无法再劝下去了。这里要说一下孙秀，或许大家会觉得孙秀助纣为虐，和赵王司马伦干了一系列坏事，其实孙秀远没有史书中评价的那么不堪。诚然，孙秀确实在"八王之乱"中扮演了极为不光彩的角色，但是，他所杀之人，诸如贾南风、潘岳、石崇，几乎都不是什么好鸟。而他本人确实也是有两把刷子的，无论在政务上还是军事上，这点以后会讲到。另外说一下，孙秀早年还混过五斗米教，就是道教的一个分支。而他的后人和卢志（司马颖军师）的后人还在东晋末年挑起了声势浩大的孙恩、卢循大起义。

孙秀的顾虑是正确的，西征大军才到长安，连歇脚都没歇，司马彤就催促着周处立刻带兵去攻打齐万年。当时齐万年的前方部队有七万之众，而司马彤只给周处拨了五千兵马，甚至连口饭都不给这些士兵吃，就催促着他们上路了。

周处说道："你开什么玩笑，齐万年七万骑兵，你就给我五千步兵，还不管饭，这仗怎么打？"司马彤轻蔑地一扬脑袋，"哟呵，小周啊，你这是和我说话该有的态度吗？你不是挺能打的吗？连龙都杀得死，还在乎齐万年这个血肉之躯，莫不是你贪生怕死吧？"周处知道司马彤必是除自己而后快了，就说道："我周处从出生到现在还从没怕过死，只是，如果战局失利，造成损失，你又如何面对皇上呢？"

司马彤看周处搬出白痴皇帝来压自己，只觉得好笑，便说道："放心啦，面包会有的，援军也会有的，你先去和齐万年打，我的数万大军随后跟上。"周处知道他在扯淡，但也懒得和他扯口水仗了，便带着部队出征了。就这样，人渣司马彤连一顿饱饭都不给这五千江东子弟兵吃，就催促着他们去死了。

齐万年那边原本听说周处前来，差点儿肝胆俱裂，早先周处在新平的时候，就把羌人收拾得服服帖帖，相当于马超那种天将，而自己手下又有那么多羌人，自然是心烦意乱了。不过，当他得知周处只有五千人的时候，内心乐开了花，随即下令全军启动"破处计划"，必须消灭周处。

大战前，周处压抑住悲愤万分的心情，写了一首诗"去去世事已，策马观西戎。藜藿甘粱黍，期之克令终。"诗的大致意思是：啊朋友再见，啊朋友再见，啊朋友再见吧再见吧再见吧，如果我在，战斗中牺牲，希望你们能到最后倒下。

果然，这首诗成了绝命诗，这场仗打得很惨烈，从早上一直持续到傍晚，周处的白袍都已经被鲜血浸染，将士们的刀剑都已经砍崩，可依然不见司马彤的援兵。而周处最终战死疆场，没有辜负当初的誓言，那五千子弟兵也是力战到最后一刻，全部阵亡，没有一个投降的，他们斩杀了上万敌军。

司马彤一看周处死了，自己的目标达成了，就没有继续作战的必要了，连夜溜回了京城。和文鸯、老卫一样，周处的死也无外乎那四个字——"公报私仇"。一旦一个国家成天有一批人琢磨着这种事情，那它离亡国也就不远了。周处对于晋朝政府最后的恳求是：家中尚有一老母，客居京城，漂泊无依，希望朝廷能帮其奉养之。然而，司马家坑周处家的事还远没有结束，往后我们还会提到。

周处虽然死了，但关中的烂摊子总得有人接手啊，贾南风接受张华建议，指派孟观为征讨将军，领三万大军前去征讨。

（十三）

孟观取得了关中所有的军事指挥权，便开始不断进攻齐万年，前后十余战，历经二个多月，终于击败了贼军，斩杀了齐万年。有人认为之所以能短时间内取胜，是因为老孟太强了，也有人认为是齐万年太弱了，笔者觉得，赢得这场仗的关键在于粮食。在关中饥荒的情况下，谁能保障粮草供应，谁就具备了足够大的优势。显然，有朝廷供粮的政府军，赢面远远会高于齐万年那种漫无目的，四处讨打的乌合之众。

如果算上西晋开国的秃发树机能事件，这已经是胡人的二次暴动了，朝廷内部已然有些明白人嗅到了边疆胡族那股暗流涌动的气味了。虽然齐万年之乱被弭平，但是，这只是暂时性的压制，如果不采取行动，胡族下一次的侵袭将会引发更为严重的祸端。

在这样的背景下，一篇叫《徙戎论》的文章，走上了台前，该书作者叫江统。暂且可以将江统称为“晋朝开眼看周边的第一人”，他这部作品的核心思想就八个字——非我族类，其心必异！这句话直到今天都被我们常常挂在嘴边。笔者认为，真正能让我们这个善忘的民族时隔千年还能记住这句话，这与五胡十六国的黑暗应该是密不可分吧。

那有人好奇要问了：这篇文章究竟讲了什么啊？顾名思义，《徙戎论》一看名字就知道和迁徙戎狄有关。该书主要是说：我们汉人和北方游牧民族的争斗，将是一个长期而复杂的问题，从匈奴到乌桓，再从乌桓到鲜卑，这个北方游牧民族的袭扰就一直没能得到彻底解决。而且，大胆估计，这样的纷争还会持续千年，乃至更长时间，我们这时还处在与胡人矛盾的初级阶段，未来还有很长的路要走。那么，既然这是一场旷日持久的纷争，那我们就应当完善防御体系，依托长城与北方游牧民族进行长期对抗。

但是，此时我们的周边以及中原大地上却有不少胡人，人数多达数十万人，他们之所以来到这里，都是当年曹阿瞒干的好事。既然和我们不是一个民族，那心思肯定不会和我们一样。如果我们国家能长久保持着强盛国力，他们自然不敢造次。但是，如果哪天我们内部出现了问题，他们便会像一把钢刀直插我们心脏，祸乱中原之地。所以，我江统在此恳求朝廷能启动移民工程，将内迁的胡人重新迁回到草原上，如此，那便是一件“功在当代，利在千秋”的大功绩！

可以说，这本书里所说的都是相当正确的，而且江统此人也具有极高的远见，对于尚未到来的事情也能做到高瞻远瞩。但是回过头来，这本书里所说的却又都是一堆屁话，因为毫无可操作性。归根到底就是这项计划压根儿就没有足够的经济基础去配合实践。江统知道要迁徙胡族，可是他压根儿就没估算过迁徙这个胡族需要多大的成本。开国之初骄奢淫逸，现在又是灾害频发，刚刚还剿灭了齐万年，朝廷压根儿就拿不出这个钱来支持这项行动。

光是算一算这些胡人的拆迁费、安置费就不是一笔小数目。当然，你也可以武力强制迁徙，这事情后来一个叫冉闵的家伙做了，只是他最后的下场也摆在那儿呢。更主要的是，当时能有如此远见的只有像江统这样的相当少的一部分人，绝大多数都是看不懂形势的痴人。

贾南风也一样，此时她可无暇安置少民，她把目光投向了太子司马遹。这位太子我们之前提到过，5 岁的时候就已经是个和方仲永一样传奇的神童了，司马炎也对自己这个“好皇孙”非常满意。但是，由于司马炎死后，这个“好皇孙”得不到家长的悉心调教（事实上也调教不了，看看司马衷，再看看贾南风），便自然和方仲永一样悲催地“泯然众人矣”了。

唯一能给他点儿教导的就是他的亲外公，谢氏的父亲，只可惜这个亲外公就是一屠户，能教他的也就是杀猪的技巧。不过太子杀猪的本事还是学得很到家的，甚至随便抓取一块猪肉，徒手就能掂出斤两，分毫不差。

（十四）

看到太子这个德性，贾南风自然是十分高兴的，毕竟她不是太子的亲妈，而自己又没有生出娃来。所以，“母以子贵”，一旦日后太子登基，那自己这个太后就尴尬了，所以面对太子颓废，她没有进行阻止，反而是推波助澜。

可是太子日渐堕落，他身边的人却坐不住了，纷纷规劝太子。个性暴躁的太子已然听不进规劝他的话了，一次，他给那个规劝他的人的坐垫下撒了一把大头针。结果愣是把人家屁股给戳破了，害得人家以后放屁都漏风。而太子堕落的同时，得罪的人也是越来越多。

这一次，太子得罪的人便是贾谧，按理说这两人还是连襟，娶的都是王衍家的女儿。可关键坏就坏在这个娶媳妇的事情上，原来，一次偶然的机会，太子见到了贾谧的老婆，也就是自己的小姨子。回家之后，再看自己老婆，那是越看越不顺眼，那简直就不像是一个爹生的，人家那是西施，自家的也就比东施稍微好一点儿。

太子知道自己吃了贾南风的哑巴亏，可又不敢针对贾南风，便把气撒在了贾谧的身上，经常受到太子捉弄的贾谧自然在贾南风面前说尽了坏话。原本贾南风还能忍得住性子，可是当她得知竟然成都王司马颖都在公众场合公开帮太子向贾谧发难，贾南风内心的焦虑一下子上来了。

司马颖可是当初司马炎册封的南方四王之一，手握重兵，威望深重。当初，贾南风欲除楚王司马玮的时候，怕另外三王在外边会弄出事来，所以就一并召回了京城，封车骑将军。这个司马颖是八王之中少有的既有能力，又有德行之人，只可惜最后还是被权力迷失了双眼，走上了一条不归路。

看到司马颖给太子撑腰，贾南风觉得这个太子是非除去不可了，否则必生祸端。于是，她先借机将司马颖外调到邺城，将太子在朝中的支持势力清扫干净。随后，她又安排了一出掉包计，将自己怀孕的妹妹招进宫中，对外则谎称自己怀孕，这么一来，即使太子死了，司马衷也不用担心继承人的问题了。

当孩子顺利产下之际，太子的生命也开始进行倒计时了。元康九年（299）腊月二十九日，太子接到宫中传来司马衷染病的消息，要他入宫侍奉。可是当太子入宫之后却发觉，既不见父皇，又不见母后，只有一名婢女声称奉旨向太子赐酒。得知是御赐的酒，太子想也没想就喝了，不过他这么一喝，小命也就基本报销了。

有人会问：难道是毒酒？这倒不是，贾南风虽然想除掉太子，但也不至于这么愚蠢。只是，这太子一连喝了三升酒，当下就醉倒了。紧接着，贾南风的情人潘安拿出已经写好的两封信，要求太子誊抄一遍，当时醉到不省人事的太子哪还能认真观察啊，随即胡乱地抄了一遍。事后，由于太子酒醉，字迹写得很潦草，潘安又顺手修饰了一番，递交给了贾南风，拿到这封手抄稿的贾南风心里很满足。

事后，太子被安全送回东宫，但是，贾南风却将这封可以置太子于死地的手抄稿交给了皇帝。那么这究竟是一封什么东西呢，可以整死太子？原来，这是一封逼宫信，大致的意思是说司马衷已经老了，可以去见先帝了，该让出皇位给自己坐了，不然，嘿嘿，冒顿单于做的事情，他就要做了。

司马衷本就傻，看到这个太子所谓的“逼宫信”，信以为真，便以谋逆罪罢黜了太子之位。但是，百官对于这件毫无征兆的事件还是很不理解的，纷纷为太子喊冤，其中，张华更是成了这个牵头人。不过，贾南风态度强硬，一再声称要法办太子，谁帮他求情就是附逆。这么一来，明眼人都看明白了这是贾南风故意要整死太子啊，哪还敢求情，政治斗争可不能站错队伍啊。

但是张华倚仗着自己的老资格以及和贾南风关系不错，还为太子做最后的据理力争，即使不能证明其无罪，至少也要保住太子一命吧。最后，双方相互妥协，达成以下条件:太子生母谢氏教导不严，赐死;太子则废为庶人，禁足金墉城。

一场权力之争又是以贾南风的完胜为终结，太子被废，她觉得自己再无威胁，可惜，贾南风却不知道，这个看似辉煌的战绩，却是她这辈子做得最错的一件事。

（十五）

在赵王的府内，灯火通明，司马伦正在屋内急促踱着步子。

一旁的孙秀看到司马伦这个样子，拊掌大笑：“王爷，你都已经踱了半个时辰步子了，你不累，我看着眼皮子都累了。”

“累？”司马伦眼皮子一翻，“还不都是你整出来的事情吗？要不是你撺掇我故意给关中的胡人找麻烦，齐万年怎么会反？他要不反，我们，我们何至于来此寄人篱下？”

孙秀撇了撇嘴，说道：“王爷，齐万年是一定会反的，我们只是逼他提前起事罢了，你说给他十年准备造反或者当下就反，消灭他的难度更大？王爷，你在西北得罪了这么多人，如果不是这次借着剿匪不力的由头回京，你觉得你在西北继续待下去会有活路吗？”

司马伦望着孙秀问道：“这么说，本王还要感谢你给本王制造的这个麻烦啊？”

孙秀没有说话，司马伦又凑上前去，轻声说道：“哎，太子被废了你知不知道？现在朝廷内部对贾南风可是群起而攻之啊，司马雅和许超已经私下见过我了，他们要求我起兵废掉贾南风，扶持太子归位。”

孙秀瞧了瞧司马伦那副迫不及待的样子，叹了口气说道：“王爷，废了贾南风，太子归位，那到时候还有你什么事？太子又不是幼主，也不是他那个白痴父皇，完全可以亲政，许超之流作为太子党，所作所为都是为自己的富贵。我可以肯定地说，如果太子归位了，得到好处的只可能是许超之流，而王爷你，或许就是白忙活一场了啊。”

司马伦眯着眼睛继续盯着孙秀道：“那，那依你之见，本王该怎么做？”

孙秀眼里散发着精光，淡定地说道：“等，王爷可借鉴当年‘郑庄公克段’。如不出我所料，太子党在私下的动作必然已经引起贾南风的警觉了，到时候为了免除后患，贾南风必会杀了这个废太子。而到那时候，王爷你便有了足够的理由消灭贾后，事成之后，也没有太子这个绊脚的。到时候，王爷你便可以挟天子以令诸侯，掌国之权柄啊。”

司马伦从孙秀的分析中仿佛看到了未来的荣耀，也是沾沾自喜起来。

不久，金墉城内传来了太子病故的消息。一时间，大家都很惊愕，根本无法想象一向身强体健的太子怎么会突然病故了。不过，据小道消息透露：起先，贾南风准备像弄死杨芷一样，用断粮的方法来饿死太子。只可惜太子平时虽然花钱大手大脚，但很多是用来赏赐手下的，也就是说他善于做人，虽然主食被人断了，可仍然有甘愿冒着杀头危险的奴仆去太子关押的地方送零食。

这么一来，即使断粮了，这个太子依旧是饿了半个月都不见死。贾南风再也坐不住了，就让宦官孙虑带着太医程据配制的特效药前去毒杀太子。太子可不笨，见到孙虑给自己送药了，连忙大喊要去厕所，还挣脱孙虑夺门而去。孙虑一下子明白了：“这半个月不吃不喝居然还拉得出？你这忽悠谁呢，不过今天你是非死不可了。”

于是，孙虑大喊一声“小儿哪里跑，容我来补一刀”，奔着厕所就去。就这样，孙虑施展出《英雄杀》里面关二爷的“补刀”神技，外加自己苦练多年的“天罡童子功”，将年仅二十三岁的太子揍死在了厕所里。

太子的惨死一下子激起了更多人对贾南风的不满，这正是赵王司马伦希望看到的。于是乎，司马伦在私下成立了“保皇党”，号召各路藩王共同讨伐贾南风，其中就有当年齐王司马攸的儿子司马冏。司马冏承袭了齐王之位，自然也知道自己父亲当年和皇帝父亲当年那档子事，当然，仇恨有时候并不会随着时间的流逝而被冲淡。

有了齐王司马冏的加盟，司马伦手里的实力就更强大了。根据谋划，保皇党确立了以下的方针：干掉贾后派，孤立中间派，拉拢骑墙派。而具体负责军事行动的是齐王司马冏，和许超、司马雅等一干太子党。反正司马伦心里的算盘是：黑锅傻鸟背，好处我来享！

（十六）

赵王司马伦伪造了圣旨，声称自己是奉了皇帝的旨意，带兵惩处贾后一党，为前太子报仇。禁卫军们原本就倾向于前太子，也不再考虑这道圣旨是真是假，就给赵王、齐王的部队让路了。

于是，齐王这个愣头儿青带着手下就冲入了宫中，第一时间赶到司马衷的行宫，控制了皇帝。随后让司马衷下诏征召贾谧入宫，贾谧一入皇宫，便被齐王“一刀两段”了。紧接着，齐王又带着手下来到了贾南风的住处，贾南风一看这些荷枪实弹的兵仔，不由地问道：“你们这群丘八（兵痞），反了你们啦，这么晚的进宫作甚！”

司马冏觍着笑脸说道：“我奉了皇帝旨意，特来捉拿你妖后贾南风！”贾南风当即问道：“皇帝的诏书全是我起草的，你们这诏书究竟从哪儿冒出来的？”司马冏若有所思地叹道：“哦，这么说来，定你一个把持朝政，欺君罔上的罪名也不为过吧？”

贾南风说不出话来了，齐王便派人将她绑了，送去见皇上。见到了司马衷，贾南风觉得自己的救命稻草来了，忙大呼：“陛下救我性命，否则，今日我被杀，明日陛下就要被废了。”只是，司马衷做了一辈子的傀儡，当初贾南风诬告杨皇后，他尚且没能改变什么，此时人家要杀贾南风，他又能如何阻止呢？

看到司马衷啥都不说，贾南风知道自己死定了，只是临死前她还想死个明白，便问司马冏道：“除了你，还有谁参与了这件事情，你上头肯定有人指使，到底是谁？”司马冏看贾南风死到临头还这么嚣张，也不瞒她，大声回道：“我家阿叔赵王，哦，还有小叔梁王。”

贾南风听完悔恨不迭，还是西北之事的后遗症啊，于是她一声长叹：“系狗当系颈，今反系其尾，何得不然！”系狗自然要系住脖子，你去系住尾巴，它自然要回过头来咬你一口了啊。

事后，贾南风被押往金墉城看管，而她的党羽如董猛、孙虑、程据等都被抓起来砍了脑袋。甚至是朝中重臣张华，也被冠以“附逆”的罪名被夷三族，当然，张华的死除了赵王因为西北之事公报私仇外，也与之前喊他入伙他没入伙有关。政治斗争就是这样，给你机会站队的时候你站错了，那最后结果就不能随你意了。

司马亮的老卫，贾南风的张华，司马伦的孙秀以及未来司马颖的卢志，他们对于政务方面都具有相当强的掌控能力。但是，治国有两把刷子的他们最终下场都很凄惨，这究竟是为什么呢？原因很简单，因为他们永远都是副手，当哪天他们的主人能力不够抑或是想法和他们想法背道而驰的时候，灾祸也就来临了。

关入金墉城的贾南风并没有逍遥多久，孙秀劝司马伦尽早铲草除根，司马伦于是借皇帝的名义赐了一壶毒酒给贾南风。拿到毒酒后的贾南风并没有哭哭啼啼，反倒破口问候了下司马伦的亲人，随后将这壶金屑酒一饮而尽。

贾南风虽然死了，可西晋王朝上空的那片阴霾并没有散去，反倒更有了一些山雨欲来之势。

大权独揽之后的司马伦自然要扫清异己势力了，张华、解系这类早先就和自己有矛盾的人自然是活不了了。可是，在平灭贾南风行动中出了大力的齐王司马冏也仅仅是被封了一个平东将军，随后被赶出京城，坐镇许昌了。而司马伦的四个儿子倒是全部封王了，不过，暂时司马冏还干不过司马伦，只能依照命令外出谋求盟友。

贾南风一死，皇后的位子一下子空了出来，于是，司马伦听从孙秀的建议，选择了尚书郎羊玄的女儿羊献容。而孙秀之所以欲立羊献容为皇后，完全是因为羊献容有个姓孙的外公，早年和孙秀很交好。

不过，这位名叫羊献容的女子，与贾南风相比那可真是一个天上，一个地下。羊献容不仅有倾国倾城之貌，更有慈善仁德之心，贾南风相比羊献容就差了两种美了——内在美和外在美。只是，这么优秀的一个女子，在出嫁那天还是出了不小波折。

（十七）

公元300年十一月的一天，正当羊家上上下下沉醉在即将送羊献容去当皇后的氛围中，却传来了羊献容皇后礼服起火的消息。虽然，这火势并不大，很快就被扑灭了，但礼服却被烧得焦黑。

没有人知道这火是怎么起的，只有死命攥着火折子的羊献容本人清楚。“一入宫门深似海”，嫁给一个白痴皇帝，即使是当皇后又如何呢？贾南风不也是曾经的皇后吗？可结果却落得那般凄惨，难道自己的大好年华就要断送在这波诡云谲的宫廷中么？这是一个弱女子内心的呐喊，而以后，她则将在惊心动魄的岁月里一次又一次地和死亡濒临。直到有一天，一个来自北方的大帅哥重新给了她对生活的希望。

虽然出嫁前的莫名起火给大家心头都蒙上了一层不祥的预感，但是，羊献容还是上了通往晋朝宫廷的花轿，成为司马衷的第二任皇后。接下来，她将成为中国历史上唯一一位历经五废六立的皇后，并且是做过两个国家的皇后。

只是，这时人们的焦点都不在羊献容身上，而是还未从刚刚发生的司马允火拼司马伦的惊心动魄的场面中缓过神来。而要提到这次的火拼，还离不开一个关键的人物——石崇。

之前我们略微提到过石崇了，说到他很有钱，但关键是多有钱还没详细介绍，接下来我们就说一下这个石崇。

石崇的爹叫石苞，一度做到晋朝的大司马，而石崇便是石苞六个儿子里最小的那个。按理说当爹的应该最疼小儿子啊，可是石苞死前却啥都没分给自己这个小儿子，还对自己的老婆解释道：“不用担心，小儿日后必有生财之道。”

果然，没有辜负自己老爹的期许，石崇后来当真发家致富了。而他发财的途径很简单——发国难财，在灭吴战役中，石崇因功被封为荆州刺史。之后，他便基本干这么几件事：倒卖军需品，搜刮当地百姓，违反纪律用军队对过往客商打劫。

而阔了之后的石崇自然把钱花在炫富上了。他在洛阳西北郊用重金打造了一个叫“金谷园”的别墅，大有和汉初梁王的园子一较高下的架势，而且此园会聚了大批名流，“金谷园二十四友”就是典型的例子。石崇每次在金谷园中大宴宾客，赴宴的宾客都深感是进入了“红楼”抑或是“天上人间”抑或是“海天盛筵”一般，为嘛，因为无论是陪酒女，山珍海味，还是乐师都是一流的水平，甚至规格比皇家宴请排场都大。

而且，在自己厕所周围，还要站立着十几个美女来帮助客人如厕。这对于一些腼腆的客人当然不适应啦，这么样被人瞧着上厕所等同于在安装了摄像头的厕所里方便一般不自在，好在石崇比较慷慨，每位客人方便一次就给你换一身新装。就像你进去的时候穿的是地摊货，出来的时候穿的已然是国际名牌了。不过，这如厕与石崇家劝酒比起来还真不算什么。

石崇都是让美女劝酒的，如果客人不喝，嘿嘿，那劝酒的美女就要被杀头了。如此血腥的劝酒只怕古往今来也就石崇一人敢这么做了，而宾客们来饮宴自然是图个乐子，不想因为喝个酒就整出人命。所以，一般来说，就算酒力不好的客人，看着楚楚可怜的劝酒女，也会硬着头皮喝下去的，而石崇看到这帮人猛灌酒的丑态却是非常享受。不过，天下之大，也有人敢不买石崇账的，任凭石崇连杀三女，他都坚持不喝。这么牛叉的人到底是谁呢？暂时我先卖个关子，不提前挑明，以后大家会知道的。

不过，石崇如此豪奢，倒也并不寂寞，因为，中国历来就不乏攀比之风，自有人去和石崇斗富。而这些人当中，最出名的只怕要数王恺了，王恺是司马炎的舅舅。凭借着王家世代为官的基础，王恺贪污了不少钱财，有了如此丰厚的家底自然要和石崇斗一斗了。

（十八）

于是，一场斗富大赛就此揭开了序幕。首先王恺那边出击了，他喊来下人，吩咐下去，以后刷锅都用糖浆刷锅。一瓢水一斤糖这么勾兑，以至于刷出来的锅子通体留香，烧的菜也都是苏帮菜的风味。石崇得知后，轻蔑一笑，随即吩咐下人，以后不用劈柴火了，直接将成捆成捆的蜡烛扔进灶膛里当柴火烧。这么一来，糖浆刷锅对比蜡烛烧火，老王败了一仗。

不过，老王还是不服输：我是谁？隔壁老王啊，每个笑话就我出场频率最高，堪比苏联笑话里面的伊万啊，况且我王姓天下第一大姓，怎么能被人强压一头呢？

这一次，王恺让人给自己家大门前的路两旁铺起了紫丝做的帷帐，前后绵延四十里，远远一看，蔚为壮观。而石崇也不甘示弱，直接下令用锦做帷帐，而且做了五十里，无论是材料上还是长度上都碾压了王恺。

再次遭受挫败的王恺又将注意力投放到了围墙上，他买来了成堆的赤石脂来涂墙，可石崇居然搞到了当时只有皇室内部能享用的花椒来涂墙。这下子王恺彻底吃瘪了，无奈之下他只能去求自己的外甥司马炎想想办法。

司马炎作为皇帝，自然能耐比王恺大，于是他找了一株二尺高的珊瑚树赐给了王恺。拿到了这个宝贝的王恺心里很高兴，有皇帝出面，自己还怕斗不过石崇么？于是，拿着珊瑚树的王恺就往石崇的金谷园奔去。石崇见到王恺这个珊瑚树，二话不说就用铁尺将这珊瑚树砸个稀巴烂。正当王恺扯着嗓子大喊“干吗捏，干吗捏，你这是干吗捏”的时候，石崇却喊来下人，从内室里拿出了几十株珊瑚树，摆满厅堂。这其中光是三四尺高的就有六七株，剩下的更是高过王恺那株珊瑚树好几倍，满堂宾客看得是一片惊呼。

石崇望也不望王恺，漫不经心地说道：“这种东西以后就不要拿出来丢人现眼了，你随便挑个吧，权当是赔给你了。”此时的王恺哪还有心思挑选，连忙羞愧地走了。

说了这么多，大家都应该明白石崇有多豪奢了吧，不过，大家还不明白，为何石崇又搅和进了司马伦和司马允的内讧了呢？这就要牵扯到孙秀——绿珠——石崇的三角恋了。

众所周知，司马伦才智平平，所以大事都是孙秀做主，而孙秀和石崇我们都知道了，可这个绿珠尚且还不知。下面来介绍下绿珠，绿珠是一个奇女子，据说本姓梁，如今广西的绿珠镇便是她的出生地。而当时石崇在南方的时候听闻有如此绝代佳人，便用十斛珍珠来买下了她，并改名为绿珠。

一斛大概是 100 升，那十斛珍珠就好比是 1000 升了，1000 升的珍珠那是什么概念，大家心里应该有些直观感受了吧。能花如此大的价钱来赎买绿珠，咱们的石土豪也是不容易啊，不要问他原因，因为原因很简单，一句话：就是这么有钱，任性。哦，忘了说一句，石土豪还有句名言：“我结交朋友从来就不看他们有没有钱，因为他们都没有我有钱。”

事实证明，石崇花的这个价钱绝对值，因为绿珠不仅倾国倾城，而且善解人意，精通吹笛和跳舞。而石崇修建金谷园也是为了这个美丽的姬妾，园中最壮观的景点莫过于百丈高的崇绮楼，站在顶层可以极目南天，整个就是一个翻版的古巴比伦的空中花园啊。而且，连修建的理由都出奇的一致，为了解美人的思乡之苦。

石崇本就不是低调的人，这次得了如花美眷，自然要炫耀一番啊，于是就在金谷园中设宴。而当时作为赵王司马伦的幕僚的孙秀也趁机得以一见绿珠真容，只一见便犹如甄志丙见小龙女一般迷上了绿珠，真是“一见绿珠误终身”啊。

当然，如果给孙秀创造机会，孙秀倒是真敢干出甄志丙干的事情。只是，当时还是贾南风当政，作为赵王幕僚的孙秀只能是边缘人物，而身为贾后一党的石崇，倒是政坛上的红人，毕竟谁人不知“金谷园二十四友”啊。

但是今非昔比了啊，贾南风已经倒台，而石崇作为前贾党分子，若不是靠着钱多疏通关系，绝对早被砍了。如今的他只能闲居在金谷园中与绿珠长相厮守了，可是摇身一变成了新的朝廷红人的孙秀还能容忍石崇继续霸占着绿珠吗？

几日后，孙秀的下人来到金谷园，问石崇索要一个人，一个绝色佳人。石崇一听这话，自然明白孙秀要的是谁了啊，只是，既然对方还没挑明，那就揣着明白装糊涂吧。于是，石崇喊来了园中最美的10位婢女，唯独不见绿珠，对着来人笑着说道：“劳烦挑一个吧。”

（十九）

下人心里一阵嘀咕：石崇你是真不知道还是故意装疯卖傻啊，我家孙大人要的就是绿珠，哪是这些东西啊。于是直截了当说道：“我家大人说了，指名要绿珠！”石崇看来人都把话挑明了，也不含糊，回口道：“绝对不可以，绿珠是我最爱的女人，怎么可以割舍呢？”

下人随手拿出小本，签了一张支票：“伍佰元，离开绿珠！”

石崇说道：“这不太好吧。”

下人又签了一张：“五千块，离开她！”

石崇看着下人说道：“你别逼我啊！”

下人再签了一张：“五万块，交出绿珠！”石崇怒不可遏，从腰里摸出了自己的小本本，刷刷刷大笔一挥：“你居然敢在你石大爷面前炫富，作死啊！五千万，给我立刻滚出金谷园！”

下人一看讨不到好处，便丢下一句话：“君侯博古通今，还请三思。”瞧你也算个读书人，别连孰轻孰重的道理都整不明白，你要死了，你那些财产、女人还会在吗？

石崇也恶狠狠地回敬了他一句话：“告诉你，男人有两样东西要是保护不住就枉为男人了——脚下的土地和胯下的女人。我只要绿珠，其他的我可以什么都不要，孙秀他缺钱，缺宝贝，我都可以给他，要绿珠，做不到！”

石崇能够说出这些话，完全靠他那富可敌国的资本，可他永远不该忘记这么一句话，有钱的怎么样也别和有权的斗。沈万三厉害吧，不照样给朱元璋抄了家？得知石崇这么不肯配合，孙秀心中一肚子火，准备用武力夺取了。

可惜啊，孙秀这么个人精下手还是晚了一步，因为老奸巨猾的石崇已经抢先一步下手了。他前脚送走孙秀的下人，后脚就知道孙秀不会这么善罢甘休的，于是就联络了当时京城中对司马伦、孙秀一党不满的淮南王司马允，准备出钱支持司马允造反。

淮南王司马允，是楚王司马玮的兄弟，司马炎当年钦封江南四大王之一。此时的司马允在京城做骠骑将军，掌管禁卫军，而他平时礼贤下士，关爱下属，很得手下将士的心。眼看着赵王篡位之心昭然若揭，他决心行动起来，为国锄奸。为了能够顺利铲除司马伦，司马允招揽了一批战斗力高昂的死士，同时还拉拢朝中大臣，谋得支持。

司马允的这些举动，对于司马伦这个二百五来说，自然是瞒得好好的，可孙秀却是个人精啊，司马允私底下操作的这些个事情又岂会瞒得住他？于是，孙秀授意司马伦让白痴皇帝颁布诏书，擢升司马允为太尉，免去了他掌管禁卫军的职务。这一招“明升暗降”，一下子让司马允丢掉了枪杆子，可是淮南王司马允也绝非坐着等死之人。于是，司马允装病，硬是拖着不办理交接手续，这么一来，无法交接，新官自然也难以上任啊。

孙秀可不是善茬儿，你和他硬碰硬，那他绝对是铁腕打击。随后，孙秀直接派御史带着皇帝的诏书去淮南王府，指责司马允抗旨之过，是大逆不道的行为，应当即刻领命，交出印玺。哪成想，这司马允竟然一把夺过圣旨，看完之后，大怒：“这哪里是圣旨，明明是他孙秀的厕纸！假的，伪诏！”随即他丢下诏书，拔出宝剑，一下子就砍了这个倒霉的宣旨人。

待司马允府内的死士家丁都已聚齐，司马允将沾血的宝剑缓缓地收回剑鞘，说道：“孙秀这腌臜小人，和司马伦这个老杂毛把持朝政，小爷我早就看不顺眼了，如今，你等随我为国除奸！”手下纷纷高声应和，而从帘幕后走出一个大腹便便的官员，他看着倒在血泊中的宣旨人，和司马允那群义愤填膺的手下，说道：“王爷想清楚啦？”司马允撇了撇嘴，说道：“想清楚了，今日势必杀贼，事成之后，你不要忘记你承诺的珠宝哦。”

那官员笑道：“不敢，不敢，那石崇就此先祝王爷旗开得胜了哦。”望着司马允嬉笑而去的背影，石崇嘴角露出一丝冷意：孙秀啊孙秀，今日，你可是有命捞钱，没命花钱了。

虽然说赵王司马伦如今已经配备了一万人的卫队，可是司马允这批手下都是江湖草莽，单兵作战能力非常强悍，这一路上喊口号又聚集了不少人，此时的司马允已有了数千之众。

（二十）

这场火星撞地球的激战持续了相当长的时间，一天之内，双方人马在赵王府四周不同区域里上演了一场又一场的“全武行”，虽然司马允这边人数较少，但是靠着强悍的单兵作战能力，竟然砍死了司马伦手下几千人。

司马伦怕再这么打下去会自己这边先垮掉，于是率领大部队进行战略转移，往自己府内撤军。结果司马允手下的弓箭手又是一番狂射，再次击毙了赵王一波大部队，没能来得及躲进府内的赵王军多半在箭雨下横尸街头。

由于司马允这边没有重型武器，所以无法进行攻坚战。但是不用担心，如今司马允的手下已经占据了制高点，弓箭手控制了各条出逃道路，只要和赵王死命耗着就行。而朝廷那边也是发来了贺电，将军伏胤正率着数百骑，扛着白虎幡来给司马允助阵。见白虎幡如见皇上，这白虎幡的作用就相当于虎符啊，可以调动一切军队。

不过，也是司马伦命不该绝，因为伏胤就在去支援司马允的路途中，正巧撞上了司马伦的儿子司马虔。司马虔一看伏胤的这架势就知道不是去做好事，一打听下来，果然不是好事，那是要奔着杀自己爹去了。

好在伏胤和司马虔有些交情，司马虔连忙对伏胤许以厚赏，表示若能助自己一臂之力，伏胤未来的荣华富贵享用不尽。伏胤这厮，本就是“有奶便是娘”的主儿，他现在帮谁都是雪中送炭，而且，这两人谁把持朝政，又和自己何干呢？关键在于谁事后能回报给他更多好处，综合来看，投降司马伦才是归路，毕竟自己和司马允不熟。

有了伏胤的反水，司马允这回可是真遭殃了，很快伏胤的部队到达了战场。随即伏胤在马上高声喊道：“臣奉皇帝旨意，协助淮南王平叛。”按理说，皇帝派人支援自己，那肯定是要去相迎的啊，你们这么想，这司马允也是这么想的。

结果司马允和伏胤一照面，伏胤抽出佩刀就给司马允来了一个“一刀两段”。这哪里是援军助阵啊，这分明是关二爷斩颜良的桥段啊，结果司马允稀里糊涂地做了鬼。杀完司马允，伏胤不慌不忙地拿出了白虎幡，说道："瞧瞧，认识这东西不，这皇上给我的，淮南王是乱贼，赵王是好人，你们都缴械投降吧，都散了吧。"

这伏胤当真心理素质高，刀刃之下还能把瞎话说得有鼻子有眼的，白痴皇帝是给了他白虎幡，可是这是用来杀司马允的吗？不过既然这位皇帝的使者都给这件事情定了性，那群兵丁自然都作鸟兽散了。

原本是喜剧，结果被一个伏胤给整成了悲剧，看来，这世上的事情还真心难以预料啊。事后，赵王没有违约，加封伏胤为大将军，不过，赵王手里的官职说实话，就和民国金圆券一样，严重贬值。因为赵王司马伦动不动就来个"官职清仓大甩卖"，有功的赏，没功的也赏，至于孙秀就更不用说了，选皇后就因为人家外公姓孙。好嘛，这么一来，官职的升迁甚至超过了之前杨骏、司马亮的两次大封赏，以至于官帽上的貂尾都不够使用了，只好以狗尾代替，成语"狗尾续貂"就是这么来的。

当然，对于敌人，他也不是那么容易放过的，司马允的三个儿子悉数被杀，同党株连上千人。这其中肯定少不了当初和司马允一起密谋的石崇土豪哥，这位土豪本着"有钱，任性"的原则，历来眼里就没进过什么人。这一次，他被孙秀盯上了，孙秀都没说什么，他可倒好，提前行动要搞死孙秀。现如今，孙秀又满血复活了，岂能容得下他？

高楼之外，孙秀的部队已经死死包围了石府，可崇绮楼内，石崇还在与绿珠做最后的话别。楼下火光四起，家丁呜呼哀嚎，石崇望着身旁的绿珠，悄然问道："怕吗？"

绿珠摇了摇头，没有说话。

石崇将她一把揽入怀中，说道："知道我这辈子最引以为傲的事情是什么吗？"

绿珠眼神中流露出一丝陶醉："当然是那年斗富赢了王恺啊，那年名动了整个洛阳城呢！"

石崇望了望绿珠，果然，女子的心思总是如此的单纯，他长长呼出一口气。

（二十一）

他和绿珠缓缓地讲起了他的生平，从早年父亲没有给他留下一丝遗产说起，到后来自己艰辛敛财，成为一国巨富。如今的他可以用金钱无尽地挥霍，甚至是买断达官贵人的时间。

说了这段话之后，石崇怅然若失地说道："我这辈子最引以为傲的事情不是和王恺斗富，虽然名动洛阳，可细细想来，又有何意义？我这辈子最引以为傲的事情，便是用十斛珍珠换来了你啊，此生能够得到你，我便余愿足矣。"

绿珠再次沉默了，石崇却强颜欢笑说道："能否再为我起舞一曲？"

绿珠看了下楼下人影攒动，有些紧张地说道："可楼下已经……"

"他们做他们的，我们做我们的，我只想再看你起舞一曲，其余都不想管了。"石崇这么说着。

乐声响起，绿珠施展曼妙的身姿，将华丽的舞姿展现在石崇眼前，虽然这段舞石崇看了已经数十遍了，可今天看来依旧惊艳四方。只是，这惊艳此刻已经无人与自己共享了，而今晚之后，自己或许也再难看到：呵呵，想必昔日威震四方的楚霸王，穷途末路之时也和自己一般心境啊。

石崇随着舞步轻轻地击打着节拍，一曲终了，石崇喟然长叹："绿珠啊，今日之事皆是为你啊，今日之后，你或许能继续富贵，只是我，必将魂归黄泉了啊！能再看你为我起舞一曲，足矣。"说罢，石崇簌簌地流下了眼泪，与此同时，一旁的绿珠也哭了。

良久，绿珠问道："君侯一定会死吗？"石崇默默地点了点头。

绿珠噙满泪花说道："那我还能再问君侯最后一个问题吗？"

石崇先是一阵错愕，随后轻松一笑道："我知道你想问我什么了。爱——过，从来都是。"石崇故意把声音拉得老长，为了能让绿珠清晰地听到。

绿珠欣慰地点了点头，说道："绿珠出身卑贱，能得君侯垂怜已经万分感激了。虽然以前一直未曾知晓，但今天君侯终于道出了绿珠一直想知道的事了。既然爱过，便足以回味一生一世了，君侯，黄泉路上，你不会孤单！"

说完，绿珠纵身一跃，如同一只蝴蝶一般翩然起舞，从百丈高楼坠下，当即香消玉殒了。石崇呼喊着冲到栏杆处，大声呼叫着绿珠的名字，只是，却再也唤不回她翩跹起舞的身影了。一阵痛哭之后，石崇苦笑道："荒唐了大半辈子了，今天的我，最开心……"

"繁华事散逐香尘，流水无情草自春。日暮东风怨啼鸟，落花犹似坠楼人。"绿珠的坠楼，数百年后换来了杜牧这首凭吊诗。如果绿珠仅仅是一个普通舞女，或许杜牧也不会为她写下这首诗了吧，"自古侠女出风尘"，古人诚不欺我啊。

孙秀没能抱得美人归，但是石崇却是非死不可的，他下令将石崇押送东市斩首。只是在刑场上，石崇看到了一张熟面孔——大帅哥潘安。石崇问道："安仁老弟，你怎么也被送来这儿砍头了啊？"潘安一声长叹："唉，一言难尽啊。"

原来，孙秀早年落魄的时候，在潘安父亲手下当差，可是潘安这厮除了脸长得好看外，一身的臭脾气，当时没少虐待孙秀。后来孙秀得势了，潘安试探性地问他还记得以前的事情不？结果孙秀恶狠狠地回了一句"历历在目"。潘安这下子知道自己难逃一死了，结果很快就被孙秀稀里糊涂地冠上了联合石崇勾结司马允造反的罪名。

如今潘大帅哥看到石土豪不由得一声叹息："投分寄石友，白首同所归。"意思是咱俩年轻时一起玩，临死了还能做个伴啊，不过转念一想，潘安又说道："只是连累了老母亲啊（负阿母）。"石崇倒是临死都不忘记拽一把，他说道："孙秀这个狗东西，杀我不就是为了贪图我的钱财么？"只是，换来的只能是刽子手的嘲讽。

"昔日戏言身后意，今朝都到眼前来。"一日之间，晋朝最帅的潘安和最有钱的石崇都人头落地，下场不免令人唏嘘。这更是教导我们，做人要厚道，情缘留一线，日后好相见。而对付小人，要么不去惹，要么整死了事，最忌讳的就是"打狗不下狠手"的做派啊。

（二十二）

解决了司马允的叛乱后，赵王司马伦和孙秀都自我感觉良好。紧接着，他们头脑发热，竟然谋划起"称帝"的事情来了，按他们所说"大难不死必有后福"，这要不去称个帝，想想都觉得亏欠自己。

于是，司马伦先是奏请天子获得了"九锡"，这是篡权称帝的必经之路，王莽，曹家父子、司马家父子都是这么干的。随后，司马伦又假借自己爹司马懿给自己托梦说自己该当皇帝，在朝中造势。

完成这些前期步骤，司马伦便急不可待地称帝了，他命令军队控制了皇宫，随后又召集百官，宣布了自己要称帝的意思，问有谁要反对。好嘛，那种情况下，大凡是一个脑子正常的人都不会跳出来反对的，于是，一切都进行得相当顺利。

唯一一点美中不足的是，在逼迫司马衷交出玉玺的时候，遇到了傻皇帝的顽强抵抗。司马衷虽然傻，但玉玺有多重要还是明白的，他死死攥着玉玺不放手，还一边说："这个，这个东西是我父皇给我的，那个，谁都不可以，不可以抢我的！"

不过，这世上总是不缺不怕死的，义阳王司马威二话不活就冲上去抢玉玺，司马衷则和他死命掰扯。两人在大殿上打了起来，可愣是没有臣子敢上前帮忙，这么一来，司马威气势更盛，很快夺下了玉玺。而司马衷手指差点儿被掰断都没能保护住玉玺，心里越想越委屈，竟然号啕大哭起来。

而司马伦则随即派人将司马衷拉到一旁，在傻皇帝的哭声中戏剧般的登基了，改元建始。梁王司马肜被封为相国，这厮坏事做尽最后竟然得到善终，难以理解啊。而孙秀则被封骠骑将军，司马威也得到了自己该得的，总之，正应了那句话"一人得道，鸡犬升天"。

司马衷很搞笑，被自己爷爷辈的司马伦加封了一个"太上皇"的称号，这估计是史上最滑稽的太上皇了吧，随后一家被遣送金墉城羁押。

朝中一切的变化都被一个人默默地注视着，此人就是之前被逼走的齐王司马冏。当初司马伦把自己当枪使，使完了就弃之一边，司马冏心里一肚子气，如今可把扬眉吐气的机会盼来了。赵王司马伦篡位，自己正好可以打出替天行道的大旗，而要做成这件事，光齐王司马冏一人之力自然办不到，不过，他很快就找到了帮手。

成都王司马颖和常山王司马乂两兄弟和死去的楚王司马玮以及淮南王司马允，都是司马炎当年钦封的"江南四大王"。贾南风做掉了司马玮，司马伦又做了司马允，这两兄弟自然是积极寻求报仇啊。另外，齐王司马冏又给河间王司马颙、新野公司马歆发去了联合书。

这个河间王司马颙可以说在"八王之乱"中扮演着一根不可或缺的"搅屎棍"作用，正是他在后期的不断挑拨，让"八王之乱"闹得愈发惨烈，最后让刘渊、李雄占了便宜。这次他接到了齐王司马冏的信，却没有立即表态，反倒扣押了齐王的来使，当然，这么做正体现了他的老奸巨猾。河间王此时正在长安，他是这五路人马中唯一一支在司马伦后院的部队，一旦他起势，司马伦必定先来消灭自己，所以他很聪明地选择了暂时性的骑墙。

而其他诸侯那边，成都王司马颖在百姓中素有威望，刚一起兵，就募集到了二十万之众，兵力是各路人马中最强劲的。

面对五路诸侯联合发兵，司马伦立马慌了神，倒是孙秀依旧保持着少有的冷静。他分析道：这五路人马中有三路不足为惧，常山王和新野公部队很少，充其量就是打酱油的，河间王司马颙虽然军事力量不弱，但此人是骑墙派，也是不会出死力的。只有成都王司马颖和齐王司马冏是铁了心要反我们，一个是兵强马壮，一个是挑事的祸首，只要调动军队打败了他们，我们必然能最终获胜。

（二十三）

前面我们说过了，孙秀绝对是个有真材实料的人，身处如此逆境之下，还能冷静面对，拿出这么一套堪称完美的方案，足可见其不简单。但是，再完美的计划，落到庸人的手里，也很难发挥出效果。司马伦缺的不是精兵，而是强将，关键时刻竟然找不到可用之将。

没办法，只能差中选好，司马伦任命司马雅、张泓、孙辅为一路，领兵三万迎战齐王司马冏。另外，又命孙会、士猗领三万兵马与成都王司马颖交战，司马伦的两个儿子京兆王司马馥和广平王司马虔则统率八千人负责接应。

公元 301 年 3 月，双方部队终于交上火了，一切如孙秀所料，司马歆、司马颙、司马乂三路人马都采取观望态势，只有司马冏和司马颖的部队与司马伦的朝廷军进行了大规模厮杀。而这两路人马初战的效果也是相当不好的，齐王司马冏先败于阳翟（今河南禹州市），撤军到颍水东，随后晚上又遭到劫营，只得丢弃辎重，渡河而去。

司马颖那边情况更糟，溃兵二十余里，被斩万余人，甚至连司马颖本人都打起了退兵的念头。司马颖哪方面都好，就是那股子养尊处优的少爷做派往往贻误战机，一遇困难就打起了退堂鼓了。试想一下，临时组建的志愿兵没有上过战场，缺乏战争经验，初次征战失利是很正常的事情，但是，倘若以此作为撤军的借口，那就是大错特错了。

好在司马颖座下的第一谋士卢志是个有脑子的人，他先总结了失败的原因，然后又抛出“胜败乃兵家常事”的千古至理，最后提出自己率精兵偷偷绕到敌军后面，进行前后夹击的方法。

卢志的一番说辞打动了司马颖，司马颖随即撤销了退兵的念头，拨出一万精兵让卢志率领去绕到敌后。

而司马伦部队这边，眼看着一切都在按照孙秀的谋划节节胜利，可惜孙秀猜中了开头，却没猜中结局。初战失利的齐王和成都王并没有就此撤军，相反是稳住阵脚后进行了反击。尤其是成都王那边的前后夹击，将孙会方面军杀得全军覆没，孙会单骑逃回洛阳。随后，成都王大军渡过黄河，朝着洛阳杀来。

得知前线溃败的消息，司马伦急得焦头烂额，连忙喊来孙秀商议对策。孙秀这时还保持着少许的冷静，对司马伦分析道：“此时出城，城外全是叛军，逃肯定是逃不了的。不过洛阳城高大坚固，城中还有数万人马，完全可以背城一战，即使和他们拼消耗也能耗到他们撤军。”

但是，此时孙秀一呼百应的时候已经过了，取而代之的是百官的众声喧哗。人心浮动之下，大家都准备各奔东西了，压根儿无法统一意见。不过，更要命的是在这节骨眼上，有人反水了。

叛乱者在很短的时间内便控制了洛阳城，司马伦孙秀一党被悉数抓获。孙秀、士猗、许超等人被就地斩杀，司马衷又重新复位，同时羊献容也复位，此时的她已经历了两立[illegible]废。而下台后的赵王司马伦则被关押在金墉城中，孙秀有通天的谋略也没能保住自己的脑袋，再次佐证了人心的力量。

关押在金墉城的赵王司马伦终究也难逃一死，当初他用毒酒整死贾南风，如今自己也是苦酒自酿啊。面对送来的毒酒，司马伦甚至连贾南风的气概都没有，竟然抱着酒壶号啕大哭，怎么都不肯喝下。最后来使等得实在不耐烦了，便让人摁住司马伦，将金屑酒强行灌下，毒杀了司马伦。这个赵王从诛杀贾后独揽大权起，到最终被杀，不过是一年光景，如果从他篡位称帝来看，则是短短一百来天。司马伦死后，他的四个儿子也悉数被杀。

当然，别忘了还有那个当初抢玉玺的司马威，那时他可是差点儿掰断了司马衷的手指。对于这件事，司马衷时刻没有忘记，这次他点名要杀司马威。鉴于这还是司马衷首次下旨要处死某人，所以百官都给他这个面子，司马威被拖出大殿后杖毙。

司马伦虽然被剿灭了，但是“八王之乱”却愈演愈烈起来，由最初的宫廷政变上升为大规模的军事对抗，国家濒临崩溃边缘。而另一方面，此战之后不久，晋王朝所发生的战争由最开始的王室内讧慢慢向内外交困转变，外来民族的势力不断渗透到争权夺利的战争之中，氐人李雄和匈奴人刘渊将在此刻开启“少数民族南下”的大幕。

第二章 胡汉交兵——鼎足之势初已成

（一）

就在赵王司马伦倒台的时候，蜀中正在酝酿着一起暴动，而这股暴动将直接催生出一个新的国家。随着这个新的国家的建立，三足鼎立的局势也开始慢慢形成。

这事还得从贾南风倒台开始说，贾南风倒台后，司马伦开始大规模地清缴贾南风的党羽，其中时任益州刺史的赵廞也在被打击之列。朝廷于是下诏让老赵回京任职，另派了耿滕去接任益州刺史一职。老赵拿到这诏书，和如今一些贪污官员一般忐忑，因为他知道，回京就两条路，一种是升职，一种是清算，派新人来摸你之前的黑底，很显然自己属于后者。

老赵可不想以后唱着《铁窗泪》在狱中度过自己凄惨的下半生，可是这次召自己回京的是朝廷的诏书，犹豫再三之后，老张做出一个惊人的决策——按照当年钟会的构想，割据蜀中。

但是，造反你得有人可用啊，而且这些人必须确保不是北人。因为当初钟会就是由于军中全是北人，人人思家，自己要造个反首先连底下人的支持都得不到，最终被哗变的将士所杀。那么，蜀中当地的原住民可不可以呢？答案又是否定的，因为司马昭灭蜀后，怕征服地的人民日后再起事，便将实力雄厚的大家族全部迁出了蜀中，留下来的都是些歪瓜裂枣之流。指望着他们扯旗造反？那简直是比期望一群拿着烟枪的八旗子弟和英法联军开战并取胜更加荒谬。

又不能是北人，又不能是当地人，那难不成得找外星人？别急，那时候的老赵还有一拨人可以利用，不是外星人，而是外族人。想当初齐万年造反，声势浩大，一度席卷了整个关中，后来虽然被平定，可他手下的那些羌人、氐人却没有被全部消灭。失去了老大后的他们，又得不到朝廷的安置，只能拖家带口地踏上了流亡之路，当然，他们也不会敲敲什么凤阳花鼓，唱唱二人转什么的，所以生活只能是更加窘迫。

而作为天府之国的益州，由于地缘接近关中，外加上粮食储备充裕，成了流民逃荒的首选之地，先后有十多万流民进入蜀中谋生。其中，李家五兄弟格外引人注目，老大李辅，老二李特，老三李庠，老四李流，老五李骧。这五人是来自秦州（甘肃）的氐人流民团的首领，而其中李特又在兄弟五人中居于核心地位。

氐人好勇斗狠，用来造反起事是最佳的人选，更何况领导他们的李家兄弟还个个是武艺高超、胸怀大志之人。尤其是李特，当时他入川的时候，途经剑阁，见蜀道峥嵘崔巍，曾经高声长叹道："可惜啊可惜，当初刘禅坐拥如此险要的地势，却最终投降，真是可惜了。"结果和他一起流亡的人都笑了：你一个逃荒者还在这边学文人无病呻吟，真是太搞笑了，还是想想下顿吃什么吧。但是，李特对于时人的讥笑却很淡然地无视了，就差没说"燕雀安知鸿鹄之志哉"了。

李特的笑话很快传到了老赵耳中，在别人看来的笑话，却被老赵重视起来了：自己要想割据蜀中，要的就是这些有野心又有勇武的人，而且他们既不是北人，又不是当地人，是外来的少民，正符合自己所需要的条件。

但是，魏晋时代流行看家世的顽疾在老赵身上也是存在的，在想起用李特之前，老赵还特地查了下李特的家世，寒门子可不能乱用啊。不过，这不查不打紧，一查吓一跳！原来李特有个强悍的爷爷和老爹，他爷爷是三国时的至将军李武，父亲是魏国大将军东羌猎将李慕，正儿八经的前朝军三代、高干子弟。

正巧，这时候，李家兄弟前来向政府寻求粮食救济，老赵就借此机会会见了李家兄弟。一番攀谈后，老赵接纳李家五兄弟为将，并开仓放粮，赈济灾民，还给流民搭建了临时帐篷居住，以此达到收买人心的目的。

而这时，耿滕这个朝廷新派的益州刺史已经到达了蜀中，同时，为了能确保顺利交接，司马伦还派了陈总领兵数万，进驻成都，以武力震慑赵廞。而此时的老赵，有氐人这一支武装力量，自然也不怕动武了，于是他开始策划起事事宜。

（二）

老赵盗版了当年卫老对付钟会那招，发动起民众的力量。他先派人四处散播耿滕要把流民全部赶出四川的消息，造成流民中的集体惶恐，随后又让李特去做思想工作，告诉流民们跟着赵大人才有饭吃。

获得了流民的支持后，老赵决定向耿滕彻底摊牌了，他派人送信给耿滕，邀他来城中办交接手续。耿滕看完信后，喜滋滋地要去城内，但是他手下的功曹却一语道出老赵没安好心，同时还劝耿滕带着兵马入城。

只是咱们的耿大人实在是脑梗得不行，很傻很天真地说道：“我是朝廷派来接他班的，一切走的都是合法程序，他敢违抗朝廷的旨意？”于是头也不回地单骑进城了，结果刚一进城就被李特一刀砍了脑袋。

耿滕被杀的消息很快传到了西夷校尉陈总陈司令的耳中，当初司马伦让他带兵入川就是为了防着老赵这一手，所以陈总对此毫不诧异。他平静地说：“耿滕这个二百五，害老赵丢官，还敢去老赵那儿摆威风，死了也是活该啊。”随即他下令部队继续前进，手下不解问道：“我去，司令啊，耿滕这个朝廷任命的省长都死了，可见老赵是铁了心造反了，你再去不是送死吗？”

陈总哈哈大笑：“老赵杀耿滕是因为耿滕抢了他位置，该杀，我和他无冤无仇，甚至还是老朋友，他杀我作甚？更何况，我是带着部队去的，我就不信他能百万军中取我项上人头？”唉，又一个很傻很天真的人。

结果，陈总果然在途中遭遇了李家兄弟的埋伏，本人被活捉，不久便被送入成都城中见他老朋友老赵了。而老赵见了这位老朋友，啥都没说，直接下令杀掉祭旗。这么一来，前后两位朝廷命官死在老赵手里了，这个反是造定了！

赵廞自封为大都督、大将军、益州牧，建国号为太平，废除了晋政府以前任命的官员，自己全部重新任命，开始了另立中央的道路。而这时，主宰北方朝廷的司马伦正面临着五王的联合打击，压根儿就抽不出空来管蜀中，因而赵廞更是得意。

老赵深知自己能割据一方，全是靠了李家兄弟的功劳，可是这李家兄弟毕竟是雇佣兵性质的，压根儿就不能算自己的死忠。更何况李特野心勃勃，日后难免要翻脸，所以他有了除掉李家兄弟的心思。

一次阅兵会上，老赵被李庠手下部队那种“一呼百应”的气势惊呆了，会后，在一干左右的撺掇下，他更是动了要杀李庠的心。也是李庠自己找死，在一次晚宴上竟然醉醺醺地劝老赵登基称帝，老赵虽然有这个心思，但是暂时还没这么做，这下李庠说的话可是给了老赵杀他的借口了。随即，就在宴会上声称李庠大逆不道，目无朝廷，当即命人将其斩杀。

结果正应验了那句老话“杀人一时爽，过后悔断肠”，得知自己三弟的死讯，李特立马提兵七千进军成都。这时老赵手中虽然有三万人马，可是和李特在绵竹一交战便立马溃败，残军逃回成都。李特和李流此时合兵成都城下，老赵没办法，只能弃城而逃，半路上被手下所杀。

不过，击败老赵之后的李特自我感觉良好，将身上那股子野性一股脑儿地发泄在了成都城里。进入成都城后的李特氐人部队高呼“均贫富”的口号，然后把成都城里的土豪统统抄家，财富全数充军。而李特手下的氐人更是沉迷在报复和仇富交织的快感中，各种烧杀劫掠，天府之国的成都城沦为了人间炼狱。

而李特攻破成都这一爆炸性的新闻，一下子传到了北方中央政府那边，晋朝朝野大为震惊。连忙委派罗尚为平西将军、益州刺史，以辛冉为广汉太守，徐俭为蜀郡太守，率兵入蜀。

李特虽然狂妄，但还是有些自知之明的，自己眼下这点儿兵力，对付对付陈总的地方军或者老赵那样的蠢材，还可以应付。但要是面对罗尚率领的强悍的中央军，那就两说了。

（三）

在罗尚部队入川后，李特火速派了老五李骧带着成都劫掠来的不少赃物去进献给罗尚，希望能够得到朝廷的招安。

罗尚本就是个贪婪之人，见李特送来的财宝立刻喜笑颜开，设宴款待了李骧，甚至上表朝廷说李特杀死反臣赵廞是忠君爱国的表现，应当予以肯定。李特得知罗尚这么好说话，立刻设宴款待老罗，当时罗尚的手下辛冉建议在宴席上趁机杀死李特，罗尚却不以为意。

宴会上，辛冉也不给李特好脸色看，弄得气氛很是尴尬。更为重要的是，罗尚还在宴席上发布了朝廷的另一个命令：流民全部遣返原籍。这个消息让李家兄弟一阵恶寒：好嘛，搞了半天还是容不下我们啊，合着你们干收钱不办事啊！这要真把咱们逼急了，到时候可是要一拍两散的啊！

那次宴会最后搞得不欢而散，而事后，李特瞄准了罗尚贪财的特点，准备做最后的努力，努力无效再动刀子。李特派李骧一次次地送礼，希望罗尚能考虑到移民工程是项大任务，多宽限几天。罗尚一看这上面能做做文章捞点儿钱，便也睁一只眼闭一只眼地宽限时日给李家兄弟。

不过时间一久，辛冉又出来放话了："大人啊，他们今天拖明天，明天拖后天，就是想赖着不走，你可千万别被那点儿小钱迷住了眼啊。"罗尚不满道："瞧你说的，爷会在乎这点儿小钱？不过不要白不要，既然有人白送钱，我总不能傻乎乎地拒绝吧？"辛冉说道："大人若要钱，我倒有一计，只要沿途设立关卡，到时候这一路上过路费铁定少不了！"罗尚听了眉开眼笑道："到底是辛大人，果然一肚子妙计。"

而李特这边，时时送礼也着实憋屈，罗尚还真把自己当冤大头宰了。如果说，送点儿钱能了事，那也没什么，关键到最后还是要赶自己走，这事情可无法忍让了。更为重要的是，李特也听说了老罗要沿途设置关卡的消息，这一下李特下决心要武装斗争到底了。

不过，蜀中的流民虽多，但要是只算氐人还真没多少万，要搞民族战争没太大市场性，于是乎李特转而考虑把这次暴动衍生为阶级斗争，这样便能具有更大的群众基础。于是，李特放出话来，说朝廷要把所有流民都驱逐出境，甚至要赶尽杀绝，尤其是流民的头头，不管是氐人还是汉人，统统都要斩首。这么一来，被逼上绝路的流民就纷纷团结到了李特周围，仅在绵竹一地，就聚集了两万多流民，李特趁机把大本营也搬到了绵竹。

罗尚看到李特要扯旗造反了，连忙派曾元、张显、刘并及田佐四将，领兵三万，突袭李特的绵竹大本营。结果突袭不成，反倒被敌军包围，三万大军大多被俘虏，只有刘并带了少许人马逃回，其他三将全部死在阵内。

既然朝廷军方面开了“第一枪”，那李特就必须进行自卫反击了。他立马领兵杀向广汉，攻克城池，赶走辛冉，随即兵锋直指成都。李特自号镇北大将军，封大哥李辅为骠骑将军，李流李骧为骁骑将军，并打开粮仓，一路上吸纳了不少百姓参军。到成都城下时，李家部队已有数万之众。

罗尚慌了神，连忙派使者去朝廷求援，自己则固守待援，好在成都城池坚固，粮草充裕。而李特这边都是些新兵蛋子，缺乏攻打坚城的经验，更缺少攻城的重武器，只能将成都城围而不打，与罗尚对峙起来。而这一对峙就是一年多，其间李特也不闲着，抓紧时间清扫蜀中其他城池。

李特先是派次子李荡攻下梓潼，然后又与其合兵进攻德阳城，斩杀了德阳太守张征，夺下德阳城。随后李特又以秋风扫落叶之势，攻下了益州大部分地区，只剩下成都城还在朝廷军的手中。

可怜的罗尚还在苦苦支撑着期待着朝廷的援军，可他压根儿就不知道，此时的朝廷又走马灯似的换了两位掌权人，他的老东家司马伦已经喝金屑酒死掉了。而新上台的齐王司马冏，也在掌权之后不久和盟友决裂，并最终被盟友群起而攻之，推翻下台了。

（四）

继续回转北边，司马伦倒台后，首倡义举的齐王司马冏成了朝中最为显赫的王爷。他被加封为大司马，以前授予司马伦的“九锡”也转到他的头上。鉴于成都王司马颖也出了不少力，“九锡”同样被赐予了成都王，而且他还被封为大将军。中国历史上首次出现一朝两位受封“九锡”的人，这也是一次难得啊。

除此之外，河间王司马颙被任命为太尉，加授“三赐”，常山王司马乂恢复了以前长沙王的爵位，同时留在京城统帅禁卫军，而新野公司马颖则由公晋升为王，负责荆州军事。

这么一来，晋朝的政局就成了两头执政了，甚至是三头执政——如果晋惠帝司马衷还算一个的话。但很显然，司马衷的现实表现又狠狠地扇了诸位王爷一个耳光。面对天下大旱，百姓饿殍千里的时候，司马衷竟然说出了“何不食肉糜”的名言。这么一来，支持率普遍下降，人们也算知道了，这个司马衷自己是不会走的，非得要个人搀着他走，他才能坐稳皇帝之位。

那么搀着司马衷走的人会是谁呢？很显然，不是司马冏就是司马颖。可毕竟“一山不容二虎”啊，成都王司马颖想两头执政，可是司马冏能容他吗？这时，司马颖的谋士卢志再次给他出主意道：“王爷，如今的局势，是你和齐王共同执掌朝政大权，而你无论军功还是与皇帝的血缘上都要高于齐王，只怕时间久了，你俩必将起祸端。而一旦祸端开启，谁最终能笑到最后未可知啊，我看还不如交出大权给齐王，王爷你外出避祸。这样一来你能得到个好名声，二来也能避开这股子浑水，您看如何？”

这一次，司马颖依旧听从卢志的意见，以自己老母病重需要照料为由，请求回到邺城封地，而将朝政大权悉数归于朝廷。司马颖的请求很快得到了朝廷的批准，而齐王司马冏则是毫不客气地揽过朝政大权，开始了骄奢淫逸的生活。

在司马冏的授意下，他的手下在京城到处拆毁民居，将弄出来的木料给司马冏扩充官邸，百姓意见相当之大。而反观司马颖，他到达封地邺城后，用自己的俸禄打造棺木，用来安葬在战争中阵亡的将士们。同时，给烈士家属发放抚恤金，还上书皇帝要求开仓赈灾。这一切的一切都博得了百官对他的好感，而这好感最终给他带来了实打实的好处。

永宁二年（302）三月，傻皇帝司马衷仅存的一位皇孙司马尚病故。这么一来，傻皇帝算是正儿八经地绝后了，于是百官提议由成都王司马颖以皇太弟的身份继嗣大统。但是，这么一件事情却遭到了司马冏的横插一杠子。

齐王否决了百官提议：什么皇太弟，听都没听过，洒家只听过皇太子。于是乎，齐王从司马衷的子侄辈里挑了一个年仅八岁的司马覃为皇太子。这种不道德的行为很快遭到了各地藩王的一致不满，当然，最不满的要数成都王了，因为他原本是既得利益者。不过，这次最先跳出来的不是成都王，而是那个“搅屎棍”河间王。

河间王司马颙这个“搅屎棍”是个唯恐天下不乱的主儿，要是少了这个挑事人，或许后来“八王之乱”也不会发展到无法控制的地步。这一次他看到司马冏明着夺了成都王的皇太弟之位，成都王铁定暗恨死他了，于是司马颙连忙致信成都王，邀他一起起兵。

这时，成都王已然是忍无可忍了，当初自己善意谦让得来的却是司马冏狠狠的一巴掌，这口鸟气怎么能咽下呢，当即响应河间王，起兵向洛阳攻去。

这下司马冏傻眼了，这都哪跟哪啊，去年自己还会合各路诸侯攻打司马伦呢，今年自己倒成了第二个“司马伦”，于是，他召集百官商议。司马冏在会上询问大臣为何自己会落得司马伦一般的下场，尚书令王戎给出的说法是：“木秀于林，风必摧之。王爷今日的您和昔日的司马伦一样，权势滔天，令人觊觎，而这个引来的非议在道义上是不分对错的。要想活命那只能是交出权力，颐养天年，俗称——缴枪不杀。”

（五）

王戎的话差点儿没把司马冏气得背过气去，他刚想反驳，手下葛旟抢先说道：“一派胡言，河间王和成都王那是造反，哪有面对叛乱者自行让位的，这不是鼓励人以后多造反吗？”

随后，葛旟拔剑指着王戎道：“你也不想想，一旦放权，齐王遭到的便是杀身之祸，当年曹爽的事情忘了吗？你说出这些话真该去死啊！”王戎看着葛旟的架势像是要杀自己，再看司马冏也是一脸铁青，丝毫不给自己说话。随即，两腿之间就不由自主地流下了透明的液体。

看到王戎这样子，齐王捂着鼻子说道：“快去厕所里放完水再来！”王戎听完撒丫子立马往厕所跑，而齐王这边就等王戎上完厕所杀他呢。可是，等来的消息是王戎掉了粪坑了（不知道是故意为之还是无意的），司马冏一脸的黑线，对着下人学着唐长老说道：“拿走，拿走！”王戎由此捡了一条命。

关于王戎，还要岔开再说一下。王戎这个人也是一号人物，传说中最早的愤青集团“竹林七贤”就有王戎在内。我们高中做古文练习的时候也会做到一篇《王戎识李》的文章，说小孩子都去摘路边的李子，就王戎不动，他给出的理由是“李无主，我心有主”，所以不去摘。不过，就是这么一个小时候就懂道理的娃娃，长大后越活越没劲，丢人的事情做了一大堆。

首先他相当贪财，就是中国版的老葛朗台啊，连他自己女儿借钱，他都追着讨要。曾因涉嫌经济犯罪险些罢官，晚年更是每临睡前都要把金银财宝摆满屋子数一遍才能安然入睡。当然，这还不是最搞笑的，最搞笑的还是出在李子上。可能是小时候没吃过瘾吧，王戎家里栽种着品种优良的李子树，还经常拿果子卖钱。可他又担心别人到时候拿他的核去自己栽种，那怎么办呢？于是他就在卖之前把核钻空，这么一来就种不了了。想来这王戎早年因李子事件成为美谈，晚年却因李子事件成为笑柄，这事情看起来也当真搞笑啊。

言归正传，原本齐王是想杀了王戎祭旗的，可如今杀不了王戎，他便将目光投到在京师的长沙王司马乂身上，杀他也一样，谁让他是司马颖的哥哥呢。不过长沙王也不是憨大，他早早就带着自己的部队开进皇宫控制了司马衷，然后紧闭宫门。齐王派去捉拿长沙王的董艾扑了个空，便又带兵往皇宫杀来，见宫门紧闭，于是下令强攻。

当然，由于长沙王控制着皇帝，齐王的部队只能说长沙王矫诏谋逆，而长沙王那边也不含糊，声称齐王是起兵谋反。不清楚的人群再次选择了看戏，这场大战持续到晚上，搞得傻皇帝司马衷想睡觉都睡不着。无奈之下，司马衷只能出来也加入看戏行列。

而这傻皇帝一出现在城头，齐王部队的所有弓箭都往他这边招呼过来。不止傻皇帝不明白，笔者也搞不懂，你杀皇帝作甚啊，真把自己当叛军啦？不过司马衷的亲身实践证明了他"儿子"多年前和他爹说的那句话——"黑夜中不要让火光照到你身上，因为那样做很危险，容易被爆头。"

结果眼看着身边人纷纷被射死后，傻皇帝急了，大呼"齐王谋反"，这一声大呼直接摧垮了齐王部队的斗志，军中开始出现反水了，齐军乱作一团，董艾在乱军中被杀，司马冏也被活捉了。

面对被五花大绑的司马冏，司马衷还是顾及堂兄弟感情想饶他一命，可长沙王司马乂却霸气十足地说道："饶他干吗？"手一挥就派人将齐王拉下去砍头了。可惜老小两代齐王，爹与皇位擦肩而过，儿子也是一个德性，并都为之付出了生命。不过齐王执掌朝政前后近两年，在"八王之乱"中也算是把持朝政比较长的一个了，随着齐王的死去，八王中已经先后有四位挂掉了。

不过，一场变局过后，几家欢喜几家忧，最不爽的要数司马颙了，这根"搅屎棍"好不容易把事情挑起来却被长沙王摘了桃子，内心不满可想而知。但也没办法，望着朝廷下发的诏书，声称"叛乱已平"，河间王司马颙也只得回封地了。不过，司马颙就是慕容复的性格，生命不息，搅屎不止，接下来他还要再整出点儿幺蛾子出来。不过，同样失落的还有成都王，乘兴而来，败兴而归，好在长沙王司马乂是自己兄弟，他掌权总比司马冏好些。

（六）

而就在北方战事刚刚停歇，南方又有了新变局，这次不光是之前李家兄弟惹事的川蜀，连荆楚之地也起了麻烦，不过还是先来说说李家兄弟这边。

之前说到罗尚被李特打压得只能在成都城内苦苦支撑，随时都有被灭的危险。可是，随着时间的推移，李特军队这边粮食供给成了问题。眼看着粮食告罄，李特下令士兵下去征粮，很显然这群士兵没有接受过正规纪律约束，因而征粮方式很粗暴。这么一来，在当地人眼中，李特的部队就成了遭殃军了。

更不巧的是，此时北方的朝廷，长沙王司马乂刚刚取代齐王司马冏，坐稳了中央。于是，这位新的掌权者急于给自己创造点儿军事业绩，就派宗岱率水军三万，孙阜领陆军三万，进军成都。

而这时李流面对蜀人和氐人之间的矛盾心中越发的惶恐，便提议李特先缓缓军事行动，来整肃下军纪，顺带和老乡搞好关系，以达到人民战争的效果。这个想法很不错，但是当时的时间紧迫，已经不容许李特搞“亲民工程”了，成都城围了一年不下，而朝廷军已经在出发的路上了。如果李特不能抓紧时间攻下成都城，那么绝对会陷入两面作战的险境，所以此时自己必须立即攻打成都城，外加上自己以前已经很久不搞“亲民工程”了，不是也没事么，所以李特从不把这事放在心上。

但历史证明，往往一个细节就能决定一场战争的胜负，西方的马蹄铁事件便是如此，而前不久司马允在节节胜利之际却被赵王反杀也佐证了这一点。这一次，军心的涣散也导致了李特的失败，罗尚派出潜伏在李特军中的奸细纷纷展开策反行动，结果部队中蜀兵反水，李特大军登时溃败。

当然，溃败也就算了，问题在于在罗尚官军的追击下，李特和老大李辅都死在了乱军之中。部队一旦失去了首脑，这是非常危险的，剩余的残军则分成了两部，一部以老四李流和老五李骧为统帅，另一部则是以李特的两个儿子李雄和李荡为统帅，一同驻扎在绵竹。

罗尚得知李特死了，心里更加激动了，连忙奋起直追，朝着绵竹打来。但他显然没懂穷寇莫追的道理，在绵竹与李家残军交战后便又退了回来，继续龟缩成都，与李家军再次形成对峙。

不过此时虽然再次对峙，可罗尚这边明显是占据了优势，不久李家军局势进一步恶化。孙阜连续攻克德阳等地，开始不断收复失地，而李荡也在战争中死去。面对此时如此败局，作为新当家人的李流对未来越来越感到悲哀，动起了投降的心思。但是，李特的儿子李雄和他父亲一样，是个天生的惹祸祖宗，不安分的主儿，他坚决反对四叔投降。

李流也不和他废话，说多了也是对牛弹琴，倚仗着自己如今是军队中老大的威势，下令全军投降，并指派自己的儿子带着投降信去朝廷军营中做人质，促成和谈。一旦和谈，下场不好，估计全得死，就算下场好，首倡和谈的是李流，要封赏也是封赏给他的，没李雄什么事。

按李雄的性格，他当然不可能接受这么一场和谈啊，但劝是劝不住了，只能逼自己的四叔，至于怎么逼，那还是得发动群众的力量。李雄立刻将军中的中下级军官全部召到麾下，和他们阐明投降的危害性：首先，我们都是杀过朝廷命官的，手里都有几条人命，一旦投降了很难落得好下场。其次，如果真投降了就得服从朝廷的命令，朝廷的命令是什么，还不是移民嘛，我们当初起兵不也是为了不再回到那鸟不拉屎的穷地方吗？一旦投降了，我们肯定还得回去，你们说怎么办？

李雄很有号召力，一番话说得群情激奋，将士们纷纷大呼："我们不要回去，要留下来求富贵！"看到大家支持自己，李雄火速组建了一支骑兵急袭孙阜大营。孙阜此时正在和李流的儿子商量和谈事宜呢，哪知道李家军居然来这么一手，佯和谈，实进攻，这下孙阜被打了个措手不及，军队损失惨重。

（七）

孙阜带着败兵连退数十里才勉强稳住阵脚，可随即又传来友军宗岱全军覆没的消息。宗岱也算是一员猛将了，居然这么简单就死了，而李雄短时间连挫两路大军的事实也让孙阜胆寒，孙阜自知自己不是李雄的对手，连蜀中都不敢呆下去了，连忙往荆州方向撤军。

得胜归来的李雄带着部队去向四叔请罪，跪下诚恳地说道："叔啊，侄子不甘心向那群狗官投降，破坏了你的和谈大计，你惩罚我吧！”李流一看自己大侄子身后这群荷枪实弹的丘八，心里暗恨：怪罪你，你丫的，现在我还杀得了你？动了你，你身后那群丘八还不立马搞死我啊！更何况杀了你又有何用？我在政府那边已经成了无信之人，你丫的是断了我投降的退路啊！

李流只得转怒为喜，扶起大侄子，满意地说道：“啥也不说了，四叔以你为荣啊，你和你爹一样，是个有本事的人，以后这部队全听你的调遣，你一定会兴盛我李家的。”取得了李家军最高统治权的李雄开始在蜀中稳住阵脚，为日后成汉帝国的建立构建根基了。

而此时与川蜀毗邻的荆州地界，也不太平，不凑巧的是，这次闹事的也是个少数民族。按照分类来说，属于南蛮的一支，这个人叫张昌。虽然名字和张邦昌这个家伙有一字之差，但这个张昌心中也有一个楚帝梦，而此时动荡的时局成就了他的叛乱。

客观原因：新野王司马歆执掌荆州后，暴虐苛刻，相当不得人心。同时，四川和中原乱战，让毗邻的荆州时刻处于动荡之中。

主观原因：李雄的强硬打击导致中央军退出了川中，长沙王司马乂采取就近原则，从荆州招兵准备二次入川作战，过惯安逸日子的荆州人不愿意去川中送死，抵触极大。

基于以上原因，张昌造反具备了相当充足的条件，于是张昌招兵买马，打出“不独立，毋宁死”的高调口号，一下子聚集了三万部众。没费多大力气便攻克了所在的江夏郡，随后，顺江而下，开始大规模扩充地盘。

新野王司马歆一看自己地界上居然有少数民族造反，寻思那还了得？连忙组织部队进行围剿张昌的军事行动。只是，南方江河湖泊呈网状分布，大规模的兵团无法集结起来，这是当年楚军败给白起的原因，也是这次司马歆败在张昌手中的原因。

当然，有种邪乎的说法，是张昌这厮会作法，他手下的士兵每次出战都戴着小红帽，满脸粘着马毛，人们一看这架势，都在诧异张昌是不是找了鬼兵相助啊。当然，新野王这边的失利很快惊动了中原，如果蜀中的变乱是肘腋之疾，那荆州的叛乱可谓心腹大患。一旦动静闹大了，这张昌亲率荆州之众以向宛洛，北伐中原并非没可能，到时候，蜀中的李雄说不定还要将益州之众出于平川呢，这么一来，诸葛亮的“隆中对”说不定会有一场现实版的操作演示。

于是，朝廷任命刘乔为豫州刺史，刘弘为荆州刺史，加上雍州刺史刘沈一起率军南下，扑灭荆州的叛乱。当然，司马乂还通过傻皇帝的诏书，邀请"搅屎棍"河间王出兵相助，河间王不乐意了：好嘛，老子还没来惹你，你小子倒是盯上我了，随即就发兵把刘沈的部队给围了。这么一来，刘沈所部一万大军全部资助了河间王了。

这么一来，朝廷南下的部队数量少了不少。而张昌也不敢怠慢，他分兵去攻打豫州，借此吸引朝廷部队先去解豫州之围，而自己则率领剩余部众，直奔司马歆的治所襄阳城而来，打掉司马歆的部队，自己便能号令整个荆州了。

按理说，眼下这个情况，固守待援是司马歆最好的选择，可咱们这位新野王居然脑子秀逗了一下，将守城的部队全部调出来迎战张昌。双方在樊城展开大战，司马歆大败，死于乱军之中。这下张昌的威势一下子震慑住了整个荆州，甚至他的先头部队还在石冰的带领下，连犯扬州、江州，扬州刺史陈徽败逃。

一看张昌势大，封云在徐州起兵响应张昌，南下与张昌的东进之师会师。极盛时期的张昌已经控制住了长江中下游大片地区，五州之地囊括其中。

（八）

"闻战鼓而思良将"，此时南中国已经有近三分之二的国土沦陷于战火之中，急需一位强有力的将军来弭平战乱，而此时扭转整个南方未来战局的是两个名气微寡的青年将领，一个叫陶侃，还有一位叫周玘。

只是后来因为两人不同的人生轨迹，以至于到了今天，谈起平灭张昌之乱我们记得的只是陶侃，而忽略甚至是淡忘了另一位。先说陶侃，此人出生在三国末年，属于寒门阶层，而幼年丧父的悲惨境遇又给他的人生抹上了一层阴暗的色彩。不过，有得必有失，没爹的孩子早当家，陶侃也是在历练中学到了许多，可是，寒门的出身让他在这个门阀森严的时代混了许久依旧难以出人头地。

年逾四十的陶侃还依然只是刘弘手下的长史，不过，这次的张昌叛乱却给了陶侃机会。他注定将以"国家救星"的形象永载史册，这一次的荆州之战也成为张昌由盛转衰的转折点。

这时，陶侃的上司刘弘正在与张昌的交战中连连败退，而陶侃则派军趁着张昌大军在外之际，火速夺下了一些张昌的城池。按照陶侃的思维：占住了点就能依托控线，并最后封边，当然，如果张昌能具备"农村包围城市"的先进思想，估摸着还能反败为胜，但就张昌那脑子，估摸着是想不到这些的。

做完了这些，陶侃便领着一支小分队从后面追赶上张昌的大部队了。当时张昌追着刘弘正杀得起劲，哪知道后面突然来了一支人数不明、来历不明的敌军，一下子乱了阵脚，被杀得大败。张昌此时决定先收拢残兵，回城休整一番，哪知道，周围的大小城池都已经被陶侃占据，如同天罗地网一样把张昌困得死死的。张昌每过一城，城楼上就是弓箭伺候，无奈之下，他只能带着部队流亡作战。

只可惜，咱们这位造反派头头张昌严重缺乏群众基础，流窜途中就是想问老乡找点儿补给都搞不定。结果部队越打越少，在陶侃所部的穷追猛打之下，叛军分崩离析，这场看似声势浩大的叛乱就这么被一个籍籍无名的陶侃给平定了。不久，张昌也在混战中被杀，传首京师，陶侃因功被封为东乡侯。而战后，陶侃的上司刘弘拉着他的手意味深长地说了一句话："我之后，唯有你才担得起荆州刺史这一官职啊！"

这时，在东线战场，周玘也传来了捷报。当时石冰的东进之师和封云的南下之师会合后，控制了整个扬州，江东之地一下子全成了叛党所盘踞的领土。而此时，周玘利用自己和江东豪族的关系，联络了一批人，公推吴兴太守顾秘都督扬州九郡诸军事，武装发动了江东大族的军事行动，随即斩杀了伪吴兴太守区山。石冰急了，暗自咬牙：好小子，居然敢逆流而动，公开对抗我新朝廷。于是派猛将羌毒带兵数万前去征讨周玘，只可惜这个石冰手下第一猛将见了周玘再也威武不起来了，交战之下被周玘一刀斩于阵前。

而那数万贼兵一看自己的老大都被人一招秒了，纷纷吓得四散奔逃，哪还敢和这个周玘继续纠缠。周玘的胜利也让一些人看清楚了形势，晋广陵度支陈敏立即斩杀了石冰派在自己这里的地方官，率众响应周玘，双方一起发兵攻打盘踞在建邺（今南京）的石冰。

一个周玘已然让石冰丧胆了，更何况这次还多了一个，与周玘一交战，石冰便败下阵来，随后一路北逃。石冰一直逃到徐州，与封云的部队会合后才缓过气来，哪知道这周玘和陶侃一样，盯上了人就不撒手了。结果封云和石冰两人在自己的地盘上连吃败仗，接连被周玘打败，手下人一看情势不妙，连忙杀了封云和石冰，向周玘军投降。

这一次平定张昌之乱多亏了周玘和陶侃的出力，才使得局势没恶化到万劫不复的境地，可是，在北边的诸王却并没有珍惜这来之不易的和平，而是再次挑起战火。早在张昌之乱爆发后，司马颖便以出兵助阵的名义发兵南下进行军事试探，而他万万没想到，张昌这么夙包，声势搞得这么大，死得却是那么快。

就在成都王司马颖琢磨着接下来该如何处理之时，“搅屎棍”河间王司马颙来信了。

（九）

不用想也知道，“搅屎棍”这次来信肯定又是与起兵有关，原来，河间王派在长沙王司马乂身边的细作被长沙王发现之后给剁了。按理说，这是你做错在先，就算是当下，间谍罪怎么论处也是有明文规定的。可是咱们这位河间王却和刘大耳打益州一样，口口声声叫嚣着：“老子谋你的地盘没错，但你搞死我军师就是大错特错了。”

随即司马颙再次起兵，命张方带兵七万出函谷关从西面进攻洛阳，当然，也修书一封给司马颖，邀他一起出兵。按理说，正常人思维都会觉得这不可思议，撺掇人家兄弟反目，不仅缺德而且无脑。不过，凡事一旦和权力挂上钩，一切的不可思议都会变得理所当然。之前原本是两家合谋共诛齐王的，结果被长沙王捡了桃子，这件事让成都王越想越气。人一气就会犯浑，这次他也不管是不是亲兄弟了，直接拿出所有家底——二十万大军，朝洛阳杀来。

不过好在司马颖虽然犯浑，但卢志还算清醒，这位智囊再次提醒这个小王爷说：“王爷啊，当年你和齐王一同诛灭逆贼司马伦，而后你不慕名利，将大权悉数让出回归封地，一下子让百姓对你有口皆碑。要树立这么一个好形象不容易啊，如果你今日一举兵，那之前所做的一切都将功亏一篑，到时候百姓都会认为你之前都是装出来的。那样，十年修行，毁于一夕，值得吗？”

司马颖轻蔑地笑了：“老卢啊，你不懂，当初我付出了那么多，做足了戏，可是我得到的是什么？齐王、长沙王，这些瘪三一个个掌国之权柄，而我却只能在一旁冷眼相看，这样的日子我受够了，难道你现在还指望着我再给司马颙俯首称臣吗？你难道还要我继续去过那种备受煎熬的日子？记住，真理只存在于弓箭的射程之内，我再也不相信那种假仁假义便可以夺取天下了，我的天下，我自会用刀剑去争取！”

卢志摇着脑袋不解地问：“明明是讨逆保司马家的天下，怎么就成了夺取自己的天下了啊，王爷，你不要走错路了啊。就算王爷您想掌握朝纲，也无须大动干戈啊，你名声在外，即使是穿着朝服前去，大家也会推举你来掌控朝政的啊。”

司马颖发觉自己和这个老头子说不通了，只能摇了摇头，不再理他，随即整兵踏上了西征之路。这一次，成都王司马颖起用了前东吴都督陆抗的两个儿子陆机和陆云。

而洛阳这边，面对河间王和成都王的东西对进，司马乂也没闲着，他也起用了一个名人之后为将，这个人便是“竹林七贤”之一嵇康的儿子嵇绍。他封嵇绍为平西将军，和皇甫商一起率军一万多人负责抵抗河间王的部队。

只可惜，河间王大将张方实在太能打了，皇甫商与之交战一触即溃，很快就败逃回洛阳。而当时长沙王司马乂正和皇帝在东线与成都王部队对峙，得知皇甫商失利，张方进入洛阳城的消息，长沙王立马回师，花费了九牛二虎之力才把张方赶出了洛阳城。

然而，这边长沙王一撤，那边成都王的大军就渡过黄河杀将过来，甚至已经兵临洛阳城下。此时的长沙王知道一旦长期被围，则必死无疑，所以得赶在河间王的部队再次到来前打一个时间差，迅速打垮成都王的军队，解掉洛阳之围。

这时，长沙王司马乂使出了他的撒手锏，他将战马两侧都捆绑好两支长戟，一字排开往敌阵冲去。虽然这支部队只有五千铁骑，而成都王围城部队有二十万之众，但是在骑兵强大的冲击力以及画戟强大的破坏力下，成都王围城部队登时败下阵来，死伤近七万之众。由于尸体实在太多，山间的溪水都被阻塞了。

鉴于这支二十万部队的直接领导人是陆机，成都王对此大为震怒。外加上以牵秀为首的一干人等还要给陆机穿小鞋，成都王司马颖最终下令将陆机夷三族，自己则亲自整军再行杀往洛阳。

而这边，刚刚取得了首胜后的长沙王没有选择龟缩城中，而是继续把目标对准河间王那边。张方领军水平明显比陆机高多了，但是对于这种大规模杀伤性武器也没有好的方法去应付，只得留下数千具尸体匆匆逃回。

（十）

不过关键时刻，张方的职业军人素养一下子体现出来了，面对失利他并没有乱了阵脚，而是发动手下将士连夜筑城，准备和长沙王打阵地战。

第二天，长沙王准备再行攻打张方，扩大战果，可惜，面对这座一夜建成的城墙他傻眼了，嘀咕道：到底是张方啊，败而不退，能在短短一夜之间修筑好这么一座城池，我不如啊。长沙王说的是实话，即使自己的骑兵再强悍，也不可能蹬着城墙上去吧，张方要和自己打消耗战也只能如此了。

随后，长沙王司马乂只得率军回到洛阳城内，张方也知道主动出击自己讨不到便宜，于是双方僵持了起来。这时候，成都王的大部队也再次赶到洛阳城下。

对峙中的岁月往往是最难熬的，此时的洛阳城大批大批的民众在口粮日益紧缩的情况下无助地死去。饥荒，贫困，恐惧，灾难，死亡，各种负面氛围笼罩着这个帝国首都，这给人带来的身心刺激远比惨烈的疆场厮杀更可怕，而城外，河间王和成都王的日子也不好过。战争进行到这个时候，更加暴露出它罪恶和嗜血的本质，人们在阴郁中度过了公元 304 年的春节。但他们不会知道，这一年会比上一年更为残酷，因为这一年被后世的历史学家定义为“十六国”时代的开始，刘渊和李雄将会在这一年中一南一北独立建国，正式脱离晋王朝的统治。

当然，这一年年初最为轰动的事件，当然还要数长沙王的垮台啊。在被困四个多月后，洛阳城内的人心终于混乱了，而一位叫司马越的野心家利用民众的不满情绪，发动政变，羁押了长沙王司马乂。

司马越从血缘上来看，已然和司马衷相当的疏远了，他的祖父仅仅是司马懿的兄弟，不过这人依靠着鉴貌辨色的本事，在官场上摸爬滚打，一步步混到了权力的核心地带。如今，他依旧发挥自身见风使舵的本事，活捉了长沙王，准备向城外联军献俘。可这一出城，司马越傻眼了，当真是置身于“围城”中，城外的人想进来，城内的人却想出去。城外的士兵也被饥饿折磨得皮包骨头，说不定再扛一阵子对方就撤军了，只是，事已至此也容不得司马越后悔了。

被长沙王折腾这么久的张方自然按捺不住心中这口恶气，抓到长沙王后，也不管他亲王身份了，直接架起火堆将其烤死了。据说长沙王因不堪痛苦，惨叫声传遍了整个营寨，又一次公报私仇，不过张方最终也死于非命。

成都王和河间王的联军胜利了，趾高气扬的司马颖进驻了洛阳城，他开始按照自己的意愿来重组朝廷。他重新被册立为皇太弟，丞相、都督中外诸军事，盟友司马颙也分得了一杯羹。而可怜的羊皇后再一次被废，尽管在这次波折中她已经失去了父亲（羊父因为听闻自己是主要声讨对象而惊惧毙命），但是，命运依旧没有垂青这位可怜人。

志得意满地安排完一切之后，成都王命令部下石超率军五万把守洛阳，自己则回邺城去了。当然，成都王回邺城并不是要交权，而是遥控指挥，这种方法后来北魏末年的尔朱荣和高欢都搞过，只是，洛阳空虚必然是会造成隐患的。尔朱荣的遥控朝政惹出了陈白袍的七千子弟兵搅局，而贺六浑（高欢）的遥控朝政导致了孝武帝和他对着干。这边，成都王的遥控朝政收到了非常恶劣的效果。

原来，司马越出卖了长沙王之后，心里一直觉得过意不去，作为一个“善良人”，他每日三省其身，决定痛改前非，洗心革面。于是，他便联合右卫将军陈眕以及长沙王司马乂的旧部，突袭石超。石超一来没准备，二来在洛阳缺乏群众基础，结果一触即溃，单人出逃邺城。

随后，大权在握的司马越重新恢复了羊献容的皇后身份，又注销掉司马颖的皇太弟之位，改立清河王司马遐的儿子司马覃为太子，铲除了朝中成都王一系。紧接着，他又自封为大都督，带着傻皇帝和十几万大军，北上征讨成都王。

（十一）

这突如其来的变故，让司马颖很不爽，这好好的皇太弟怎么说没就没了呢？不过，已经容不得他过多地思考人生了，司马越的十几万大军已经杀将过来。好在河北啥都缺，就是不缺人，司马颖随手一鼓捣，就整出了能和司马越决战的部队了。

当然，司马颖关键时刻还善于用计谋，当他得知与司马越一起叛逆自己的有一人是陈眕时，便随即将在自己军中的陈眕的两个兄弟请来，赐予厚赏，以此来换取他们去敌营做卧底。

没想到，这两兄弟还真心被司马颖的个人魅力折服了，欣然应允前往。并与司马颖的手下大将石超里应外合，一举端了司马越的大营。此次大战司马越败得是相当之狼狈，那拼凑起来的十几万大军四散奔逃，全军崩溃，而司马越本人也是在数十名亲兵的护送下才杀出重围。但侥幸逃出的司马越没有选择重回京城，而是往自己江淮之地的封国逃命了。不过，这担负着光荣卧底任务的陈家兄弟也没能等到受赏的那天，在乱军之中，被自己的亲哥哥陈眕给斩杀了。这还真是应验了那句话：人死了，钱没花掉。

而如果要说这次战争中最最狼狈的，还要数白痴皇帝司马衷了。说起司马衷，那可是在这次战争中从鬼门关走了一遭。由于皇帝的华盖太显眼了，一下子成了弓弩手瞄准的目标，司马衷在纷飞的箭雨中连中数箭，好在他防护措施做得很是到位，身穿数重盔甲，愣是没被射穿。但是，皇帝有如此好的保护，可皇帝周围的人可就没这么高的待遇了，别说数重盔甲，连一件都没，肉体凡胎的很快便被射死了一大片。剩下侥幸没死的，脑子也绝对比司马衷清楚，一看这架势，都各自溃散逃命了。

当然，尽管大家都跑了，可还是有一位忠臣毅然决然地守卫在这个白痴皇帝的身边，这个人便是嵇康的儿子嵇绍，他用自己的身体给司马衷挡箭，无奈他毕竟也是肉体凡胎，被射了几箭之后也断了气，可鲜血却溅了司马衷一身。

也许是场面太过感人和震撼了，把司马衷这种智商低下的人都给感动了。当石超来到他面前时，他正抚尸痛哭，指着嵇绍的尸体大呼“忠臣”“忠臣”呢。石超也对这位白痴皇帝瞬间智商的提升感到诧异，便又问道：“皇上你怎么啦？”司马衷回道：“痛！”石超看到司马衷身上插着几支箭后，连忙喊来军医疗伤。同时又问：“皇上你要什么？”司马衷回道：“饿！”

好嘛，感情智商又回到战前水平了。石超摇了摇脑袋，让人去采一些野果给司马衷充饥。不过，石超看到司马衷身上的衣服都给血浸透了，便找了一件新衣服想给司马衷换上，可一摸到司马衷的血衣，司马衷立马炸毛了，大喊：“这是嵇侍中的碧血，不能拿掉！”（此嵇侍中血，勿去！）皇上突然间的智商提升又让石超愣然了：这还是传言中的白痴皇帝吗？连谁忠谁奸都看得清清楚楚？有些智力正常的皇帝尚且会被奸臣所惑，可这皇帝……当然，短暂的错愕之后，石超也就释然了，毕竟这不是自己该操心的事情。

就这样，司马衷作为战利品又重新回到了司马颖的手中，只是这一次司马颖吸取教训，不再遥控指挥中央了，而是直接把司马衷接到自己的大本营——邺城，改元建武，邺城成了晋王朝的新都城，只不过这个新都城只有些临时首都的影子。

司马颖和司马越打得火热，这边“搅屎棍”河间王司马颙也不闲着，他的大将张方已经率领两万部队进攻司马越在洛阳的留守部队，很快就攻占了洛阳。随后司马颙公开表态：遥尊司马颖为皇太子，支持邺城政府，而羊皇后和皇太子司马覃再度被废，进金墉城疗养去了。距离羊皇后上次进金墉城，还不到一个月。

搞定了这一切，按理说差不多就该完了，可是司马颖却不这么想，因为国贼司马越还在他的封国活得好好的。如果不能搞死这个混账玩意，司马颖这个皇太弟就觉得很不舒服。令人匪夷所思的是，司马颖还没找司马越的麻烦，司马越那边却抢先动手了。原来，司马越居然有个弟弟虎踞北疆，手下坐拥精兵十余万，得知自己哥哥被揍了，决心报仇。

（十二）

司马越这个弟弟叫司马腾，驻军山西并州（今太原），这地方在以后十六国乃至南北朝的岁月中都将是军事王国般的存在，北齐家的霸府就建在此地，再往后成了李唐家族的龙兴之地。直到五代十国时期，北汉政府依托太原，一直坚持到最后才被统一。

额，有点儿扯远了，回过头来，此时的司马腾官居宁北将军、并州都督，而他还有个哥们儿叫王浚的则是安北将军、幽州都督。也就是说，这俩人坐拥了当时中国整个北疆的军事大权，手下的部队有几十万之众。有人可能会觉得诧异：吹牛吧，当时全国军队才多少啊，这两个北佬哪来几十万啊？

哎，不急，我们慢慢道来，在说王浚为何能有如此之多的部队之前，先来介绍下王浚其人。王浚出生在晋阳，这或许也解释了为何他和司马腾能走得近的最初诱因，而王浚的父亲王沈就是当初出卖曹髦倒戈司马昭的大臣之一，间接害死了曹髦。不过，这世界上的有些人就是踩着他人的尸体上位的，王沈如此，王浚日后也是如此，也正应了那句老话“有其父必有其子”。

王沈依靠出卖主子混得了一个官职，随后在仕途上摸爬滚打，倒也跻身了上层名士。等到王浚十五岁那年，王沈因病去世，王浚便顺理成章地接管了老爹的一切政治资本。也该王浚走运，当他刚刚踏上仕途的时候，就遇到了司马家的“八王之乱”，而王浚则申请远调北疆，成功避开了中原的政治动荡。

等到赵王司马伦上台的时候，王浚已然全面接管了幽州等地的军务了。而幽州地带已经毗邻长城了，与长城相接处的地方自然也与游牧民族会有较多接触，王浚利用这一便利条件，开始与游牧民族搞好关系。

王浚将自己的长女嫁给了鲜卑辽西公段务勿尘为妻，二女儿嫁给鲜卑宇文素怒延为妻。这么一来，王浚在鲜卑人心目中的形象一下子显得高大上了，而有这两个鲜卑头领做自己的女婿，王浚自然也是牛气冲天。现在大家明白了之前为什么说王浚能坐拥数十万大军了吧，因为这里面有相当一部分是鲜卑部队，这些都是不算入晋朝军队编制的。

王浚的坐大很快引来了朝廷的猜忌，在赵王司马伦被推翻后，王浚在此期间的不作为很快引起了成都王司马颖为首的诸王的一致不满。随后，司马颖牵头，提名朝廷委派和演做幽州刺史。和演是司马颖自己人，他被派去做幽州刺史的用意很明显，就是要架空王浚。

只可惜和演不懂“强龙压不过地头蛇”的道理，他做了刺史之后，希望拉拢鲜卑对抗王浚，这样的想法想想都觉得可笑，论与少民关系铁的程度，一百个和演也比不过一个王浚啊。此时的和演与王浚的关系就好比东汉末年的幽州牧刘虞和白马将军公孙瓒，只不过，他俩对待胡人的态度与刘虞，公孙瓒二人是一个颠倒，但是最终的结果却是一样的。

最后，王浚联合乌桓鲜卑等族人马，一起攻杀了幽州刺史和演，取而代之后成了幽州的老大，重温了一把当年白马将军公孙瓒夺权的老路。不过，这事情让司马颖白吃了一个哑巴亏，心里肯定很不爽。于是自此之后，司马颖便把王浚当成了眼中钉肉中刺一般，欲除之而后快。

可巧的是，之后司马颖一直被卷入中原的乱局之中无暇北顾，等到中原大势告一段落之后，王浚倒是先找上门来了。这一次王浚是以给司马腾助拳的身份参与到反司马颖的军事行动中来的，他纠结了段部鲜卑段务勿尘以及乌桓羯朱的两族人马，并且点齐了自己在北方的全部人马，与司马腾合兵一处，号称四十万之众，兵锋直指邺城。

面对王浚的三国联军，司马颖起初不以为意：哼，一个边塞苦寒之地的地方军能有多大能耐？加上一些胡虏杂牌军就能蹦跶上天啦？可是，当前线传来战事吃紧，石超苦战的消息时，司马颖开始仓皇无措了。他召集了所有部属，要求大家立刻拿出一个切实可行的方案，只是，一到要拿主意的时候，手下就都变得鸦雀无声了。因为他们已经习惯司马颖发号施令了，他们觉得，只要执行英明神武的皇太弟司马颖的命令那便是正确的！

（十三）

突然，一阵雄武浑厚的嗓音打破了寂静的局面：“奶奶个熊的，不就是鲜卑狗、乌桓贼嘛，王浚靠女儿卖肉才换取这两家支持有什么好怕的！他能喊人助阵，殿下你就为何没想到喊人助阵啊！殿下你就放宽心吧，由我出面，二竖之首，可指日而悬也。”

好气魄，这么狂妄的话也能说得出口，当大家将目光全部投注到说此话的人身上时，大家才真正了解，这个人，绝对有说这大话的资本！而此人看着大家都将目光集中到自己身上时，心里更是万分得意，他继续高声说道："殿下只需下令让我回去召集匈奴五部兵马，只要我将他们带回，必能打得鲜卑乌桓满地找牙！"

司马颖听完之后大喜，立即加封此人北单于、参丞相府军事，回北边调集匈奴五部前来助战。此人临走时也是万分真诚地告诫司马颖说："我此去北边必定能调集来五部匈奴为殿下助阵，但是，在此之前希望殿下您能死守住邺城。要知道，一旦您弃邺城而回洛阳，那国家的权柄就有可能从您的手中转移到河间王司马颙的手里了，毕竟，此时的洛阳已经是司马颙的天下。殿下您一旦离开邺城，威信只怕也会就此丧失啊。"这一席话也让司马颖感觉眼前这位北单于是真心为自己考虑的，事实上，他所说的最后也被验证完全正确。可是，那个时候的司马颖已经完全是威信扫地，寄人篱下了，因为，他最终没能守住邺城。

这个人叫刘渊，字元海，是匈奴左贤王刘豹的儿子，正是这个人，开创了一个新的时代，一个血腥和残暴、动荡与战乱交织的时代，一个至今后人都不敢去正视，所有教科书和影视题材都匆匆略过的时代。

但是如果大家因为刘渊是匈奴人，便以为他是那种茹毛饮血的野蛮人，那就是大错特错了，事实上，刘渊是一个汉化程度很高的胡人。刘渊的汉化程度绝不亚于后世的苻坚和孝文帝元宏，他从小便在中原长大，深受汉家文化熏陶，读了不少汉学经典。其中，刘渊尤其喜爱《左传》和《孙子兵法》，这或许也暗示了刘渊幼年时代便有了一颗好战的心。

虽然刘渊接受了汉化，但是匈奴人好武的风气在他身上也没有丧失，青年时代他修习武艺，练就了一副好身板。后来在晋武帝司马炎对秃发树机能和东吴的战争中，刘渊几次请战，但由于汉族大臣的抵制，一直未能如愿。齐王司马攸更是断言刘渊日后会成为祸胎，建议司马炎趁早除掉，而司马炎只是一笑置之。

再往后，在晋朝诸王倾轧的政治斗争中，刘渊站对了队伍，很快就混到了左贤王、五部大都督的职位。这么一来，等同于承认了他是名义上五部匈奴的直接领导人了。但是，刘渊这个五部大都督和成都王司马颖这个权臣早期待遇一样的尴尬，都是遥相指挥。当时五部匈奴的实际领导人是刘渊的叔祖父右贤王刘宣，刘宣与各部首领都希望刘渊能带领着他们，趁着晋朝内乱的机会，重整匈奴族的雄风，可惜刘渊一直找不到借口离开，直到这一次。

得知司马颖要派刘渊北上汇集五部匈奴，老财迷王戎如同当年郭嘉预言刘备一般向司马颖预言道："刘渊这个人可是人中龙凤啊，你放他走等于是纵虎归山，一旦他得了势，日后还会屈居于你之下吗？"司马颖唬了这个财迷一下："不让他去搬匈奴兵，那鲜卑乌桓部队杀到，谁能抵挡得了？你能抵挡得了？"司马颖此时这模样像极了鲁迅的小说《风波》中的赵老太爷。

王戎则是说："咱们不是有河间王助阵嘛，况且邺城还有十万大军，完全能扛得住的嘛。"司马颖心里嘀咕：你这老东西是真傻还是假傻啊，连刘渊这个胡人都看得出河间王指望不上，他巴不得看我失势，自己好独揽大权呢。你还指望他？再者说了，就咱们手下这点兵能不能打得过三国联军，前线的战况已经能说明问题了。

司马颖不再搭理王戎，一门心思死守邺城，准备等刘渊的援军。要说刘渊这边办事也是非常讲究效率的，他到并州（今山西）一个月都不到，便已经募集了数万匈奴大军，并先行派遣了五千骑兵去邺城救援司马颖。可是，令人遗憾的是，司马颖居然连二十天都没撑到，就弃掉邺城而逃了。司马颖先后派去御敌的石超和王粹都接连被司马腾和王浚部队击败，主力部队损失殆尽，军心涣散之下，司马颖只得领着百十名亲兵护送司马衷出邺城南逃。

（十四）

这一路上的逃亡显得相当狼狈，由于跑得急，成都王一伙连盘缠和干粮都没来得及准备，结果半道上肚子饿了，才发现这个问题。好在随同的一个小宦官机灵，在被褥里面藏了不少私房钱，关键时刻拿出来救急了。不过这也不是白给，皇帝司马衷还亲自写了一张借条给小宦官，算是借来的钱。不过僧多粥少，这点儿钱一路上用得很拮据，伙食只求饱就行。

当然，沿途司马颖一行人还接受了百姓的接济，不过作为回馈，司马衷自然是以免去赋税作为回馈。同时，路过温县的时候，司马衷等人还特地去给司马懿扫墓了，一行人稀里哗啦地一通乱哭。

经过一番长途跋涉，一行人就像是逃荒的难民一般，终于到达了洛阳城下，张方亲自列兵欢迎皇帝一行人（他也真做得出，也不派兵去接应，皇帝被杀了怎么办）。赶巧的是，皇帝他们刚进洛阳城，王浚、司马腾的追兵也转瞬即至，真是节奏掐得很准啊。只不过，望着洛阳城高大的城墙，王浚带来的骑兵并没有准备好攻城器械，于是本着见好就收的心态，王浚等人班师回了邺城。

而回到邺城之后的王浚，做了一件令人发指的事情，这事情即使历经了千年，依然让我们读完后气血上涌。王浚为了犒劳这次战争中的鲜卑乌桓兵，下命令全军纵情七天，该杀杀，该抢枪，该玩玩，这帮游牧民族从来没见过如此华丽的城市，脱离了纪律的束缚后表现出了禽兽的本色。在此期间，邺城百姓在这伙暴徒打砸抢烧，奸淫掳掠的暴行之下死伤无数，而鲜卑兵更是劫掠了邺城所有年轻貌美的女子。

只是，这些被胡人奸淫的女子的灾难远没有就此结束，当这些游牧民族带着抢来的妇女准备班师之时，王浚却嫌带着女的会影响军队行程和战斗力，便下令："敢有带妇女回师者，格杀勿论！"鲜卑兵此时还是严格按照王浚命令行事的，于是将军中8000多名妇女推入易水中溺死。

风萧萧兮易水寒，此时的易水没有了荆轲离别之时的悲壮与慷慨，有的只是妇女们的哀嚎以及面对死亡的无比绝望。只是，令人遗憾的是这并非噩梦的结束，相反，噩梦才刚刚开始……

当刘渊的儿子刘聪带领先头匈奴部队匆匆赶到邺城之时，司马颖早已逃得不知去向，而王浚也已经将邺城洗劫完毕，此时昔日的北方重镇已经变得一片萧条。无奈之下，刘聪只得班师回左国城（今山西离石北）。刘渊听闻消息后，也在心里暗骂：这个成都王也真是㞞包，一个月都扛不住，眼下这该怎么办啊！

不过很快刘渊又给出了自己的主意，他说："毕竟当初我和成都王有过承诺，一旦召集了五部匈奴就要救他，如今虽是他自己先弃了邺城，但为了遵守前约，我还是决定攻伐鲜卑乌桓，你们认为如何呢？"到底是接受过汉化熏陶的，也懂得"人无信不立"的道理。

刘渊的叔祖刘宣看侄孙这么虎，连忙给他提醒道："元海啊，晋朝君臣不是个东西，从没把我们当人看，如今天赐良机让他们窝里斗，正是光复我大匈奴基业的契机啊！而鲜卑，乌桓都和我们一样是少数民族，我们应当团结他们以为援，怎么可以帮着汉人攻杀他们呢？"被叔祖这一番教育，汉化的刘渊终于迸发出匈奴人的野心和权谋，他说道："对头，成大事者不拘小节，刘邦不也曾出尔反尔么，最后可是坐稳了江山啊！"

（十五）

“摆正了”位置之后的刘渊开始为自立为王创造条件，很快他便以左国城为都城，自称汉朝外甥，建国号为“汉”，追尊汉武帝刘彻，蜀汉后主刘禅在内的五位汉朝皇帝为祖宗。改元元熙，并尊晋朝廷为宗主国，刘渊自身只是称王而非称帝，表明汉国只是作为晋朝的一个藩属国而存在。

刘渊称王的时间是在晋建武元年（304）十月，也是在这个月，与罗尚相持许久的李雄终于击败了罗尚，统一四川后称王。李雄自称成都王，建元建兴，分封叔父李骧和诸位兄弟，追谥父亲李特为成都景王。

李雄和刘渊一南一北相继建国，揭开了十六国时代的序幕，也标志着中三国前期——汉赵、成汉、晋三足鼎立的局面初步形成。当然，要等到这个局面正式形成还有一段漫长的路要走。

继续将目光调整到司马家这边，此时虽然已经有两个国家脱离晋朝独立了，可是“八王之乱”依然没有结束。刘渊预料没错，司马颖回洛阳丢掉的不仅仅是邺城，还有那把持朝政的权力。这一次晋王朝新的掌权人便是之前的“搅屎棍”河间王司马颙，为了等到这一天，“搅屎棍”司马颙可是煞费苦心啊。贾南风倒台之后，司马颙可是把“搅屎棍”这一角色演绎得淋漓尽致，先是联合诸王一起反赵王，随后又马不停蹄地再次撺掇诸王反齐王。齐王倒台后，他又怂恿成都王对自己亲哥哥长沙王开战，真是什么缺德事都干。如今，成都王失势，他则毫不客气地接过了权力大棒。

没有了兵权的成都王很快便被边缘化了，朝廷的兵权全部由张方掌控，而朝政大权则由远在长安的司马颙遥相指挥。同时，司马颙还以皇帝的名义废去了成都王司马颖的皇太弟称号，盛极一时的司马颖居然沦落到要看司马颙眼色行事，处境相当悲凉。

不久，司马颙吸取司马颖遥控朝政结果引发司马越反水的教训，决定将皇帝司马衷接来长安。张方接到命令后，便调集军队对洛阳洗劫一番，随后押送着文武百官一并西去。甚至张方为了不便宜东边的司马越集团，准备一把火将洛阳城烧掉，以示“我得不到的东西，你们也休想得到”。好在卢志及时规劝，才最终没有实施。

可是这一路上也并不顺利，由于迁都人数实在多，结果拖慢了行程。此时又正值数九寒冬，一路之上因为受不了酷寒而冻死的人不计其数，看到这些，竟然连傻皇帝司马衷都哭着说道：“朕确是愚昧无知啊，连累你们遭这份子罪。（朕实不惠，累卿至此！）”大臣们一看傻皇帝都哭了，也就跟着哭，原本凄惨的迁都之路更像是奔丧的队伍了。

到了长安后，司马颙又开始了他新的人事调整，司马颖这个皇太弟被废后，皇位继承人就没影了。而之前那个皇太子司马覃是贼首司马越立的，自然也不能算，于是司马颙只得物色新的皇位继承人。如今司马炎二十五个儿子中，除了司马衷和司马颖外，只有吴王司马晏和豫章王司马炽还活着，而吴王司马晏又存在智力障碍，最后只得立司马炽为皇太弟。而且这个司马炽年纪小，也确实符合司马颙心目中傀儡皇储的定位。

不过，正当这边司马颙调整完人事部署，那边司马越却已经重新扛起了夺位大旗。原来，战败后的司马越回了他的封国，在江淮一带休养生息一阵后，以徐州为基点，居然又聚集起了一股势力。同时，他还起用了清谈大师王衍作为参谋，这个王衍也是一号人物，不过暂时先不展开叙述，后边提到石勒时会详加说明。

司马颙的迁都事件给了司马越讨伐他的口实，于是司马越联合幽州王浚、东瀛公司马腾、范阳王司马虓、安北将军司马略和平昌公司马模等人起兵讨伐司马颙。而洛阳这边得知司马越起兵，也立刻倒向了司马越这边，并释放了羊皇后，重新确立了她的皇后地位。

眼看着关东之地一下子成了司马越的叛乱区，身处长安的司马颙突然觉得自己有董卓一般的即视感。司马颙连忙任命张方为大都督，统兵十万于灞上，阻挡关东司马越的部队，又派司马颖带领残部石超等人重新占据了无政府状态的洛阳，并再度废黜了羊皇后。

（十六）

司马颙的快速行动很快又为他争取到了一部分人，豫州刺史刘乔便倒向了司马颙这边，司马颙立即拜刘乔为镇东大将军，命他出兵东向。刘乔倒也不敷衍了事，真就带兵东克许昌，随后又击败了司马虓的援军，并切断了司马越北上与司马腾等人会师的道路。

司马越几次想打破刘乔的封锁线，可一直无法获胜，便派手下陈敏去江东征兵，以解北方战局，可他殊不知，自己此时竟然犯了一个和司马颖一样愚蠢的错误，因为此时的陈敏恰如当时的刘渊，他回江东并非是为了征兵，而是想学刘渊一般割据江东，成就自己的一番王业。

在义兴城内周玘的府邸中，一位远方的客人正在品茗。周玘端坐蒲团，眉宇间的英气甚是逼人，给来客上完茶后，周玘缓缓说道："贤弟听闻北方动荡，不知局势如何？"

来客缓缓地吃了一口茶，说道："如今司马家同室操戈在前，而李雄刘渊又一南一北称王于后，这天下只怕是恰逢千年未遇之变局啊。"

周玘眉头紧锁着说道："是啊，本以为平定完张昌之乱，天下便可重归平静，现在想来，看来还是我想得太简单了。"

来客按住了桌案，贴近周玘说道："如今天下战乱不息，贤弟就没想过要在乱世中分一杯羹？"说话间，来客眼中竟然闪现出一丝精光。

周玘深吸一口气，说道："你的意思是？"

来客一字一顿地说道："割——据——江——东，你我兄弟二人以此为基业，重现当年吴大帝孙权的雄风，岂不美哉？"

周玘诧异地说道："陈敏，你怎么可以说出这番话，要知道，当初我们可是一同讨伐张昌的，如今你却要做晋廷的逆贼？"

陈敏直起来腰，目光犀利地望着周玘说道："正因为当初你我并肩作战，我才想拉仁兄入伙，我知道仁兄的才干，没仁兄入伙，我的霸业成不了！周兄啊，不是我要反司马家，是这天下早晚将分崩离析，既然如此，那为何我不做那乱世而起的英雄呢？当初张昌叛乱，我也是一心为国分忧，与仁兄一南一北共灭叛军。可是世易时移，当初原本可以中兴的契机却被司马家白白地放弃掉了，是他们自己不争气啊。与其让刘渊、李雄等南蛮北狄瓜分了晋朝，倒不如我们坐断东南，胡虏尚且可以称王，我辈江东才俊为何做不得！"

周玘紧握茶杯不言语，陈敏又继续说道："周兄，我们这个国家是烂到骨子里了！'世胄摄高位，英俊沉下潦。地势使之然，由来非一朝'啊。就因为我出身寒门，就因为这个，所以即使我立下平灭张昌的大功也只是封了一个广陵王丞相，可他刘准何德何能，竟能坐拥一地，提兵数万！周兄你呢，你平灭张昌之后，朝廷又封赏了你什么？再看看陶侃，他又得到了什么？这样的环境下，难道还有公平可言吗？"

周玘依旧默不作声，陈敏在房中踱步，突然一眼瞥见周玘墙上摆设的弯弓，陈敏一声长叹："周兄，你也不要忘了，令尊（周处）当年是被谁害死的啊，你不欠司马家的，相反，他们却欠你一个交代！好了，言尽于此，我的江东基业没有周兄参与，坐不牢，但是，我却依然会那么做。"

说完这些，陈敏缓缓地向外走去，走到门口时，他停住了脚步，说道："对了，还有一件事，在来拜见你之前，我已经提前拜会了江东大族——顾陆朱张。顾荣表示对我割据江东的决定，全盘支持，周兄，你是明白人，好好想想吧。"

陈敏走了，周玘依旧陷在沉思之中：难道说，时势真的可以扭曲一个人的人心，原本的国家忠臣可以演变为国贼？是否有一天，我也会走上这么一条路呢……

陈敏终于扯旗造反了，一切如他所料想的一般顺利：他先是驱逐扬州刺史刘机、丹阳太守王旷等人，随后又派弟弟陈恢率领钱端等向南占据江州，弟弟陈斌东进攻略诸郡，于是陈敏遂据有吴越之地。只不过，陈敏的江东基业打得并不牢靠，因为他没能争取到关键一人。

（十七）

陈敏的造反短时间内发展相当迅速，可司马家依旧没有时间腾出手来收拾他，因为，司马越和司马颙的决战已经在北方爆发了。

由于刘乔的精彩表现，让司马颙有时间开始布置洛阳防务体系。他让成都王领着余部和收拢的残军防守洛阳外围，而张方则率领精锐之师坐镇洛阳，紧急关头司马颙还不忘阴一把队友。

而司马越这边，战败后的司马虓来到邺城，驱逐了原先的冀州刺史，自己以邺城为中心进行休整，并同时派遣部下刘琨去王浚那边借鲜卑骑兵。这是刘琨第一次借少民之兵参战，但他不会料想到，自己的后半生会和鲜卑军队有着密不可分的联系：他能在北方立足全靠了鲜卑人的支持，而他最终死于非命，也是因为鲜卑人。"成也萧何，败也萧何"，鲜卑人对于刘琨也是如此。

借来了鲜卑兵，司马虓便以刘琨为先锋，发起了反击，王粹首先被击毙。同时，刘琨又与王浚合兵一同发起了对石超的总攻，石超也死于乱军之中。至此，成都王司马颖的两大战将先后被杀，成都王的兵团全军覆没。随后，刘琨没有继续攻打荥阳的吕朗，而是转而南下进攻河南的刘乔。刘乔没有防备，在刘琨军和司马越军的联合打击下大败，司马越则乘机打通了和北方军团会师的道路。

消息传到后方，司马颙大惊失色，眼看着司马越部队已经攻占了洛阳，关东之地尽成了他人的领土，而自己所能指望的也就张方一支孤军。反复思量之下，司马颙决定和司马越议和，以函谷关为界，中分天下。

张方对此表示反对：一来自己烧死了长沙王，议和的话自己这条命肯定要成了议和的牺牲品了。二来是这种条件之下，司马越就算同意议和也是缓兵之计，刘邦逗项羽那种。

同样反对议和的还有成都王司马颖，他也是担忧自己会成为议和的牺牲品，但是他又不像张方那样重兵在握，于是他选择了带着谋士卢志悄悄开溜。

张方这种破坏和谈的“好战分子”心态很快引发了河间王集团内部成员的公开批判，参军毕垣甚至抛出了“张方要自立门户”的论点。思前想后一番，河间王这根“搅屎棍”做出了“做掉张方，全力支持和谈”的决定。

而张方兵权在握，要想杀他只能用暗杀，否则处置不当很可能引起部队哗变。而要搞暗杀，那执行任务的人必须是张方所熟悉的好友，这么一来，司马颙想到了富商郅辅。当年张方落魄之时，全靠了郅辅的财力支持，才能在仕途上越走越远，这份恩情，张方一直记在心中。

接受了河间王命令后的郅辅来到了张方驻军的灞上，当时已经天色将晚，郅辅声称自己带来了河间王的密信，要亲自送给张方。而张方这边的兵士也都知道郅辅和自己老大的关系，因而就连佩刀都没卸下就放郅辅进帐见张方了。

而张方接过信后，立刻掌灯，在油灯下拆开封印，慢慢观摩。可是随着信被展开，张方却发现自己收到了一封“无字天书”。正在琢磨之际，郅辅却一把拔出佩刀，手起刀落，一刀便结果了张方性命。

随后，郅辅拿着张方的首级出帐外大喊：“我奉河间王密诏，将逆贼张方斩杀！尔等愿意弃暗投明，都将既往不咎。”张方虽然平日里很能打，但人品却不好，所以在手下将士的心目中存在感极低。既然郅辅都说了是奉了王命，也就没有士兵再有异议了，纷纷表示服从郅辅指挥。

拿到了张方人头后的司马颙又随即派人将张方首级火速送给司马越，并表示阻碍和谈的张方已被斩杀，希望司马越能和自己一样，全力敦促和谈。河间王“自毁长城”的秀逗模式惊呆了司马越：真没想到和自己争天下的人居然这么愚蠢，既如此，那还用和谈吗？

（十八）

失去了张方的司马颙已然是强弩之末了，压根儿就不具备和谈条件，于是司马越果断单方面终止了谈判，集结大军西进。

这时候的司马颙方才如梦初醒，暗恨自己压根儿就不该想着和谈，愤怒之余便杀了郅辅给自己解气，可是那又能如何？张方活不过来了，大错已经铸成便无可挽回。眼见大势已去的司马颙，丢下了白痴皇帝，带着少数部队自个儿开溜了，而司马越的联军趁机进占了长安。

这一次又是王浚部队做了先锋，再次在长安上演了之前邺城的黑暗一幕。王浚手下祁弘带兵进入长安后，下令士兵纵情劫掠，将精壮的男子全部杀尽，而年轻貌美的女子则全部充军，长安城内，一片惨象。

鲜卑兵和乌桓兵更是胆大妄为，居然公然地攻进皇宫，将皇宫洗劫一番，能带走的便带走，带不走的也要一把火烧掉。白痴皇帝司马衷甚至因为看不过去，出面要拯救几个被奸污的宫女而被鲜卑乌桓人暴揍一番。好在联军中有人认出了司马衷这个天子，才使得司马衷没被胡虏给揍死。

不久之后，司马越的大部队也进了长安，一看被鲜卑乌桓人洗劫得不成样子的长安城，喊来祁弘大骂："娘希匹，你带着胡人部队就也把自己当成胡人啦？残杀奸淫自己的同胞很得意是吧？无耻的败类！传令下去，从现在开始整肃军纪，再有继续抢掠者，格杀勿论！"随后，司马越重新整顿了一下朝廷，但考虑到祁弘带着鲜卑乌桓兵干的事情实在不像是人干的事，长安百姓对自己的支持率几乎为零，便又于永兴三年（306）五月，带着晋惠帝及百官还都洛阳。

到达洛阳之后的晋惠帝改元光熙，封司马越为太傅，掌管朝政，范阳王司马虓为司空，坐镇邺城，司马腾为东燕王；王浚为骠骑大将军，兼任幽州刺史。而这其中，还有一个人也参与到了受封行列，这个人叫司马睿，被封为平东将军、监徐州诸军事，留守下邳。此时的司马睿还是一个微不足道的小角色，但是，没有人会料想到，日后东晋王朝的开国之君就是这个不起眼的司马睿。

司马睿的叔叔司马繇当初因为在司马颖和司马越决战时，怂恿司马颖投降，结果被得胜后的司马颖给灭了满门。得知叔叔惨死的消息后，司马睿吓得连忙接了自己老娘夏侯光姬回自己封地去了。后来这事情让司马越晓得了，便觉得司马繇是因为支持自己才被司马颖做掉的，所以也就拉拢了司马睿入股，一起反对司马颖，经过一系列战役后，司马睿终于等到了分红这一天。

另外，值得一提的是，民间有传言司马睿是他母亲夏侯光姬勾搭小吏牛金生下的私生子，所以压根儿不是司马家的种，于是“牛继马后”的八卦也便因此流传开来。关于这个八卦是否属实，鉴于年代久远，支持者和反对者各执一词，我们也就不去深究了。

不过，司马睿的好运气才刚刚开始，因为不久之后，他人生中的另一个贵人从遥远的江东朝他伸出了橄榄枝。

而就在司马越重新还都洛阳的同一时间段，失踪已久的“搅屎棍”河间王又神秘地出现在公众视野，他趁司马越主力部队东归，便率余部再次夺回了老巢长安城。对于这个“搅屎棍”司马颙，司马越是厌恶到极点的，连忙派贾疋、贾龛等人率兵西征。司马颙知道自己无法再与司马越的部队进行正面交锋，便龟缩长安城，与司马越部队打起了持久战。

这持久战一打就是一年多，最后围城许久的贾疋实在耗不下去了，便向司马越求计。司马越以“皇帝”的名义给司马颙下了一道诏书，表示要封司马颙为司空，请他前来入朝任职。尽管当时司马颙的手下都看得出这是一道催命符，强烈建议司马颙不要去，可司马颙已经对于继续坚守表示绝望了，声称自己不能永远困死在长安城。于是，司马颙不顾手下反对，带着一家老小出城接受朝廷任命。贾疋倒也表现得很和善，送给了司马颙足够的路费。

（十九）

可是，就在司马颙一家子赶赴洛阳途中，却遭到了一伙“蒙面歹徒”的袭击，歹徒们不由分说便把司马颙一家老小统统杀死，并抢走了所有钱财，造成了一个“杀人越货”的凶案现场。“搅屎棍”司马颙害人终害己，最终付出的是满门惨死的代价。

当然，在司马颙死之前，他的盟友成都王司马颖已经提前一步去先帝那儿报到了。原来，在战争中趁机开溜的司马颖准备北上回老巢邺城，希望借助自己昔日的影响力东山再起。可惜的是，他不知道此时的河北已经是范阳王司马虓的天下了，途经邺城的时候被司马虓当场捉住，只是司马虓碍于同宗之谊仅是将司马颖关押，并没有加害于他。

可是，好景不长，司马虓在捉住司马颖后不久便得急病去世了。紧接着，作为邺城二号人物的长史刘舆担心司马颖在邺城的影响力会让一些人有不安分的心思，而之前便有司马颖部下公师籓前来劫狱的恶性事件发生，所以思来想去再三，刘舆决定秘密处决掉司马颖，以绝后患。

于是，刘舆一边秘不发丧，一边又派田徽去处死成都王司马颖。司马颖一看田徽到来，心里便有了一些不祥的预感，连忙询问："范阳王出事啦？"田徽摇了摇头，说道："这些事不是我这种身份的人该知道的。"

司马颖转而想通过唠家常来套田徽的话，便问："你今年贵庚啊？"田徽依旧不冷不热地蹦出两个字："五十。"司马颖叹息道："人们都说'五十而知天命'，不知道你又是否已知天命了啊？"田徽终于笑了笑说道："天命如何我不知道，不过你命如何，我却已经知道了。"

成都王终于听出了田徽话里的弦外之音了，便苦笑着说道："也不知道，我死之后天下是否可以就此安定啊（天下安乎不安乎）？"说完之后，司马颖顿了顿又转而接着说道："我已经许久没有洗澡了，临死之前，我想洗得干干净净再上路，你帮我安排下吧。"于是，在田徽的安排下，司马颖舒舒服服地洗了一个热水澡，随后披散头发让田徽将自己缢死。

就这样，年仅二十八岁的成都王司马颖结束了自己短暂却又辉煌的一生。曾经的他，是如此接近权力的巅峰，曾经的他，又是如此被满朝文武所看好，寄予厚望，曾经的他，甚至能得到刘渊这般雄才的倾心效命，只是，毕竟他还是太年轻了。西晋的政坛不是他这么一个年轻人就可以驾驭得了的，在追逐至高权力的过程中他迷失了自己……

随着成都王、河间王的先后殒命，一个时代已经落下了帷幕。司马越成了这场"八王之乱"的最后胜利者，只是他不知道，在这场晋王朝的内讧中，大家其实都是输家。

只是，已然是"一人之下，万人之上"的司马越对眼前的地位犹不满足，光熙元年十一月十七日（公元 307 年 1 月 8 日）的深夜，宫里传来晋惠帝司马衷暴毙的消息。大家纷纷诧异，时年四十八岁的司马衷平时身体硬朗得很，怎么就突然死了呢，只有司马越清楚这一切的内幕。

随即，司马越迅速扶持皇太弟司马炽继位，是为晋怀帝，改元永嘉，尊羊皇后为惠皇后，迁居弘训宫。

刚刚继位的司马炽便以“年逾弱冠”为由亲理朝政，一看苗头不对的司马越只得带着百官跑去许昌另立政府，当然面子还是没有彻底撕破，司马越表示还是认可这个皇帝的。司马炽一看百官宁可跟着司马越去许昌，也不愿跟着自己待在洛阳，心里凉了一截，无奈之下只得默认司马越在许昌遥控朝政的事实。

只是，元嘉开年的局势实在不容司马越乐观。虽然能够制得住司马炽这个小娃娃，但是面对刘渊的虎狼之师，司马越就显得有些招架不住了。很快司马越便收到了自己远在并州的兄弟司马腾的求援信，原来刘渊集结大军南下，几次交战已经占据了大半个并州了，司马腾这个原先的并州都督反倒成了丧家之犬一般。

于是司马越接受冀州长史刘舆（之前弄死司马颖的那位）的建议，指派刘舆的弟弟刘琨替代司马腾，以新任并州刺史的身份前去与刘渊部队交战。

（二十）

得知自己的兄弟指派了新的并州刺史来做自己的替死鬼时，司马腾终于舒了一口气，未免夜长梦多，他火速带着自己的大部队撤出了并州境内，跑去邻近的冀州避难了。

刘琨原本是来顶班的，并没有带太多部队，得知司马腾居然走的时候连部队都带走了，无奈之下刘琨只得在并州境内自行招募士兵。但是久经战乱的并州募兵很困难，到达晋阳的时候刘琨才招募了数百人。不过，刘琨的安民行动做得相当到位，一上任便清扫了县城，将遍地的死尸和毁坏的建筑物残骸都清理掉了，又将破败的民居和城墙进行了修补和加固。同时，到处张贴告示，让外出逃难的百姓回城，政府给予他们无人认领的田地耕种。很快，陆续有外出逃难的百姓回城，这一系列举措做下来，晋阳城勉强恢复了日常秩序。

而此时的刘渊，得知新任的并州刺史刘琨是个白面书生，便决定直捣晋阳，将并州这根最顽固的钉子拔出，可是手下纷纷劝阻他不要这么做。刘渊像后世的努尔哈赤诧异熊廷弼能力一般诧异地问道：“难道说，有刘琨在，晋阳就守得住？”他手下熟知刘琨能力的人进言道：“司马越战刘乔损兵折将尚不能打通会师之路，而刘琨一战便溃刘乔，这绝不是靠的上天眷顾。有刘琨在，晋阳城必能守住。”

刘渊望着这高大的晋阳城，一声喟叹后便罢兵南去了，他不曾想到的是，自己终其一生都没能将这座城池打下来。不久之后，刘渊占据了山西全境，而刘琨所据守的晋阳城就好似大海中的一叶孤舟，随时都有倾覆的危险，只是这叶孤舟却在海上航行了很长的时间……

而逃亡到邺城的司马腾却没过多久依然被杀，凶手是一个叫石勒的羯族人。羯族，这个在十六国时代制造了最为血腥一幕的民族可谓是相当的神秘，有人说他们是月氏人的一支，有人说他们是古羌人的后代，更有人说他们是东迁的犹太人。然而，从体貌特征来看，具有深目、高鼻、多须特点的羯胡更像是来自欧洲的白种人，与中国境内黄种人少数民族有着天壤之别。

他们来中原其实是有点儿被绑架裹挟的色彩的，因为羯族最早入中原不是作为主体民族出现的，而是作为匈奴人的奴隶，跟着主人一起入中原的。不清楚在什么时候，在什么地点，羯族和匈奴人曾经经历过一场大战，随后羯族便被匈奴人整体收编，以奴隶的身份换取继续活下去的资格。但是，如果大家因为羯族此时低下的社会地位就对他们同情心泛滥，可怜他们，就显得比较可笑了。因为正如那句老话所说“可怜之人必有可恨之处”，羯族在历史上所犯下的罪恶不仅仅是对汉人，即使对匈奴人、对鲜卑人来说也是不可饶恕的。

西晋，前赵，北魏，南梁，这四个政权都直接或间接地毁于羯族人之手，苦县之灾，永嘉之乱，河阴之难，侯景之叛，这一幕幕人间悲剧的缔造者便是来源于羯族。这是一个只知道破坏，带给人们的只有毁灭与黑暗的血腥民族，一个对历史只有破坏作用而毫无一丝进步性建设的民族，一个“如果我活着，你们就都活不下去了”的民族。

而不会有人想到，将荣光赋予整个羯胡的便是这个叫石勒的人。因为早年的他只不过是一个低贱的奴隶，绝不会和一个统一北方的开国之君有任何的关联。在石勒小的时候，曾经陪同乡去洛阳做生意，乡下长大的石勒面对洛阳的繁华不禁发出一声声高昂的长啸。此时，碰巧晋朝的清谈大师王衍路过，听闻这一声仰天长啸，心里感觉非常不舒服，屈指一算后连忙派下人去把发出这声怪音的人捉来看看。结果下人去后来报说，发出怪音的是位小孩儿，已经不知去向了。王衍听完只得一声叹息道：“天意啊，此人不除，终有一天我们都将会成为亡国奴！”

不会有人想到，王衍一语成谶，最后敲响晋王朝丧钟，将北方拖入苦海的便是这位长啸的羯胡人石勒。而唐人胡曾在凭吊往事的时候，便留下了这么一首诗：“石勒童年有战机，洛阳长啸倚门时。晋朝不是王夷甫，大智何由得预知。”不过，从一个奴隶要成长为毁灭一个王朝的枭雄，石勒的道路还很漫长。很快，石勒就尝试到人生的艰辛了，因为当时司马腾在山西大肆从少民聚居地捉拿年轻力壮的少民去内地做人口买卖的生意。

（二十一）

非常令人遗憾的是，石勒由于身板强健，也被当作壮丁插上草标送去内地卖钱了。从那一刻起，石勒的内心发生了转折性的变化，他开始痛恨这个王朝，痛恨那些将他当成奴隶卖钱的汉族官吏，同时也痛恨那个当初给他留下深刻印象的衣冠繁华的洛阳，因为这些都与他无关，甚至他觉得洛阳的繁华乃至晋朝的繁华都是建立在剥削和打压像自己一般出身低下的胡人身上的。

仇恨的种子一旦播下便无法拔除，反而会随着岁月的流逝开出邪恶的罂粟花，不久之后，石勒被贩卖到山东，给一个汉人的大户人家耕地。不过，接触下来后，这户人家觉得石勒不像是条奴隶命，日后肯定会发迹，便对石勒好吃好喝地照顾，同时还给予了他极大的人身自由。也是在这里，石勒认识了后来和他并肩作战的好友——马奴汲桑。没过多久，石勒趁着天下大乱，与汲桑伙同其他一些苦命的胡人奴隶组成一支土匪队伍，号称“十八骑”。

虽然只是“十八骑”，但就像是《隋唐演义》中的“燕云十八骑”一样令人胆寒，不过仅仅是在老百姓心目中，面对官军的强大战斗力，石勒这几号人物还真心不算个事儿。一次偶然的机会，石勒的土匪部队接受了官军的招安，投靠到公师藩帐下。公师藩在听闻旧主司马颖被囚禁在邺城后，曾经派遣汲桑和石勒领兵来打邺城，只可惜点儿太背了，被朝廷军抄了后路，不仅没能打下邺城，公师藩还把命也给搭进去了。没有了老大，汲桑和石勒只得带着残兵继续回去做土匪老本行。

不过这一次他们得到可靠消息，新来的邺城老大司马腾可是出了名的守财奴，手里钱财不少，而司马腾又是当年并州奴隶贸易的总负责人。新仇旧恨加一块儿，石勒准备干他一票，突袭邺城，做掉司马腾，随后将他的财富全吞掉。经过一段时间的休整，石勒和汲桑此时手下已经聚集了数万之众，足够打一次硬仗了。

结果，战争进展得非常顺利，石勒部队很快便攻下邺城，司马腾在逃亡途中被汲桑的部将李丰击毙。而司马腾之所以溃败得这么快，也与他的抠门儿脱不了干系。众所周知他财富多得惊人，可是面对敌人大军压境，手下建议他拿出点儿钱财犒劳将士的时候，他给每位将士所分发的福利竟然是一小袋烂谷子和一匹破布。面对这样要钱不要命的主，将士们哪还会傻乎乎地给他卖命呢？

而石勒和汲桑进入邺城后，为了炫耀自己的成功，居然又是一场劫掠，顺带大杀一批百姓，完事了还将邺城一把火烧掉。看着百姓在烈火中无助地哀嚎，石勒竟然觉得浑身畅快，距离上一次邺城被鲜卑乌桓人劫掠才过去几年光景而已。

邺城失陷，兄弟惨死的消息让司马越肝肠寸断，为了防止石勒部队继续坐大，司马越起用了人称“屠伯”的兖州刺史——苟晞。随着苟晞的出战，石勒强劲的兵锋将被一扫而光，而这位苟晞以后还将多次压制石勒，直到他再也压制不了的那天。

当然，苟晞和司马越还有着一份不为世人所知的特殊关系，大家可不要想歪哦，他俩不是“同志”，而是异姓结拜兄弟。

对于山东军区的司令员苟晞的北上，身处河北的汲桑和石勒还是有些头疼的，因为之前抄公师籓后路，导致这哥儿俩亡命天涯的就是苟晞。不过苟晞虽然能打，但石勒也今非昔比了，如今军力之强也足以和苟晞一战。

双方在平原郡打响了第一枪，由于石勒这边有强大的骑兵部队作战，因而一开始苟晞只能处于被动防守的地位。但随着苟晞对周围地形的熟悉，他开始利用这边多山地的优势，发挥自己步兵的作用，战争陷入了相持阶段。

不久，司马越又继续增派援军前来支援苟晞，而汲桑则与石勒分开扎营，互为掎角之势，以防晋军后续部队的打击。面对突然发生的变局，苟晞很快捕捉到了战机，他决定以汲桑部作为突破口，于是秘密派遣自己弟弟苟纯率领数千精兵去汲桑部后方埋伏。

（二十二）

第二天一早，苟晞便发动了对石勒军的攻势，汲桑见石勒苦战，便带兵前去支援。结果早已埋伏多时的苟纯部队突然杀出，汲桑军中大乱，而汲桑被偷袭的消息传到前方，石勒也顾不上和苟晞交战正酣，连忙撤军去救汲桑。

石勒这边一撤，苟晞毫不留情地趁势掩杀，力争要将石勒补刀杀死。石勒虽然在乱军中救下了汲桑，可是已然无法阻挡晋军的攻势，只得一路溃败，部队也越打越少。两人原本准备往北逃亡，可是在逃亡过程中又遇到了晋军的伏兵，大战之下，汲桑和石勒两兄弟失散。汲桑命运比较悲催，逃命手段实在太差，竟然往东想逃去山东老家，结果正巧被晋军撞上，啥也不说，晋军一刀就送了这位造反头头上路了。

而石勒逃亡就相对来说比较聪明了，试问普天之下哪里不属于晋朝势力范围？放眼北方也就只有刘渊控制下的山西了，加上自己老家也正好在山西，石勒便翻越了太行山，一路向西进入山西境内。

石勒自己就是胡人，刘渊也是胡人，普天之下能不惧晋朝威严收留自己的想必也只有刘渊了。于是，石勒打定主意投奔刘渊。当然，在投奔之前，石勒还利用自己做过土匪的便利条件说服了当地的一伙土匪一同前去投奔，以此作为投名状。

刘渊对于石勒的投奔大喜过望，对他招降土匪的本事更表示敬佩不已，因此也对石勒格外高看一眼！同时也交代给了石勒一个重大任务，搞定乐平镇最牛气的土匪——乌桓人张伏利度，事成之后大大有赏。

石勒欣然地接受了这项任务。他先是假称前来投奔，加入张伏利度的团伙后，他利用曾经当土匪的经验很快开始笼络人心。每次下山抢劫，石勒也都是主动请命，时间一长，手下的喽啰便只知有石勒，不知有张伏利度了。见自己架空张利伏度的目的已达成，一次偶然的机会，石勒便趁机摁住张伏利度，让土匪们表态站队。结果大家都表示支持石勒，石勒便捆了张利伏度，带着众土匪下山投靠刘渊去了。

看到石勒果然出色地完成了任务，刘渊兴高采烈地加封他为辅汉将军、平晋王，都督山东征讨诸军事。刘渊不会想到，自己此时接纳的石勒会是日后一手摧垮自己缔造的匈奴帝国的第一人。只是，倘若少了石勒的出力，或许消灭晋朝也会耗费更长的时间，石勒的归降对于汉国是好是坏现在已经无从定论了。不过，无论如何，这对于刘渊来说都已经无关紧要，因为此时的他也没几年可活了。

汉元熙五年（308）十月，刘渊在平阳（今山西临汾）称帝，是为汉光文帝。在刘渊的登基大典上，石勒见到了刚刚被封为龙骧大将军的刘曜。不知道当时的石勒能否预感到，这个人日后会与自己成为一起消灭西晋的战友，以及成为后来争夺北方的敌手。

刘渊的称帝标志着他彻底开始自立门户，再也不承认晋朝的宗主国地位，汉国将是一个和晋国平等的国家，当然，如果可以的话，甚至将晋朝取而代之也未尝不可。而就在刘渊称帝的两年前，四川的李雄也早早地称帝了，他改元晏平，国号大成，废除了境内一切的晋朝法律，实行新的律法来稳固国家。

至此，三足鼎立的局面已经粗具规模了，李雄占据四川，刘渊称雄北疆，而西晋则开始走向分崩离析。接下来刘渊及其后继者们会挥舞着马鞭，将西晋王朝彻底送入坟墓，而在江东，司马家的晋王朝会以一种新的姿态存在……

第三章

青衣蓑酒

——朝家国两相亡

（一）

刘渊称帝后，立刻做出了军事部署，命刘聪伙同新归附的汉人王弥带领三万人驻守太行山，封死东边的疆界。紧接着他又委任石勒率军三万留守山西，自己则统帅大军，随时准备南下攻灭晋朝。

说起刘聪和王弥，这俩人的传奇色彩丝毫不亚于石勒。刘聪是刘渊的四子，根据现在一些狗血古装剧来看，老四这个位置极有可能继承大统，而刘聪的出生也显得格外与众不同。据说，刘聪的母亲在一次偶然的"春梦"中，梦见太阳进入了她的身体，醒来后便将此梦告知刘渊。刘渊听完大喜，派医官给老婆检查身体，一查果然怀孕了，而经过长达15个月的孕期后，刘聪呱呱坠地。按照医学来看，这是个几乎不可能的事情，但按照伟人出生条件来看，这却是个频发事件。而刘聪出生的当天，产房里还散发出奇异的光芒，一切征兆都注定这个孩子日后会与众不同。

而在成长过程中，刘聪表现出来的天赋也令世人咋舌，他十几岁便已经熟读经史，博览兵书。更厉害的是他能写一手毛笔字，自己创作了大量诗文，年轻时候他还将诗文呈送给当时还在当王爷的司马炽过目，这些后边会提到。哪怕是一个汉人，都未必能达到刘聪的文学水平，更何况刘聪是个匈奴人。由此可见，当时汉国的上层统治阶级汉化水平是相当之高的，比起后边的石赵，自是不能同日而语。

不过刘聪学习汉文化的同时，武艺也没落下，这是日后入主中原的蒙古显贵、八旗子弟所无法企及的。刘聪精于骑射，能拉开几百斤的大弓，是刘渊在战场上不可多得的将领。

至于另一位汉将王弥，说起他不得不又提到之前那个击败石勒的苟晞，一定程度上来说，王弥和石勒还有点儿同病相怜的感觉。

话说，司马越派遣山东军区总司令苟晞去河北剿匪，这么一来导致山东地区暂时成了无政府状态。而众所周知，天下响马一半出自山东，什么隋末反王，什么黄巢宋江，什么义和团，都是山东出来的。如今天下动荡不安的局势更是挑动了山东人民躁动的内心，于是王弥和他弟弟王桑在青州立马拉起了一支队伍，公然对抗朝廷。

等到苟晞击败石勒的时候，王弥已经聚集了数万兵马，大有割据山东的架势。这让苟晞非常不舒服，因为自己这个兖州刺史一旦要是丢了山东，那便和一个光杆儿司令无异啊。没有山东，谁还来鸟你这个山东军区总司令呢？于是消灭完石勒、汲桑后，苟晞火速班师回兖州，而这边司马越也调集大军压到了河南和山东交界处。

当时司马越的大本营在许昌，山东一旦不保那将会直接威胁到司马越的统治基础，想想山东和河南多近啊！所以，眼前这个造反的王弥远比割据整个山西的刘渊威胁更大，因此司马越加封苟晞为征东大将军、东平郡公，与他联合出兵绞杀王弥。

王弥比石勒更不经打，稍一接触便被中央军和山东军联合打得躲进沂蒙山打游击去了。正在王弥对未来悲观绝望之际，他的一个手下叫曹嶷的给他出了一招妙计。曹嶷直直伸出两个拳头，在王弥面前摆出了一个“僵尸 POSS”，王弥一看，苦笑道：“老曹啊，死到临头了你还淘气，给我装什么僵尸啊。”曹嶷微微一笑，狡黠地说了一句意味深长的话：“两个拳头都打出来了，那胸膛可就也露出来了啊。”

曹嶷的话一下子点醒了王弥，王弥眼珠子一转，低声道：“你的意思是？”曹嶷接话道：“我们可以趁着苟晞的山东军和司马越的中央军都围在我们这儿的机会，前去偷袭洛阳，一旦得手，我们便可以挟天子以令诸侯，号令天下。”王弥连忙点头大赞，可以说曹嶷这招“釜底抽薪”用得非常巧妙。曹嶷计谋高深，所以在王弥被剿灭后，他依然能率领残部在山东与石勒继续周旋一段时间。

于是，曹嶷率领少量人马继续在山沟沟里故布疑阵，拖住苟晞，王弥则率大军西去了。

（二）

由于王弥当时大军都是穿着晋朝军队的衣服，所以一路上晃过了不少守备，转眼间便突袭占领了司马越老巢许昌。随后，王弥部队继续西进，围攻洛阳，好在洛阳城高大坚固，王弥一时间无法攻下。

而王弥攻打洛阳惊动了在附近驻军的北宫纯，北宫纯原本是凉州刺史张轨派来回京述职的，哪成想还能赶上洛阳保卫战，于是赶紧带着自己带来的一千部队投入了战斗。虽然只是区区一千人，可都是实打实的凉州精骑，对付王弥那伙子乌合之众还是绰绰有余的，两军一接触，王弥这边立马被打得溃不成军。王弥奋力拼杀才勉强带着几千残兵往北逃亡，到黄河边的时候，王弥遇到了部下刘灵。据刘灵交代，王弥一走，晋军便对山东进行了大规模扫荡，部队在战争中损失殆尽，就连曹嶷也是不知死活，自己跑得快才带了几百号兄弟逃出生天。

听完刘灵的哭诉，王弥一声长叹，眼下山东已经是彻底回不去了，普天之下能收留自己的也就只能是山西刘渊的汉国了。于是，王弥伙同刘灵走水路奔着山西而去，这一幕很像是明末的孔有德，同样是在山东造反失败，同样是走水路，同样是去投靠外族做了汉奸。

不过，做汉奸貌似对于王弥这等人没有什么损失，他只要能活得自在就可以了。王弥投靠到刘渊帐下给他出的第一个主意便是怂恿其称帝，好嘛，这脸皮比法正还厚。当然，这个主意正中刘渊下怀，便是在王弥的建议下，刘渊登基称帝了。

刘渊的称帝让司马越心底压力更大了，时刻担心着哪天这个匈奴仔就提兵南下，杀向河南了。可是，就在国际形势不容乐观的同时，朝内的阻力也是越来越大，压得司马越喘不过气来。原来，司马炽对于上次的王弥突袭洛阳事件表示非常的愤慨，而将引发这次事件的责任全归咎于司马越的贸然集兵东进，造成洛阳防务空虚。甚至司马炽还经常在自己的亲信大臣面前厉声斥责司马越的过失，称其为古往今来少有的奸臣。

面对小皇帝对自己越来越大的意见，司马越只能用高压政策来巩固自己的权威，他亲自带兵回了洛阳，也不待在老巢许昌了，决心将皇帝死死地攥在手里。而回洛阳之后，司马越便展开了“大清洗”，杀掉了一大批对自己不满的朝中大臣。

司马越在长安的倒行逆施被刘渊统统看在了眼里，他已经下定决心要发动对晋朝的总攻了，一来时机不可多得，二来自己这身子骨也越来越差了，不知道哪天就去见司马炎了。于是准备妥当后，刘渊派汝阴王刘景带兵五万攻黎阳，派刘聪、王弥带兵攻取洛阳。从战略上来看，刘渊这么做并不高明，因为王弥此前给他规划的是先取长安，再取洛阳。如果说刘渊先行攻打洛阳，那么很可能会迫使晋军主力退守关中，达不到歼敌主力，端其老巢的效果。而只要晋军能在关中再稳住阵脚，那么伺机发动反攻收复失地也不是什么难事，毕竟中原四战之地，刘渊打得下来也未必守得住。而后来的形势发展也验证了刘渊出兵方向的失误，因为虽然司马炽最终被俘虏，但西晋却没有灭亡，后来西晋的末代皇帝又在关中组建临时政府撑了若干年。

话说刘渊这边命令一下达，两支部队便立即气势汹汹地杀向河南。刘景不费吹灰之力便占领了黎阳，不过他接下来做的事情让人大跌眼镜，他竟然在破城后纵兵劫掠，大肆残杀百姓，被他推入黄河中淹死的百姓就有三万之众。消息传来，刘渊大为震惊：“你丫的真把自己当成野蛮民族了啊，他们将百姓推入易水中溺死，你也有样学样是吧？老子这次南下是为了夺取天下的，照你这么干，天下还没打下来，民心就丢得差不多了！是爷们就去找晋朝军队开打啊，拿老百姓撒什么气！”随后刘渊立即下令让刘景班师回来，并将其降职处理。可以说，刘渊毕竟是接受过汉化教育的，对于士兵的恶行能够及时反思修正。刘景本来是有功的，可是由于他的残杀，非但不赏还被降职，刘渊如此行事，比起后来羯胡与鲜卑统治者对军队的约束，当真是好太多太多了。

而王弥、刘聪这边奉命进攻上党，司马越则派遣王旷领兵五万增援上党。得知这一消息后，刘聪立刻改变方案，决定围点打援。

（三）

而王旷这边又不听属下劝阻，执意要过太行山，于是在翻山越岭的途中，遭到了匈奴部队的伏击。王旷多亏手下拼死效命，才勉强带着残军杀出了一条血路，向南逃亡。而上党太守庞淳见援军败逃，也只好投降。

拿下上党之后的刘聪和王弥火速渡过黄河，随后又接连击败了晋军将领曹武和淳于定，兵锋直抵弘农城下。弘农太守垣延一看形势，连忙出城投降。面对兵不血刃地占领弘农城这一局面，刘聪留了个心眼儿，并没有贸然入城，而是在城外安营扎寨。对于刘聪的聪明，我们不禁要为其点个赞，不过毕竟胜利来得太容易了，这一路上都没碰什么钉子，刘聪的警惕之心也大大降低了。

晚上，弘农太守垣延做东，拿出了酒食尽情招待匈奴兵，经过了持续多天的征战，刘聪的部队已经很疲乏了。很快，匈奴兵就在酒足饭饱后进入了梦乡，而刘聪也不例外。梦中刘聪突然被一阵"着火了"的声音吵醒，醒来一看发觉营地周围不知何时已经火光冲天了。而晋军正在营中对自己的人马大杀特杀，刘聪定睛一看，发现领头的正是自己先前的手下败将曹武和淳于定。

这下子刘聪全明白了，原来自己是进了垣延的圈套了，他根本就是诈降，趁着自己放松警惕之时便联合曹武、淳于定等人偷袭自己。眼看着刘聪就要死于乱军之中了，结果王弥率兵突然杀到，救下了刘聪。原来，之前刘聪还是留了一手，让王弥和自己分开扎营，终于在关键时刻捡了一条命。

而晋军则不愿放弃到嘴的肥肉，死命在后边追赶刘聪和王弥，一直追到黄河边上。刘聪等人拼死抢渡黄河，过河后整顿残军才发觉五万人马已经损失大半了。

刘聪被揍了，刘渊这个当爹的自然是相当生气，他又派了刘曜和刘景带领数万人马来支援刘聪和王弥，再次渡河准备与晋军决战。既然再次提到了刘曜，在这我们就详细介绍一下刘曜的个人信息。

刘曜是刘渊的侄子，刘聪的堂弟，由于爹妈死得早，便被寄养在刘渊的家中。虽然只是侄子，可刘渊对刘曜却是当成儿子一般照看，刘渊之所以这么器重这个侄儿也是有原因的。因为刘曜身上打小就有一种王者不惧的气度，在他 8 岁的那年，他曾和一群小伙伴一同外出打猎。结果他们正巧碰上下暴雨，便集体跑到树下躲雨，稍有些常识的现代人都知道，雨天这么做纯粹是找死的节奏，不过在古代也没那么多忌讳。偏不巧的是，突然一个雷就把他们躲雨的树给劈中了，这概率都能跑去买彩票了。而突闻惊雷，绝大多数人都吓趴下了，唯独刘曜一人神态自若地站立于雨中，好像这惊雷和自己没半点儿干系。

关于少年刘曜是当真临危不惧还是被那个雷给吓傻了，已经无从得知，不过，能确定的是，自打那时候起，刘渊就对他另眼相看了。长大后的刘曜武艺出众，箭法了得，连一寸多厚的铁板也能射穿，带兵出征更是不在话下。同时，刘曜还是个美男子，身高九尺，目有赤光，眉宇间还沾有一些白色。这一抹白眉让刘曜更引人注目了，刘渊称赞他为"吾家之千里驹"。

这次由他统率全军只能说刘渊真是找对人了，在刘曜的带领下，大军渡河后便对弘农城发起了总攻。刘曜身先士卒，带着几百号敢死队就往城头上冲，手下兵士一看老大都不怕死，战斗力高涨，很快便攻破了弘农城。垣延见势不妙，准备开溜，结果刚刚逃出南门就被刘曜追上，交手不过一回合就被刘曜斩于马下。随后，刘曜割下垣延的首级给刘聪解恨，匈奴部队趁势又进逼洛阳。

又一次的洛阳被围，又一次的兵临城下，只不过这一次来的是五万匈奴精兵，不再是之前王弥的五万匪军了。坐镇洛阳的虽然从司马炽换成了司马越，可面对这危局，司马越同样胆寒，好在之前大破王弥的北宫纯还在。于是，北宫纯上前请战："王爷，匈奴人有骑兵，末将也有，他们远道而来必然是人困马乏，且看我今晚夜袭敌营。"

（四）

北宫纯说到做到，夜晚果真带着自己这一千名骑兵突袭敌营了。倒霉的依旧是刘聪，这次北宫纯主打刘聪部队，混战之中连斩呼延颢和呼延翼两员大将。而沾到些甜头的北宫纯也没有恋战，迅速收拢部队重新回到城中，留下一脸无辜的刘聪仰天长叹："为嘛受伤的总是我！"

人啊，一看命，二看运，三看风水，这点对于熟悉汉家文化的刘聪来说还是很有可信度的，于是他便带着一部分部队去嵩山拜神了。司马越一看：哟呵，这小聪居然比自己这个汉人还迷信，打仗都不忘拜佛，那你这大营的留守部队我可要连锅端了。于是，司马越大军出击，猛攻刘聪大营，刘厉和呼延朗两员大将不幸遇难。

刘聪心里恨得不行：老天都和我作对，这仗还怎么打啊。望着高大的洛阳城，刘聪只得咬咬牙，宣布撤军。刘聪这边一撤，王弥、刘曜、刘景三支部队也一并撤出了战场，谁让刘聪亲爸是刘渊呢，他说撤肯定得撤了啊。

这一次的南下作战，可以说有人欢喜有人愁，刘曜攻下弘农城，算是自己军事生涯第一次崭露头角，而刘聪的接二连三吃败仗也让刘渊对他非常不满。不过，烦心事也不止这一件，就刘渊自己来说，自己占据了整个山西，却无法搬掉晋阳的刘琨。前阵子刘渊派兵围攻晋阳城，结果刘琨吹了首小曲，就把匈奴人都吹散了，这能耐真比四面楚歌还强悍。而自打那之后，刘琨"一曲胡笳救孤城”的故事在匈奴人中广为流传，这名气都可比当年匈奴人敬畏的“飞将军”李广了。而且，据可靠情报，刘琨不知道怎么和鲜卑人最近来往密切，大有搞串联之势。

再来说石勒，说起石勒这断干的事情，刘渊真想骂娘。原本刘渊考虑到石勒曾经在河北闹过事，所以就派他和刘灵率兵三万赶赴河北开辟第二战场。刚开始石勒严守军纪，倒也打得顺风顺水，连克河北重镇钜鹿、常山，还把部队扩展到十万人以上。于是，刘渊指示石勒乘胜追击，再度南下攻打邺城，完成对河北省的全部占领。

可是石勒不干了，他给出的解释是，自己的后方有幽州刺史王浚看着，大军南下非常危险，所以要先北上剿灭王浚部队，然后再南下进攻邺城。这回复简直要把刘渊的肺给气炸啊：你小子之所以不敢南下还不是怕再遇到苟晞的山东军么，可你以为王浚的辽东军就是软柿子啦？王浚这小子早就有独立倾向，压根儿就不会管你南下的，你要是把他和晋朝的版图分割开来，他还要感谢你给他创造独立机会呢。可你脑子进水，偏偏要招惹王浚，这下等着吃苦头吧！

石勒公然更改刘渊的南进方案为北上，这不仅让刘渊意见很大，就连刚刚归附石勒的汉人谋士张宾也觉得不妥。张宾是在石勒进入河北后投靠他的，如果从名词解释层面无法定义王浚是汉奸，那么张宾和王弥这俩汉奸可是实打实的。为了在乱世中给自己谋出路，张宾毅然决然地为胡人出谋划策，石勒日后的霸业绝对有他一半，如果后来不是因为他英年早逝的话，或许石勒不会仅仅止步于统一北方。

当然，鉴于张宾的民族属性，在他刚刚投奔的时候，石勒还很怀疑地问过他：“你一个汉人，怎么就心甘情愿地给我这个羯胡出谋划策呢？”张宾一通马屁拍得石勒很是受用，他说：“良禽择木而栖，贤臣择主而事。如今晋朝天命已移，而将军您就是这上天派来拯救苍生的英主啊，必能建汉高祖之功，而我则是遵从天命，特来辅佐于你。”

张宾在石勒军营中留下后，经常在石勒的军事行动中出谋划策，每每都能点中要害，让石勒惊奇不已，遂委以重任，把他当成心腹。而这一次，张宾的意见居然与汉国统帅部保持高调一致，张宾认为王浚有鲜卑乌桓人撑腰，军力强大不易攻取。他建议石勒还是先南下攻占河北全境，然后以黄河为依托再北上反攻王浚。这一建议被石勒一口回绝：“奶奶个熊的，我石大爷是那种专捏软柿子的人么，也不想想如今的河北人民是多么爱戴我，如今我大军是多么强盛，有十万之众呢，打仗不就靠民心嘛，他王浚坏事做尽早就丧失民心了！”

最后石勒一拍桌子大喊：“都别说了，我主意已定，就打王浚了！甭管他多强，我一定灭他！”会议结束后，石勒让张宾留守河北，自己则带着十万大军北上幽州找王浚决战了。

（五）

原本王浚就想安安静静做个辽东王，所以对于晋朝和汉国之间的战争他从不插手，即使看见也装作没看见，可惜没办法，自己不去惹事可偏偏就有人主动打上门。面对石勒的挑衅王浚也是毫不畏惧，他找来辽西段务勿尘的鲜卑兵，再加上自己幽州的兵马，拼凑了十几万大军与石勒摆开阵势。

石勒和王浚的这场交战打得甚是惨烈，双方厮杀了一天一夜，最后石勒这边实在扛不住王浚的幽州兵，只得败退飞龙山（今河北石家庄）下。可是王浚这边对于石勒蓄意挑起战端的行为很不满，就好比二战时苏军对于德军的态度一般：战争不是你想打，想打就能打，驱你出境，进你柏林，让你哭得跪下来。王浚下令祁弘带领全军南下，势必要将石勒赶尽杀绝，面对石勒据山而守，祁弘则采取了和当初苟晞一样的做法。他先在正面与石勒对阵，并将其引下山来决战，随后便派段务勿尘领兵从山后的小路爬上去抄了石勒的老巢，眼看自己的老巢已经被端，石勒军心大乱，只得慌忙抛下祁弘溃逃。

可是祁弘却不容石勒逃脱，带着大部队依旧在后追赶，在追击过程中还斩杀了石勒军团的二号人物——刘灵。不过祁弘由于追得太远了，竟然误入石勒的伏兵地，原来张宾早知石勒会有一败，如诸葛亮在鱼腹浦布下八阵图一般，在此石勒退兵的必经之路布下了伏兵，专等敌军来追。祁弘运气差啊，没能如陆逊一般全身而退，在张宾布下的伏兵的箭阵下当即殒命，手下部队也损失不少。后到的段务勿尘收拢残兵，见主帅已死便也撤兵回去了。

经此一战后，石勒只得收缩兵力，退保河北南部，而王浚失了良将也不敢再主动出击了。不过看似两败俱伤的背后，石勒却才是真正的赢家，原本是他和刘灵在刘渊的授意下来河北开拓战场的，如今刘灵已死，剩余的部队可就要全听石勒吩咐了，这为日后石勒自立门户提供了条件。而张宾在这次行动中起的作用更是让石勒刮目相看，他真正地接纳了这位汉人。

而王浚这方，除了在与石勒拼杀过程中的损失外，他在西线也吃了一次败仗。说起这件事还得扯到"官二代"刘琨。刘琨早年曾与兄长刘舆一同参加过当时的贵族集团——"金谷园二十四友"，之前已经讲过这个集团，都是豪门巨子才能进的，干的也都不是什么好事，纯粹是为了吸引眼球。而当时洛阳曾经如此评价刘琨哥儿俩——"洛中奕奕，庆孙、越石。"庆孙是刘舆，越石是刘琨，意思就是他哥儿俩就能代表洛阳城青年才俊的风气了。

不过好日子没过多久，贾后垮台了。作为与贾后有密不可分联系的"二十四友"集团也在被打压行列，无奈之下刘琨只得远调外地任职，在那儿他便遇到了自己一生的挚友祖逖。祖逖这人虽然比不得刘琨这样的"官二代"牛气，但也算是一方豪强，阔达豪爽，而且练得一身好武艺。很快刘琨便与这位祖逖成了好哥儿们，刘琨教祖逖文艺，祖逖则教刘琨武功，而他们之间那段"闻鸡起舞"的故事还流传至今，作为劝导小朋友积极向上的教材。

后来朝政又再次转变，刘琨不得不与祖逖分离，离别之时，祖逖向他慷慨激昂地说道："如果哪天天下大乱，各路豪杰并起，咱哥儿俩一定要在中原开辟一片天地（若四海鼎沸、英雄并起，吾当与足下相避于中原）。"

辞别了祖逖之后，刘琨就接受了之前提到的留守晋阳的任务。虽然在此前刘琨曾经多次击败了刘渊的进攻，但他心里清楚，全山西都是汉国的，就晋阳是自己的，这么下去早晚得出事。如今朝廷是指望不上了，自己只能另寻外援，突然他受了王浚与鲜卑乌桓联合的启发，便想到如果自己也能拉来外族助阵，那么即使像王浚那般与晋朝隔绝开来依旧可以坐断一方。而刘琨自己也在之前向王浚借过鲜卑兵，有过和鲜卑人的交往经验，与他们合作应该不难。经过一番寻觅，刘琨决定找拓跋鲜卑的首领拓跋猗卢合作。拓跋鲜卑有史可查的历史大概可以追溯到拓跋力微时代，当时正值中国的三国初期。

（六）

拓跋力微活了很长时间，光在位就有 58 年，别以为他和康熙一样是少年登基的那种天子，相反，他的天下是他亲手打下来的。而拓跋鲜卑在拓跋力微的时代曾经昌盛一时，但后来由于拓跋力微晚年国内矛盾激化，在不断的内耗中一度消沉下去了。

到了拓跋力微孙子也就是现在拓跋猗卢执政时期，拓跋鲜卑又走上了复兴之路。对于刘琨抛过来的橄榄枝，拓跋猗卢当然是欢喜无限。看着匈奴和羯胡都入中原了，他这个鲜卑人也想去看看中原到底是啥样子，是不是富得流油啊。于是拓跋猗卢当下与刘琨结为异姓兄弟，还承诺日后匈奴人要再打晋阳，自己一定出兵解围。

很快，拓跋猗卢的机会就来了，刘渊命令右贤王刘宣集结重兵，要将晋阳城这根钉子彻底拔除。而刘琨则通过飞鸽传书将这一消息火速告知了拓跋猗卢，拓跋猗卢随即召集了鲜卑骑兵，浩浩荡荡地往晋阳城杀来。匈奴这边压根儿就没料到刘琨喊来了鲜卑兵助阵，被鲜卑骑兵的突然袭击打了个措手不及，而刘琨也放弃死守，主动率军出击。

匈奴人架不住鲜卑部队和刘琨部队的联合打击，大败而回，刘渊“拔除晋阳，统一山西”的军事计划再次破产。加上之前的刘聪南下和石勒鏖战河北都是惨淡收场，这让雄心万丈的刘渊一时间愤懑不已，竟然病倒了。

刘琨这边则是兴高采烈地给朝廷上表，大书特书了这次胜利，并请求朝廷册封拓跋猗卢为大单于、代公，并赐代郡（今河北张家口）作为他的封地。刘琨的想法很简单，给拓跋猗卢封地了，便有理由把他拖进中原这潭浑水了，到时候就算自己不请他出兵，他也会主动和匈奴开战的。只不过，引虎驱狼反自伤，以夷制夷是要建立在自己有足够力量控场的基础上的，显然刘琨不具备这般条件，所以他最终自尝苦果，死在了鲜卑人之手。而刘琨所寄予厚望的拓跋部鲜卑，也在进中原的过程中尝到甜头，最终在十六国末期，异军独起，将中国的时代拉向了南北朝时期。刘琨当年种下的因，最终收回这样的果，不知道他九泉之下感想如何。

而刘琨不仅没考虑到日后，就连眼下考虑得也很欠妥当，因为他所提议封给拓跋猗卢的代郡恰恰是被王浚代管的，这典型的虎口夺食自然是惹恼了王浚。不过，倘若说刘琨这是刻意要拿这个恶心王浚那就两说了，而笔者觉得这种可能性很小，因为刘琨犯不着在自身已然受匈奴包围的情况下，再去和王浚结下梁子。

可是不管刘琨是有意还是无意，他和王浚的梁子算是结下来了。看到自己结义兄弟给自己讨来的封赏，拓跋猗卢是相当的开心，带着人马就去代郡了。结果路上就遇上王浚的部队了，王浚当然不愿就这么轻易放弃代郡，于是强行当起了钉子户。可是这样的钉子户对于拓跋猗卢来说毫无作用，你哪怕在他面前自残都未必能激发他的同情心，更何况是来硬的了，结果拓跋猗卢将王浚部队一阵吊打，彻底将他们赶出了代郡。

王浚这下算是恨死刘琨了，既恨他交好拓跋鲜卑，取代了自己在鲜卑人心目中大佬的位置，又恨他把自己的代郡夺了。而刘琨呢，对于自己惹火王浚的行为毫不自知，相反随着胜利的增多，他身上的富家子做派表现得越来越突出。《晋书》记载他："善于怀抚，而短于控御。一日之中，虽归者数千，去者亦以相继。"说白了就是管理下属能力很差，人才流失压根儿抓不住，全靠个人魅力撑场子了。

继续将目光投转到汉国这边，由于多线战场都遭受失利，公元310年7月，汉国开国皇帝刘渊因愤懑而病逝。刘渊在位六年过程中，东征西讨，虽然战果不佳，但大大地消耗了西晋最后的一点儿元气，为后来刘聪灭亡西晋打下了坚实基础。但是，在另一方面，刘渊晚年对于诸将的控制力大大地减弱了，尤其是石勒，趁着去河北开辟战场的机会，竟然开始搞起自己的一套班底。这一切的一切，似乎又为后来汉国分裂为前赵、后赵埋下了伏笔。

然而，往后的事情不需要过多操心，因为就在刘渊死后不久，他的几个儿子立刻围绕着皇位，展开了一场你死我活的争夺战。当尘埃落定，昔日团结一心的汉国也貌合神离了。

（七）

现在，让我们暂时将北方的乱局放一放，将目光调整到南方，并把时光轴拉回到永嘉元年（307）的江东。

之前说到陈敏趁着中原动荡之机，动起了割据江东的心思，并且将其付诸实践。可是让他非常无奈的是，自己西进途中遭到了陶侃的阻击，只能勉强控制着江东地界。而所控制的江东也因为一个人的不合作态度显得摇摇欲坠，这个人便是此前提到的义兴周玘。

当时的局势对于司马越这边来说是相当的不利，司马越政府完全有被汉国消灭在北方的可能性，而南方除了割据蜀中的李雄和割据江东的陈敏外，就连湖广等地也都先后有少民起来造反。眼看着中国就要像西罗马一样陷入四分五裂的邦国时代了，而在这关键时刻，周玘的奋力一击将陈敏割据江东的态势打破，让东晋后来的衣冠南渡成为可能。在一个关键的时间点上，周玘挽救了整个汉民族的未来命运。

这时，周玘策反了曾经支持陈敏的江东大族代表顾荣，让其与晋朝接洽，共谋讨伐陈敏。而时任晋朝征东大将军的刘准接到顾荣的信后，立即集结兵力在江北，准备与陈敏开战。他先是命之前被陈敏驱逐的扬州刺史刘机为先锋，兵出历阳，而陈敏这边则派弟弟陈闳任历阳太守，阻击刘准的先头部队。同时，陈敏又派另一位弟弟陈昶驻守乌江，以作后援。而周玘则利用自己在江东的威信，成功策反了陈昶的部下钱广，让其刺杀了陈昶，趁势占了乌江。

随后，周玘又与顾荣会晤了陈敏手下的得力干将甘卓，对他动之以情，晓之以理，再次策反了甘卓。甘卓的反水无异于打垮了陈敏叛军的意志，很快在甘卓和周玘的联合打击下，陈敏落荒而逃。望着后方紧紧追赶的周玘部队，陈敏长叹一声："我之所以失败，只是没能争取到你啊。可是，老周你真心不该对我动刀啊，司马家何曾有恩于你周家啊。你等着看吧，总有一天，你也会落得和我一样下场的。"

逃到江乘的陈敏最终死于兵士之手，而陈敏死后，他的家人全部被处死，一个不留。只是，陈敏临终前的哀叹一语成谶，道出了日后周玘的凄惨下场。

周玘平定了陈敏的叛乱，将江东又重新收回了晋朝的版图，而他本人也受到了不少百姓的膜拜。这是他继张昌之乱后，第二次挽救了江东，而这一次的意义尤为重大。

江东的失而复得更让司马越感到此地的重要性，哪天北方守不住了，说不定还真得仰仗着江东呢。于是为了加强政府对这块地方的管理，他决定派遣一位能代表朝廷的人去做那边的长官，想来想去便想到了之前留守下邳的司马睿。司马睿不会想到，这百万的大奖就在此刻悄悄地砸在了他的头上。

被封为安东将军，都督扬州江南诸军事，持符节的司马睿就这么走马上任了，他得感谢司马越给了他这么一个机会，如果没有这次机会，或许东晋能否建立还是个问题啊。当然，他更加得感谢周玘，因为要不是周玘替他收复了江东，他估计还在徐州吃狗肉呢！于是，司马睿召周玘做了自己的仓曹属，不过这只是暂时的，因为马上司马睿的原班人马也会进入江东，而司马睿与周玘之间的关系也会因此产生裂痕，最终化为不可调和的矛盾。

周玘作为司马睿的命中贵人的角色并没有就此结束，不久之后，江东地面上又乱起来了。这次挑事儿的人叫钱璯，吴兴人，当初平定陈敏之乱他也是出了一份力，战后被封为建武将军。而陈敏之乱后，司马越在北边的战局吃紧，便要老钱带兵北上支援，而老钱走到一半的时候，正巧碰上了刘聪兵围洛阳的一幕。老钱左右一寻思，估摸着晋朝得完蛋了，也起了和陈敏一般割据江东的心思，不过老钱考虑到自己在江东的威信肯定比不得陈敏啊，毕竟人家之前平定了张昌之乱。于是，老钱私下里寻访到前东吴末代皇帝孙皓的儿子孙充，绑架了他立他为帝，美其名曰光复孙吴天下。

同时，为了确保起兵成功，当时钱璯准备除掉时任尚书的王敦，以此壮大造反声势。可惜的是，王敦这老贼滑溜得很，一看形势不妙赶紧开溜去找司马越了，无奈之下的钱璯只得杀掉度支校尉陈丰充数。起兵后钱璯自号平西大将军、八州都督，集结大军进攻义兴。

（八）

进攻义兴？没错，是义兴。很多人会奇怪，义兴是周玘的老家，周玘又是江东地界上最能打的，找他开刀，钱璯难道是疯了吗？很显然他没疯，老钱清楚地意识到，自己能否割据江东全看周玘，有周玘在江东分不了。所以必须不惜一切代价消灭周玘，这样才能有机会割据江东，而事实也证明之前已然盘踞江东的陈敏最终也是死在周玘手上的。

但是紧接着老钱做的事情真是令人大跌眼镜啊，他居然把刚刚拥立的孙充给一刀剁了，自立为王。天哪，古往今来这种自砸招牌的事情还真心少见啊，以至于笔者都怀疑老钱是不是脑抽啦？不过从他迎立孙皓的儿子来看智商并不值得高估啊，谁都知道孙皓在东吴的名声很臭，大帝孙权孝子贤孙多得是，非要找个人品最差的人的后代当老大，正常人谁干这事啊。

老钱如此做派似乎已经告诉人们，不用打谁输谁赢已经一目了然了。当时司马睿已经在江东了，听闻老钱带领大军去攻打义兴，连忙派手下郭逸、宋典各领一支部队增援周玘。只可惜，这两位将军是十足的脓包，看到老钱人多势众，他们居然以兵少为借口驻军不前，一副作壁上观的姿态。

周玘虽然厉害，可是小小的义兴兵马并不多，面对老钱的大军，显得危如累卵。不过，关键时刻，周玘再次创造奇迹，利用自己的人格魅力和号召力迅速将义兴城内的精壮男子组织起来，仅仅依靠一支临时组建的部队竟然一战击溃了老钱，还将其当场斩首。

史书并没有花太多笔墨描述这次战争，但是从实力对比来看，周玘赢得相当的不容易。他让所有的江东人士都看到了，也让司马睿看到了，有他周玘在，江东的天下乱不了！多年以后，又是一位出生于义兴的将领，率领一支七千人的部队横扫北方，所向披靡，在华夏的史册留下了一段神乎其神的记载，这个人叫陈庆之。

加上之前的两次，周玘这是第三次挽救了江东的命运，史称“三定江南”。周玘的“三定江南”，稳定了江东局面，为南北士族支持下的东晋政权的建立提供了一个安定的军事保障。司马睿为了表彰他的功绩，加封周玘为建威将军、吴兴太守、乌程县侯。同时，司马睿将阳羡、长城的西乡、丹阳的永世这三块地方划出来，成立了一个新的郡——义兴郡，以提升周玘家乡为郡的殊礼作为对于周玘所立下大功的肯定。而周玘在吴兴太守的任上也一改了之前吴兴盗贼丛生，百姓饥馑的混乱局面，深受百姓的尊崇与爱戴。仅仅用一年的时间，便将吴兴恢复到了战前水平，由此可见，周玘不仅会打仗，更是个治世的能臣啊！

钱璯的叛乱是在公元310年发生的，最终被弭平，而与此同时的北方也是刘渊多线失利，晋朝危局稍稳的情况。一时间百姓们都产生了晋朝即将中兴的错觉，可殊不知，这只不过是西晋灭亡前的回光返照罢了。

面对刘渊的病逝，刘琨随即建议司马越趁着汉国新君登基不稳的局面，发起总攻，一举将战略主导权扳回来。同时，刘琨能确保这次总攻会有拓跋鲜卑的大力支持，而总攻策略则是以晋阳为中心，打一场太原会战。调集王浚的辽东军，苟晞的山东军，以及司马越的政府军与刘琨这边的晋阳军和鲜卑部队联合作战。

这是一个大手笔，大气魄的战役，如果说司马越能调度得好，可以一下子肃清整个山西的匈奴部队，将匈奴人彻底赶回大草原去。但是，事实上司马越这边的情况却和国民党军队在淮海战役前一般光景，各路部队压根儿就无法集合在一起。王浚和刘琨的矛盾之前也说了，他俩要是能协同作战也就奇了怪了，而作为司马越异姓兄弟的苟晞此时也变得对司马越大为不满。之前司马越调他北上河北打石勒，导致了王弥在自己辖区造反，让苟晞这个兖州刺史差点儿就成了空头司令，苟晞对他一肚子气。

紧接着司马越又让苟晞去顶替王敦做青州刺史，调任王敦去做扬州刺史。这个决策立马让苟晞当场拍了桌子：滚犊子！青州这地方谁来谁知道，王弥之乱的重灾区，一堆战后统筹工作等着人干呢，好嘛，把爷爷我当成擦屁股的啦？王敦他何德何能，治理个青州都治理不好还去做扬州刺史？简直丢人现眼！

（九）

之前就说了，陈敏之乱后，司马越对江东这块土地是越来越重视了，先后派了司马睿和王导南下，如今再调王敦做扬州刺史，这么一来，江东的布局就搞得稳稳的了。也正是因为司马越重视江东，那扬州刺史的地位一下子升值了，稍有些远见的人就会明白，谁控制了扬州，谁就能控制晋王朝的未来。如此“肥缺”给王敦却不给他苟晞，难怪苟晞会有怨言了。

连苟晞都不准备力挺司马越了，那还能调动谁打太原会战呢？所以司马越取消了刘琨的“太原会战”计划，不过仗是得打的，不打无法立威啊，但是司马越却将目标瞄准到了河北的石勒身上。

石勒刚刚在与王浚的交战中元气大伤，此时出兵恰到好处，而击溃石勒便可以打掉汉国在河北的势力，如同断其一臂。司马越虽然没实力去攻击山西的匈奴部队主力，但是虐一下元气大伤的石勒部队还是可以的，于是他下令车骑将军王堪、北中郎将裴宪率兵五万征讨石勒。从这次任务中没有苟晞部队的参与，我们也能看到当时司马越和苟晞的关系已经发展到多么恶化的地步了。

而这时的石勒还没有从和王浚大战的失利中缓过气来，十万大军只剩下一半儿不到，粮草也所剩无几了，面对司马越大军压境，咱们的石大爷也恐慌地说道：“我的神啊，五万大军说来就来啊，难道我石勒要丧命河北了吗？要不我学上次一样，穿太行山再回汉国吧，大不了以后再打回来嘛。”

张宾笑着宽慰石勒说：“将军，莫急啊，想当年韩信背水一战的情况比你还惨，不照样打赢了吗？我看那王堪还不如当年的陈馀，放心吧，我们一定会赢的！”张宾的话语给石勒打了一剂强心针，随后石勒挑选了精兵三万在黎阳扎营。面对晋军的来势凶猛，石勒让大家饱餐一顿后，烧光了粮食和营帐，给士兵营造了一种绝境求生的氛围。

果然，和钜鹿之战的结果一样，晋军在石勒部队疯了似的冲锋下，溃不成军。王堪在乱军中被斩，而裴宪则脱下军服，换上了老百姓服装，乔装打扮北上投靠了王浚。五万大军的覆没对于司马越来说算是个重大损失了，在此之后，石勒攻略河北而晋廷却再也拿不出部队反击了。不久之后，黄河以北的所有领土都沦陷于匈奴汉国的控制下，汉晋分河而治的时代开始了。

就在石勒终于在河北站稳脚跟后，汉国内部的一场内讧也接踵而至，而引发这场内讧的原因，还是刘渊的离世。

刘渊去世后，继位的是刘和，根据刘渊遗诏，加封刘聪为大司马、大单于，与太宰刘欢、太傅刘洋、太保刘延年三人一同辅佐刘和。同时，刘渊的其他三个儿子也都加官晋爵了，齐王刘裕为司徒，鲁王刘隆为尚书令，北海王刘乂为抚军大将军兼司隶校尉。当然，基于之前攻破弘农城的大功，养子刘曜也被提拔为征讨大都督，这些人便构成了汉国新一任的班底。

刘渊如此的人事安排显得相当的奇怪，按理说刘和应该年长于刘聪，而刘聪虽然出生年月在史书上没有记载，不过刘渊死的时候，刘聪成年了该是事实，毕竟像慕容垂十三岁就带兵的那种属于少数。那作为刘聪的哥哥，刘和肯定在那时也已经成年了，可刘渊居然安排年纪小的刘聪来辅佐刘和，而且官职是大司马、大单于。我们知道，司马是管军事的，而刘渊的汉国实行胡汉分治，即刘渊既是匈奴人的领袖大单于，同时又是境内汉人的领袖——皇帝。那么，作为刘渊继承者的刘和是不是该一并接管皇位和大单于一职呢？可是，担当大单于的却是刘聪，这么一来的确奇怪，可更奇怪的还在后面呢。

史书上关于刘渊为何不立能征善战的刘聪为接班人，给出的答复就是刘聪脾气不好，处理不了人际关系，甚至直言不讳地提及刘聪时常在刘曜面前抱怨自己老爹立刘和。我们知道，胡人是不讲究长幼有序的，虽然刘渊汉化程度很高，可他毕竟也是匈奴人。

（十）

那么，根据现有的线索推断，刘聪没能接班确实是缘于自己的坏脾气，所以刘渊才选了稳重的刘和接班。可是，接下来上演的一幕让人大跌眼镜，因为刘渊亲自物色的刘和表现出来的是一种丧心病狂的做派，而被誉为脾气不好的刘聪，反倒有些被“逼上梁山”的色彩。

据说，注意是“据说”，刘和此人刻薄猜忌，认为自己的四个弟弟都是野心勃勃之人，早晚会对自己动手，便提前找来了呼延攸、刘锐、刘安国等人密谋，想趁着四王都在京师的机会，将他们一网打尽。

随后，京城禁军出动，分四路朝着四王所在地杀来。在此次行动中由于刘和所派之人立场不坚定，有人投敌了，刘聪和刘乂因此得以逃脱，而齐王刘裕和鲁王刘隆实在点儿背，被刘和派遣的人杀掉了。

逃脱之后的刘聪火速点齐本部兵马，气势汹汹地来反攻刘和，刘和不敌，吓得躲到了刘渊的灵堂内寻求庇护。而刘聪也毫不客气，直接追到灵堂上，在刘渊的遗体前斩杀了刘和，并将刘和一党悉数诛灭。

一场闹剧就此落下帷幕，为何在刘渊生前被一向看好的刘和会在自己尸骨未寒之际做出这么一件令人咋舌的事情，刘渊估计也无法解释。说实话，确实让人觉得挺奇怪的，短短这几天发生了太多的事情。是刘和原本就包藏祸心，故意冒着被杀的风险先下手为强，屠戮兄弟也好，还是刘聪蓄意制造混乱，为夺位而编造理由大开杀戒抹平真相也罢；这些都不得而知了，现在所能知道的便是，在这场内讧中，刘聪成了最大受益者，哦不，确切地来说他只是把自己的夺位进程缩短了那么一丁点儿时间。而最有可能了解这场内讧真相的刘乂，也在若干年后间接死于刘聪之手。

事后，刘聪以北海王刘乂是单皇后嫡子为由要求他继位，不过刘乂很识相，连忙推脱说还是刘聪做皇帝稳妥，而跟随刘聪一道出生入死的将领们也一致推选刘聪。经过一番假惺惺的谦让，刘聪最终登基称帝，另封刘乂为皇太弟。

随后，刘聪将刘渊葬于永光陵，追尊为高祖，汉国围绕刘渊去世而引发的内讧到此为止。

坐稳江山后的刘聪终于再次将“南下灭晋”的军事行动提上了日程，经过对之前刘渊南下军事行动失利的原因分析，刘聪得出如下结论：其一，战线分布太广，各部队之间各打各的，缺乏协调性，自己还在攻洛阳呢，石勒就跑去打河北了，这才被晋军各个击破。其二，自己的部队打仗太讲究道德了，要不是严守“三大纪律，八项注意”，汉人早就在屠杀、劫掠的恐惧中望风投降了，所以这次出兵决不能再妇人之仁了（看来刘聪反思了半天，愣是没把自己带兵的丢人事总结进去啊）。

随后，刘聪制定了一下战略，派王弥带兵去与石勒会合，逼令他火速南下攻打河南，同时自己这边再派刘曜领兵四万配合南下，三路大军的目标只有一个，那便是——拿下洛阳！而至于军纪方面，该杀杀，该抢抢，再也不用对汉人客气了。而刘聪自己则以已经登基为由，没有参与这次军事行动，全权交给刘曜协调各部队。

刘聪对于战争的认知已经从之前刘渊宣传的“吊民伐罪”转变为了不择手

段，为了可以更快赢得这场战争，他宁可做些与百姓利益相违背的事情。虽然失去军纪约束的匈奴部队变得更加凶狠和疯狂，但是，“以力制霸”的思想也让汉国走上了一条邪路，这条邪路直到刘曜建立前赵才勉强扭转过来，而石勒的后赵则更是将这条邪路走上了一个极端。

匈奴大军开拔了，这一次他们的目标是攻下洛阳，彻底灭亡晋朝！很快，王弥与石勒的部队完成会师，并往刘曜军团这边靠拢。不久之后，刘曜攻下渑池，而石勒与王弥军团也抵达渑池，完成和刘曜军团的胜利会师。随后，刘曜以三军总司令的身份，对进军任务进行了如下布置。

（十一）

由刘曜率大军西进，经洛川抵达陕西边界，断绝洛阳政府西逃入关之路。而王弥则南下清扫河南的南部地带，锁死洛阳政府潜逃江东之路。至于石勒，则负责攻下司马越老巢许昌，将洛阳城与苟晞的山东军阻隔开。

眼看着匈奴部队已经完成了对洛阳城的铁索合围，司马越慌了神，以“出城拒敌”为借口准备趁机带兵逃回自己的封国，大不了日后再回来嘛。司马炽一看这老小子要开溜，赶忙拉住他死活不让他走。司马越急忙说道：“干吗呢，干吗呢，不就是匈奴兵嘛，怕个锤子！等我出去破了敌自会回来。”说完，袖子一甩，理都不理司马炽就出去了。

司马越带走的是洛阳仅剩的四万精兵，他这一走，整个洛阳城只剩下几百号老弱残兵了。忍无可忍的司马炽终于将他积蓄已久的怒火爆发了，他写了一道密诏送给了远在山东的苟晞，册封他为大将军，邀他联合各路诸侯共讨国贼司马越。

于是乎，一场堪比戏剧的狗血情节出现了：外边是匈奴大军的铁索合围，司马越却带着精锐部队离开了洛阳，而司马炽要求各方诸侯讨伐的不是匈奴军，而是司马越。我的神啊，这帮人也是醉得不轻啊。

这时的苟晞在干吗呢？原来，随着王弥、石勒大军南下，传言中已经死亡多年的王弥部下“曹嶷”又出现了。还挑起了一支部队在山东继续和苟晞打起了游击战，呼应王弥南下。接到了诏书后，苟晞立马丢下曹嶷，带兵西进，而曹老板可不是省油的灯，深谙游击战精髓——敌退我进。苟晞这边一撤兵，曹老板就顺势追着苟晞打，无奈之中苟晞且战且退，到达石勒封锁线周围时只剩下几千号人马了。而曹老板则在这次追击中大获全胜，非但重创了苟晞的山东军，还趁机打下了大半个山东。

而这时的司马越正在与石勒大军鏖兵，因为不突破石勒的封锁线自己就无法逃回封国，求生的意志让他屡败屡战。可是，突然朝廷传来司马炽邀天下诸侯共同讨伐自己的消息，而作为诸侯盟主的苟晞已经率领大军抵达了自己军队附近（显然此时司马越并不知道苟晞只剩下几千人了）。

一个石勒已然无法对付了，现在又来个苟晞，司马越眼前一黑，竟然病倒了。在病榻上的司马越自知时日无多，找来王衍吩咐道："我死之后，你们必须秘不发丧，迅速带兵突出重围回东海国。"交代完这些事，司马越呕血而死，"八王之乱"的最后胜利者，一代枭雄司马越就在项城的一个小屋内结束了他的人生。

司马越一死，王衍一下子成了东海王集团说一不二的人物，关于王衍，是该到了好好介绍他的时候了。西晋这个社会，除了早先提到的崇尚奢华以外，还有一个特点，那就是文人墨客都爱清谈。什么叫清谈呢，说白了就是吹牛皮扯淡，而王衍便是这吹牛扯淡的一代宗师，成语"信口雌黄"就源自于他。

按理说，王衍这种吹牛扯淡的人确实不适合搞政治，但是如果后人将晋朝灭亡的责任全部归咎于王衍的清谈，那倒是太过荒谬了。众所周知，王衍真正走上前台也是司马越掌权后，在此之前闹得轰轰烈烈的"八王之乱"难道也是王衍的错？再者说，就算司马越上台后，王衍也不是说一不二的主啊，难道说司马越是傀儡？所以，一味将晋朝灭亡的责任归咎于王衍是不理智的，王衍当年还预言石勒日后会亡晋呢，谁听啦？说到底，王衍其实也就是一只替罪羊，"八王之乱"、少数民族南下不是一个人的错，可是出了事却必须有人顶事，王衍就成了这顶事的人了。

回归正题，正因为王衍不通政事，所以司马越的突然死亡让他慌了神。此时司马越集团还有四万大军，但是谁来领军成了问题，王衍只会清谈，带兵打仗肯定不拿手，于是推举襄阳王司马范。而司马范此时才是二十出头的浑小子，哪里能担得起这重任呢，连连推脱。一番争执之后，由王衍和司马范共同主持大局，随后大军护送司马越的遗体前往东海国。只可惜啊，王衍这家伙办事历来高调，就连这次送葬都违背了司马越"秘不发丧"的宗旨。

（十二）

很快高调的送葬队伍就引起了石勒部队注意，石勒一看东海王死了，自己怎么着也得出席一下这位大人物的葬礼呀，于是提兵三万追赶而来。追上晋军之后，石勒乐开了花：我的天哪，居然还有十万百姓跟随送葬啊，到底是东海王，弄个出殡都如此轰动。

如此重大的场面让石勒兽血沸腾，他觉得自己要是不在这个历史性时刻留下点什么，当真是白来这世上走一遭了。于是他下令军队将东海王的送葬队伍团团围住，用弓弩先将送葬队伍射杀一批，随后又让手下用近战武器进行肆意残杀，用枪刺，用刀砍，怎么杀人爽怎么干。仅仅一日，四万晋军外加五六万的官员家属和随从百姓就被石勒的部队屠戮得干干净净了，血流成河，尸积如山。

王衍、司马范等一批勋贵暂时因为石勒的命令而侥幸存活下来，但这也只是暂时性的。而对于司马越的灵柩，石勒则下令将其扒开，放火焚烧外加挫骨扬灰，并对自己的行为冠以"为天下惩治乱贼司马越"的美名。石勒用武力践踏着昔日晋朝掌权人司马越的遗体，不久之后，他将再次用武力践踏着西晋王朝这副行将就木的躯体。再往后，他的羯胡帝国依旧会用武力践踏华夏几千年积淀下来的汉文明，甚至让华夏文明一度在北方面临灭亡的境地。

留守京城的司马越剩余党羽得知苦县之难后，纷纷准备逃出洛阳，他们带着司马越的妻儿老小出洛阳一路向东。只是非常不巧，石勒又先他们一步到达阻击，又一次大屠杀下，司马越诸子及一些宗室都被杀尽。

到了石勒以胜利者姿态审视他手里的战俘了，望着被捆绑着跪在大营内的王衍等人，石勒好不得意。王衍认出石勒来了，就是他，当年就是这个小子的一声长啸让自己起了杀他之念，并断言"这个人如果不杀，终有一天我们都将成为亡国奴"！王衍不知道这一天来得竟然如此之快，可事已至此还能抱怨什么呢，王衍只得一声叹息。

石勒也知道王衍的名声，便笑着问道："王夷甫，想昔日司马炎西败秃发，南平孙皓，可江山为何在他死后二十年间就分崩离析了呢？"

王衍淡淡地说道："国家兴衰岂会因为一人，亡晋天下者多如牛毛，已经无从追究了。只是我，本就无心做官，如今却身居高位，倒是真不该啊。"

石勒听完默然良久，像是思考些什么，一句话也不说。

王衍随即又说道："将军，你有帝王之相，如今晋朝大军是败在你的手中，晋朝的大臣也都已拜在您的麾下，此时正是您称帝的大好时机啊。"

石勒听得兴起，正欲说些什么，可他身旁的张宾却拉了拉他的袖子，一时间石勒明白了：你这老贼撺掇我称帝无非是想激化我与匈奴汉国的矛盾，我一旦和刘曜王弥等人斗上，最后便宜都是你们晋朝的了。不过，你倒是提醒我了，我手下留着你们一批晋朝官员，刘曜倒是真会对我心存疑虑了。看来，我也只能用你们这些人的脑袋来换取汉国对我的信任了。

于是，石勒勃然大怒，大声斥责王衍道："我听闻你年纪轻轻便踏上了仕途，如今又身居高位，怎么能说不想做官呢？导致晋朝天下大乱的不就是你们这帮人渣么，现在居然还敢来劝我称帝，还要不要脸了啊！"说完，就将他们轰将出去。不得不说，在张宾的辅佐下，石勒在政治上越发显得狡诈与诡谲了。晚上，王衍等人被赶到一处破旧的砖房内，石勒的士兵从外边推倒墙壁，将王衍一干人等全部活活压死。

听到东海王集团被迅速剿灭的消息后，司马炽现在唯一能指望的也就山东军区总司令苟晞了。之前苟晞也派人悄悄地送过粮食，可惜僧多粥少，送来的粮食很快就被吃光了。

（十三）

没有了粮食，再待在洛阳就是等死了，于是晋怀帝司马炽准备出逃洛阳去投奔苟晞，对外宣称是迁都。只可惜那帮大臣们都不愿跟着司马炽颠簸，只有几十位随从愿意护送司马炽去投奔苟晞。

可惜这几十个人连支护送部队都没有，在兵荒马乱的时代成了土匪眼中的香饽饽，他们一出洛阳没多远就遭到了土匪洗劫，身上的财宝被一扫而光。好在这帮土匪还讲点儿职业道德，只越货不杀人，不然司马炽就成了中国历史上第一位被土匪宰掉的皇帝了，那就绝对滑稽了。绝望之下的一群人只得再次回了洛阳，等待着敌军最后破城。

刘聪为了加快结束战事，又派呼延晏带兵三万南下助阵，呼延晏一路之上屡战屡胜，将晋朝洛阳北边的一些重镇接连攻克，晋军在河南的最后几万大军也没能逃脱覆灭的结局。原本刘曜，石勒，王弥三人已经将洛阳城西东南三面合围了，现在再加一个北边打来的呼延晏，这下子晋朝君臣可真是插翅难逃了。

王弥一看又来了一人抢功劳，连忙率先发动对洛阳城的进攻，也不去知会其他部队一声了。结果战事出乎意料的顺利，王弥很快攻入城中，望着富丽堂皇的洛阳城，王弥这个山东大汉好比刘老老进了大观园一般惊叹。随即，他立即下令全军放假，该抢抢，该夺夺。

继王弥部队入洛阳后，呼延晏第二个进入洛阳城，他一看王弥拔了头筹，心里相当不爽。不过没人愿意和钱过不去，看到王弥部队抢得热火朝天，他也带着部队加入了抢劫行列。这么一来，那些没来得及逃跑的达官贵人遭殃了，他们的财产一律收入胡人军队囊中，而且本人依旧未能逃过屠刀。这一次的洛阳之难又导致了数以万计的百姓死亡，大街上布满了尸体。

司马炽在混乱中往西明门逃去，结果却在那遇上了刘曜率领的西路军，被捉了个正着。刘曜原本是第三个进洛阳的，不过来得早不如来得巧，就连司马炽这样的香饽饽也是对准着自己砸来。可是当刘曜到了洛阳城后，还是怒火中烧，为嘛，因为洛阳城的惨象让他不忍直视，全是死尸。很显然，都是呼延晏和王弥干的好事，估摸着财宝也没留下多少可抢的了。刘曜一看手下都是一副失落的样子，撇了撇嘴说道："别懊丧了，本将军带你们去后宫找女人吧！"

不知道匈奴军进入晋王朝的后宫后是何等的疯狂，但是，刘曜却是这次进入后宫的最大受益者，因为在这里，在弘训宫他收获了他的爱情，一个让他用一生用生命去爱的女人——羊献容。此时已经经历多次废立的羊献容本和政治博弈无缘了，可是机缘巧合之下，竟然让她遇到了刘曜，并成功俘获了刘曜的心。

或许有人会认为刘曜与羊献容的相逢只是偶然，但是细想之下，要在偌大的后宫中找一位已经是边缘化人物的前皇后也并不是那么容易的事情。而当翻阅刘曜的档案便会发觉年轻时的刘曜还曾游历过洛阳，这些信息似乎暗示我们，刘曜与羊献容的爱情或许并不是偶然……

在洛阳的太极殿上，刘曜、王弥、呼延晏三人聚在了一起，刘曜目光犀利地审视着这两个人，心里暗暗地想：你们两个真行啊，不顾调令私自先行攻打洛阳城，还将洛阳城洗劫一空，难道我这个龙骧大将军在你们眼中就这么可有可无吗？

突然，正在沉思的刘曜灵机一动，说道："我大军南下耗费时日颇多，呼延晏，要不你先行带着司马炽回平阳告捷吧。"

呼延晏原本还担心自己伙同王弥先行进城劫掠会让刘曜生气，可是看这刘曜的样子不仅没生气还很信任自己啊，还把唯一能用来邀功的司马炽都送给自己，一时间呼延晏激动地拜倒在地，叩谢刘曜。

刘曜轻蔑地笑了，狗就是这样，给他根骨头他便可以为你死命效忠了，胡萝卜政策看来还是有用的，就这么一招就把呼延晏拉拢过来了。

（十四）

王弥也被刘曜的这一幕惊住了，本以为刘曜会对自己和呼延晏率先进入洛阳而问责，不过王弥留了一手，他特意拉拢了呼延晏一同入洛阳。这么一来法不责众，就算要治罪也有呼延晏帮自己担罪，可没想到刘曜没有动怒，相反一招四两拨千斤竟然让呼延晏倒向了他。

王弥没有想到，一个匈奴人竟然也有这番心思，不过，放弃用司马炽邀功的机会，这个代价不小啊，果然好气魄。不过既然给了呼延晏胡萝卜，怕是刘曜的大棒要针对自己了啊，王弥想到这儿捏了一把汗。

紧接着，刘曜又在大殿上兴高采烈地说道："至于本王，将会在洛阳城大婚后再班师回朝，王弥，你留下来喝杯喜酒吧？"

大婚？王弥很疑惑，他不知道刘曜何时又准备结婚了啊，于是一脸错愕地望着他。

刘曜看出了王弥的疑惑，于是说道："本王要迎娶的便是晋惠帝皇后——羊献容。"

言语一出，满座哗然，不只是王弥，就连其他人都惊呆了。不过王弥在惊愕之后，恍然大悟：刘曜啊刘曜，你心机可真深，你明知道此次出征是你领军，所以得胜后刘聪未免忌惮你，所以你把率先攻入洛阳的机会给了我，把献俘司马炽的功劳给了呼延晏，还娶晋惠帝皇后以自污，这么一来，刘聪对你的猜忌就烟消云散了，也就是说，说不定对于我你也不会计较了。想到这里，王弥突然惬意地笑了。

看着王弥一脸笑意，刘曜也微微一笑："看来王将军对我的这门婚事也很满意啊，不过，我还要另一个消息要宣布，那就是我大婚之后，立即率军北返。"

听到这里，王弥止住了笑容：北返，他不待在洛阳啦？于是王弥立即说道，

“洛阳自古以来就是天下的中心，有山溪之险，而这些宫殿庙堂都无须再建，完全可以弃平阳在这立都啊（洛阳天下之中，山河四险之固，城池宫室无假营造，可徙平阳都之）”！

王弥这番说辞被后世很多人解读为是为刘曜考虑才说的，其实不然，刘聪是不会抛弃自己大本营平阳南下的，而如果刘曜提及迁都则是在向刘聪发出一个要另立朝廷的危险信号。而且，洛阳压根儿就没有王弥说的那般有山河四险之固，反而是个四战之地，而你王弥和呼延晏的所作所为又进一步丢失了民心。再加上汉国的势力对于河南之地控制力很弱，即使迁都也将面临来自江东和关中这些还在晋政府控制下地区的压力，倒是真会演变成“天子守国门”了。

所以王弥这么说其实想把刘曜当靶了安在洛阳，到时候他将要面对的是来自刘聪和晋廷的多方冷箭。刘曜不傻，自然一眼就看破王弥的鬼主意，刘曜也以“洛阳四战之地，周边民心尚未归附，一旦迁都危险性很大”为理由回绝了王弥的建议。

而王弥一看刘曜不吃这一套，立刻装成是忠臣献计不成，恨铁不成钢般大骂：“到底是北方来的屠各贱种的后代，压根儿做不了中原的皇帝（屠各子，岂有帝王之意乎）”！王弥的这一幕像极了韩生劝说项羽定都关中被拒后大骂楚人沐猴而冠时的样子，只是他别有用心地情况下还能把话说得这么正气凌然，只能让人感觉无比的恶心。同样，王弥说出这般话，刘曜也是恶心到了极点。

双方的气氛突然显得异常紧张，大有拔剑相向的态势。而这时，刚刚投降王弥的晋臣刘暾悄悄在王弥耳旁说道：“将军，如今天下大乱，群雄割据一方，您虽然有功于汉国，可如今这样子显然已和刘曜撕破脸皮了，再待下去只怕对您不利。我看不如引军回山东，与曹嶷合兵一处，割据山东也好过在这儿受匈奴人鸟气啊。”

王弥听完，咽了下气，对着刘曜说道：“既然刘将军不能容我，我又何必自讨没趣呢，我今日便走！”说完，气冲冲地出了大殿。

一下子气氛恶化得这么快，呼延晏连忙走到刘曜身边，问道：“将军，这如何是好啊？”

刘曜摆了摆手，轻蔑地笑道：“随他去吧，本来就不是匈奴人，早晚和我们要分道扬镳，只不过他要东归就看石勒能不能容得下他了哦？呵呵，哈哈哈。”

（十五）

呼延晏押送着司马炽等人先行一步，而刘曜则在洛阳城和羊献容举办了婚礼。这是一个男人对自己喜欢的女人最为珍贵的承诺，作为一个胜利者，刘曜完全可以把羊献容当俘虏一般肆意玩弄。

这很正常，看看靖康之难后金人是怎么对待宋朝公主的就明白了，而且刘曜如果这么做他非但不会名声受损，相反他还会有一大批匈奴士兵夸耀他，佩服他的本事，因为他玩弄了晋朝皇帝的女人！可是刘曜没有这么做，他没有把羊献容当成是一个玩物，而是在众人面前宣布要娶她，而且是明媒正娶，他让全天下人都知道：我刘曜要堂堂正正娶羊献容！很多人或许会不解，为了一个已经是残花败柳的女人，做出这么多，值么？刘曜用实际行动告诉他们：值！

原本刘曜可以更快地攻陷洛阳，原本他可以自己承担献俘的任务，但是他都没有这么做，而是把这些功劳让给了别人。除了他担心一旦做完这些会因为功高震主而被刘聪猜忌，更为重要的一点是他抢了原本该是刘聪的女人！作为前皇后的羊献容，与西晋的宗室女子一般，都是要被作为进献给汉国皇帝刘聪的礼物的，可刘曜却强行抢下了羊献容。为了这个女的，他宁可将南征之功悉数归于别人，以此来抹平这件事情可能让刘聪不爽的结果。并且在以后的日子里他还会为了羊献容付出更多更多……

北返之前，刘曜让人放了一把火，将昔日繁华的洛阳城尽皆焚毁，并且他让人送信给石勒，让其负责留守洛阳。

……

在夕阳的余晖下，刘曜的大军满载着战利品踏上了北归的旅程，刘曜则与羊献容同骑一马走在队伍前列。

在马背上，刘曜突然微笑着问道：“容容，知道我为什么要火烧洛阳吗？”

羊献容笑了笑：“我一个妇道人家懂什么啊，不过，我想将军肯定不会一时性起而烧的。”

刘曜揽着羊献容的腰，贴近她的耳边轻声说道：“你可以猜一猜嘛，即使错了我也不会怪你的啊。”

羊献容没想到一个统领三军的统帅竟然也有这么风趣的一面，于是也微微笑着说道："那妾身就斗胆猜一猜了。洛阳是晋朝旧都，是天下的中心没错，可却也是一块靶子，能引来四方的冷箭。且经过王弥和呼延晏的一番劫掠之后，早已和死城无异了，根本不具备迁都条件。而将军既然已经派石勒来接过这个靶子了，想必一把大火也是为了不留给石勒一丝好处，只留给他一块空空荡荡的靶子啊！"

刘曜放声大笑，笑得很灿烂，他搂着羊献容说道："你的确是个聪慧的女子，也不枉我顶着如此大的压力要迎娶你了啊。你说得很对，洛阳是股祸水，既然是祸水那自然引给别人最好了啊。石勒、王弥，他们终将会成为我的敌人，也会成为汉国的敌人，我做这么多也是为了在那天来临前有更多的后手与他们缠斗。"

说到这里，刘曜突然望着羊献容说道："容容，你是汉人的皇后，如今却要你嫁给我这个胡人，你，有没有后悔啊？"

羊献容沉默了下来，过了许久她幽幽地说道："乱世之中，许多事情都不能遂人愿，在司马家诸王火拼之时，我几次徘徊在鬼门关前。我哭过，我求过，可是没有一个人能够帮助我。我十三岁进宫，就从来没有做过女人，直到遇见你，我才知道，做女人是件多么幸福快乐的事。可是那些幸福和快乐都不属于我，永远都不属于我………"

说到这里，羊献容已经泣不成声了。刘曜心疼地将她一把抱入怀中，默默地说道："都过去了，一切都过去了，容容，我会用我的一生保护你，爱惜你，不会再让你受一点点伤。"

说完，刘曜深深地吻向了羊献容。而内心深处，刘曜却喃喃地说着："容容，其实你不知道，我烧洛阳还有一层原因，因为这座城承载了你太多的伤痛和屈辱……"

（十六）

石勒听说刘曜把洛阳赏给自己了，立马带着兄弟们走马上任了，可一到洛阳傻眼了：当初我年轻时候来可不是这样子的呀！

弄清楚状况后，石勒气不打一处来，抢劫完也就算了，还一把火烧个精光，合着把我石大爷当成捡破烂的啦？本来抱着想来洛阳劫掠一番想法的石勒只得带军匆匆撤离，驻军许昌。

而汉国这边，得知洛阳城已破，晋帝司马炽成了俘虏，刘聪大为高兴，随即加封刘曜为车骑大将军、中山王。石勒被封为征东大将军，王弥、呼延晏两人也依次受封。同时，刘聪下令刘曜无须回京了，直接转道进攻关中，晋帝和俘虏只需呼延晏送上就可以了。

刘曜接到命令后，丝毫没有抱怨，立刻调兵西向，朝关中杀去。刘曜运气不错，刚刚进入陕西境内，就遇上了晋军大将赵染投诚。刘曜一番询问下才得知，原来南阳王司马模派赵染拒敌，可赵染问司马模讨要官职却被拒绝，赵染见领导这么抠门一气之下便来投降刘曜了。

有了赵染的加入，刘曜大军很快便攻破了潼关，驻军下邽。可是不巧的是，在这里刘曜遇到了之前洛阳城下猛揍刘聪的北宫纯，也不清楚这次他是碰巧又来公干还是什么情况。面对北宫纯，刘曜一时间不敢轻举妄动，连忙奏明了刘聪前方战事，并请示下一步行动。

随后刘聪下诏，加封赵染为平西将军，同时又增派刘雅领两万骑兵来配合刘曜的作战，务必击败北宫纯，挺进长安。

此时的刘聪正自我陶醉在攻灭晋朝首都的胜利中，他在平阳召开了庆功大会，在会上他以胜利者的姿态接见了晋朝君臣。当刘聪见到司马炽的时候，他笑着拍着司马炽的肩膀说道："豫章王啊，你还记得我不？那时候你还不是皇帝，我也不是皇帝，当时是驸马王济带我去见你的。结果你一见我就说早就听过我名字了，当时可把我激动坏了，哦，对了，那次见面你还作了一首《乐府歌》给我看。到最后我要走的时候，你还送了我一把铜弓、一方银砚台，让我日后能成为文武全才，当时把我感动得眼泪哗啦哗啦的啊，不知道你还记得以前的事情吗？"

看着刘聪一脸的兴奋劲儿，晋怀帝司马炽也回忆起了年少时的青葱岁月，只可惜再回首恍然如梦，如今自己已然成了阶下之囚。司马炽连声唯唯道："小人哪里敢忘记啊，只可惜当日有眼不识真天子啊！"

刘聪又笑着问道："也是啊，不过你们司马家的人怎么一点儿亲情都不顾呢，手足相残到这副田地？"

司马炽见刘聪兴致正高，只得再次低声下气地说道："既然天命注定大汉皇帝要主宰中华，那么我们司马家做的一切都是为了给陛下你扫清障碍啊。这一切都是天意，和人事无关的啊。"

这一番吹捧的言语让满座的汉国大臣笑得前仰后合，而晋朝的旧臣看到自己昔日的皇帝这般没骨气，只得悄悄抹眼泪。司马炽所丢失的颜面不只是他个人的颜面，他丢失的是一个国家乃至一个民族的气节和尊严。他可以说是中国历史上第一位向少数民族领袖奴颜婢膝的汉人皇帝，而“青衣侑酒”这个成语则将一个民族最耻辱的一幕永远地定格住了。

会后，刘聪很高兴，将司马炽封为左光禄大夫，会稽郡公，还把自己的一个小妾赐给了司马炽。

再回到刘曜这边，与北宫纯对峙多日后，刘曜派刘雅领兵前去挑衅。结果在交战中刘雅不敌，败退回来，北宫纯则趁势紧追不舍，结果在半路上遇到了刘曜部队的伏击，北宫纯部队死伤过半，就连北宫纯也成了刘曜的俘虏。刘曜素知北宫纯是位勇将，亲自为其松绑并劝其归降，北宫纯见刘曜如此礼贤下士，胜过司马模百倍。于是北宫纯便归降了匈奴军，并与刘曜一道进攻长安。

眼看北宫纯已经投降了刘曜，司马模自知再抵抗下去也是徒劳，于是他便开城投降了。

（十七）

只不过刘曜能收降北宫纯，却无法饶过司马模的性命，因为前者有本事，而后者非但没本事而且还是司马家的人，是匈奴人改朝换代首先要清除的对象。很快司马模及其子嗣都被斩首，连自己的妻子也被刘曜赏赐给了手下。

刘曜在关中这边打下长安，石勒在关东也没闲着，他似乎已经预料到日后自己和刘曜必有一战，也在为决战捞足本钱。此时在华北平原上与石勒相抗衡的主要有两支势力，刚刚从刘曜军中脱离的王弥，还有被打得只剩一口气的苟晞。

经过一番权衡之后，石勒准备先对付昔日的死敌苟晞，一来苟晞现在还是晋朝名义上的山东军区总司令，属于敌对势力，而王弥虽和刘曜撕破了脸，可和自己关系还算可以。二来，苟晞经过之前的一番勤王行动已经实力大损，而王弥则是风头正盛，所以攻打苟晞较为稳妥。

而这时的苟晞不知道哪根筋搭错了，竟然作大死地拥立了司马炽的儿子司马端为“皇太子”，重新扛起了晋王朝的大旗。唉，不是每个人都有“挟天子以令诸侯”的能力的，就眼下苟晞这点儿兵力还想拥立天子另建政府，只能用李小龙那句话来评价他了——“你会死得很有节奏感！”所以苟晞的皇太子政权既没得到北边王浚的认可，也没得到南边司马睿的支持，相反还引来了石勒的觊觎，真可谓是“赔了夫人又折兵”啊。

公元 311 年 9 月，石勒兵袭蒙城，一战便擒获了当年把他赶出河北的苟晞苟司令，随后石勒想到刘曜招降了北宫纯，而苟晞也是一个不可多得的军事天才，便也朝苟司令递出了橄榄枝。哪知道苟晞对于石勒的不计前嫌没有丝毫感动的意思，破口大骂："我乃晋臣，安能降胡狗！"

以前石勒被人骂胡狗只能敢怒不敢言，可现在不同了，他有枪，谁再骂他胡狗就是找刺激了。随后石勒开始用大刑伺候这位苟司令，结果一番折磨下来，苟晞只得勉强答应，石勒对此感觉非常满意：还是得来硬的啊！

石勒大败苟晞一下子改变了整个中原地区的军事力量对比，打破了之前这块地方的均势，与石勒相毗邻的王弥只得写信过去探探石勒的口风。信中王弥的语言极尽谦卑之意，盛赞石勒擒获苟晞的丰功伟绩，并恳请和苟晞一样做石勒的左右手，助他平定天下。然而，张宾却一举揭穿了王弥的笑里藏刀之计，提醒石勒王弥准备动手了，石勒应当早做准备。

果然，这边王弥送信的同时就开始行动了，他派刘暾去命曹嶷进兵，结果半路经过石勒的辖区被抓获。石勒得知一切后大为震怒，当即斩杀了刘暾并整军与王弥决战。不过，出兵之前石勒听取了张宾的建议，先策反王弥的手下，等到王弥这边乱作一团的时候，石勒便名正言顺地调自己的部队入山东平叛。

随后，石勒部队一进入山东，王弥这边的叛乱便很快被石勒"平息"了，作为大功臣，王弥自然要好好报答石勒了，送去不少珠宝美女。石勒倒也痛快，说要设宴回馈王弥，王弥这时竟然被虚假的客气所蒙蔽，毫无戒备之心就去赴宴了。不出意料，王弥果然就在宴会上被石勒当场斩杀了，石勒旋即收降了王弥的部众。没想到王弥这个汉奸的割据山东梦仅仅做了一年不到的时间就破灭了，不过，他的手下曹嶷倒是还坚挺着继续反对石勒。

很快，身在平阳的刘聪就收到了石勒的战报，说自己先是降服了苟晞，随后又平息了王弥谋反事件，请求朝廷予以嘉奖。刘聪何等的聪明，心里寻思道：你石勒和王弥狗咬狗居然还被说成是为国锄奸，真不要脸啊，还要赏赐，朕赐你死行吧！

紧接着，刘聪准备派兵征讨石勒，但是手下却劝阻道："陛下你去征伐石勒，一来会自损实力，二来万一把他逼着倒向了晋朝那边可就不妙了。虽然我们俘虏了晋怀帝，但是晋朝仍然控制这大片的疆土，我们还需要石勒卖命。"刘聪听完想想也对，气消了一半，于是派人加封石勒为并州刺史，幽州牧，同时也让御使公开批评了石勒"以自我为中心，无组织，无纪律"的山头思想，并让石勒在体制内做深刻的自我批评。石勒让张宾代为起草了一份诚恳的“自我批评”检查，终于算是走完过场，搞定了这次事件。

（十八）

刘聪这时候采取“息事宁人”的举措，其实另一方面还来自于关中的压力，因为前不久正一路高唱凯歌、节节胜利的刘曜却遭受到了他人生的第一次大败。

原本以为搞定了长安的司马模，关中态势就会如秋风扫落叶一般顺利转好，可事实是刘曜多想了。因为司马模死后，冯翊太守索綝伙同安夷护军麹允一同投奔了安定太守贾疋，这三位司马模昔日的余党再次组成同盟，在关西打起了“反汉复晋”的大旗，一下子便聚拢了十万大军。

随后，贾疋自号平西大将军，率兵五万，反攻长安。这边刘曜也摆出五万大军应对，一番激战，索綝痛骂北宫纯背叛国家，背叛民族，是个彻头彻尾的人渣败类。这些话还是深深地刺痛了北宫纯的心。北宫纯被这么一说，立马羞愧地撤离了战场，他这一撤导致汉军阵形大乱，晋军很快便包围了汉军。

刘曜被困在阵中无法脱身，几次突围都以失败告终，眼看命悬一线之际，刘雅的援军突然杀到，救下了刘曜便往东败逃，也不去管长安城了。而晋军则趁势收复了长安，拥立秦王司马邺为皇太子，重新组建了晋朝临时政府，而这位司马邺也成了西晋的最后一任皇帝（司马炽死后登基称帝）。不过，此时的西晋司马邺政权已经不能算是一个王朝了，撑死只能算是个临时政府，因为它所能控制的也就只有长安周围一带，并很快就被东晋的司马睿政府取代。

此战过后，刘曜由于战事失利，重新回归龙骧大将军的称号。而对于汉国来说，晋王朝的死而复生也标志着，要想取代晋朝成为中原的主人，汉国还有相当长的一段路要走。

刘曜关西失利，而石勒却在关东打得顺风顺水，一下子石勒的虚荣心再度膨胀。不过，就和之前被苟晞驱逐出河北和被王浚打得元气大伤一样，这一次石勒的虚荣心让他再次栽了跟头。

而苟晞在短暂屈从于石勒的淫威后，萌生了要逃跑的想法。苟晞与弟弟苟纯等人一番商议后，决定投奔江东的司马睿，结果运气非常不凑巧的是，当他们逃到江边的时候，被守备给发现了。守备对准他们就是一通乱箭，一代战将，号称

“屠伯”的苟晞就这么丧命于几个默默无名的小卒乱箭之下。

苟晞的死并没有对石勒产生太大的触动，因为此时石勒正忙着巩固自己在河南刚刚打下的领地，他要以此为基点，做好充足准备后南下江东。对于石勒的南下计划，张宾再次持反对意见，不过对于正在兴头上的石勒来说，任何反对意见都是无效的，谁都无法阻挡住石勒南下的步伐。

那么，孱弱的江东能否扛得住石勒的南下，当初三定江南的周玘能否再次在江东遭受危亡之际成为力挽狂澜的英雄呢？在讲石勒南下之前，势必要将时间轴重新调拨到周玘三定江南之后的江东，因为就在那之后，江东来了两个姓王的江北佬。他们的到来改变了整个江东的政治结构，并为东晋开国构建了政治框架……

第四章 衣冠南渡——王马天下势难共

（一）

东晋的建国，后人用一句话给出了评价——“王与马共天下”，其中马指的是司马睿，而王便是琅琊王家的王导、王敦两兄弟。王导，字茂弘，和王衍同属一支，小时候便有人称赞他“此儿容貌志气，将相之器也”。

不过，在那种拼爹时代，有王衍这个本家兄弟在，王导要想封侯拜相也是有相当大的便利条件的，所以那种溢美之词也未必就有多大的远见。只不过，王导的富贵不在北方，而是在大江之南，这一切都源于与他从小交好的司马睿。司马睿奉朝廷的旨意去节制江东，王导便作为幕僚和他结伴而行，不过，在刚刚到达江东地面上的时候，这两个北佬却始终不被江南人民待见。俗话说“县官不如现管”，对于这俩北方来的县官，甭管他们在北方职位有多高，可是在江南，还是相当没存在感的。

江东之地，历经孙吴建国后五十年左右的开发，已经在经济上开始慢慢追赶上中原的水平了。而司马炎在灭吴之后，又将整个东吴旧地作为国家二十年免税区，更是让江东靠着政策优惠实现了经济上的重大飞跃，就快要赶上“深圳速度”了。而对于政治上，晋武帝司马炎采取了“南人治南”的政策，划分江东区为江南世家大族自治区。很显然，这套政策很合江南本地人民心，一下子就让新征服地很快接受了晋朝的统治，拥护司马家的领导。

相比之下，后来的普六茹坚虽然也是南下灭陈朝，可是因为行为太过野蛮，又是派北佬来江南地区担任地方官，又是强行掳掠江南人北上，还对江南地区进行经济掠夺，一下子就引发了民众的集体愤怒。仅仅在陈亡的第二年，江南之地便尽数反叛，杀了一大批北佬官员，事后虽然叛乱被平息，但普六茹坚再也不敢对江南实行高压政策了，也采取了半自治的放任状态。

回归这边，司马炎为实现“南人治南”的平稳过渡，便放权给了江南的本土士族，这其中便以“顾、陆、朱、张”组成的吴四家为领导，构建起了江东的领导班子。当然，除了这从东吴时代就开始繁盛的四大家族外，义兴周氏、吴兴沈氏这两家后起之秀也开始参与到江东的政治舞台中来。其中尤其是义兴周家，经过周鲂、周处父子两代的经营已经粗具规模，而周玘的“三定江南”则更是奠定了义兴周家作为江东地区军事 NO.1 的基础。

不过，如果说没有“衣冠南渡”，或许这样和谐安稳的模式会继续存在下去，可偏偏北方的少数民族南下又间接地影响到了江东的政治模式，王导的南来开始透露出这么一条信息：以后的江东可能不再是江东人自己的江东，而将会是北来侨民的天下！

胡人盘踞中原，北人就要移民江东，这“鸠占鹊巢”的行径完全没有本质差别嘛，只不过后者有政治口号支持。但是，北来侨民来也就算了，可是一来就要做主人，这对于无论是顾陆朱张还是义兴周家、吴兴沈家都是无法接受的，“非暴力不合作”态度立刻成了江东本地豪强对待司马睿的态度。

刚来那会儿司马睿自然也不会急于撕破脸皮，可是一旦他钢枪在手，一切就都两说了，很快他的枪来了。王敦，字处仲，也是琅邪王家的，王导的堂兄，王衍的族弟，还娶了晋武帝司马炎的女儿襄城公主为妻，是正儿八经的皇亲国戚。

王敦这个人，说白了就是一个跋扈将军，眼高过顶，野心勃勃。他年轻的时候曾经去石崇的金谷园赴宴，老规矩大家都懂，石崇那儿有劝酒的美女，要是劝酒失败是要杀头的。结果为了劝王敦喝酒，石崇一连斩杀了三名美女，王导在一旁都看不下去了，劝王敦道：“你疯了吗，不就是喝几杯酒吗？至于害这么多美女丢掉性命？”王敦傲然道：“急个毛线，石崇反正杀的是自家奴婢，他都不心疼，我心疼作甚（自杀伊家人，何预卿事）！”

望着王敦这副冷峻的表情，这股狠劲儿，王导心里发麻，瑟缩着说了这么一句话：“你如果哪天当权了，就凭你这股狠劲儿，估计也不会有啥好下场啊（处仲若当世，心怀刚忍，非令终也）！”事实上王导没有说错，当王敦嚣张完了，得瑟完了，他最终也是凄凄惨惨地离世。当然，王敦笼络手下也是很有一套，所以底下士兵都愿意给他卖命，哪怕是造反也敢干！

（二）

这么一个跋扈将军，自然到哪儿都是惹火的祖宗啊，不过用他来摆平江东大佬倒是最合适不过了。有了王，也有了枪，司马睿就决心开始好好整顿下这江东了，让所有人都知道，江东的命运掌握在谁的手中！

公元 310 年三月三日，司马睿准备借去郊外祭祀之便，让江东大族都接受自己的领导。祭祀前司马睿已经派人通知了江东大佬中有头有脸的务必出场，紧接着，司马睿就在大排场的映衬下完成了祭祀。哦，还漏掉了一点，这次作秀活动中，王敦和王导都是充当司马睿的小马仔来抬高他的。

看到司马睿这番表现得这么牛气，一旁的吴四家都傻眼了，以顾荣和贺循为首的江东名士纷纷跪拜司马睿，算是承认他江东老大的地位了。不过仅仅有顾陆朱张四大家族的认可还不够，因为他们只代表政治圈的态度，而手握江东军事大棒的周玘还没点头呢，只要他不认可，那一切都是扯淡。

按理说之前的周玘可是比任何人都拥护中央的领导，要是没有他搞掉老钱，说不定司马睿挂在建邺城头的首级已经发臭了。可是，世易时移，当王敦的到来给司马睿提供了军事支持后，周玘的作用便被削弱了，他开始被边缘化了。而周玘也目睹了随着北来侨民的不断增多，对于江东经济的掠夺也是日益加剧，原本江东地区的良田美池早已被几大家族瓜分完毕，而北来侨民的突然介入则要求利益重新划分。

这时，作为江东军界大佬的周玘自然要为南人争取原本就该属于自己的利益啊，尽管顾陆朱张在此前已经做了投降派，可他周玘却是一个铮铮铁汉，摇尾乞怜地做条狗他可办不到，不然当初早和陈敏共分江东了，也没他司马睿什么事了。

一个是霸道公子，一个是跋扈将军，周玘和王敦铆上了，那便是一场火星撞地球的激烈场面啊，而在他们的身后，则分别代表了江东土著和北来侨民，他俩最终的胜利者也将决定日后东晋的政权模式。

首先是周公子发球，在他的授意下，江东豪强纷纷抵制司马睿政府在江东颁布的法令。比如说法令规定不准带剑上街，可江东豪强立马都是出门人手一剑，又比如说某某某天要去参加集体搬砖活动，可一到这一天，称病的称病，踏青的踏青，就是没人肯来搬砖。

周玘怂恿着江东豪强这么干让司马睿和王导大为头疼：怎么办，难不成还真让王敦和他明刀明枪地对砍？这个显然是最愚蠢透顶的主意，且不说王敦未必能干得过周玘，单单就是周玘“三定江南”的功劳也不能就此一笔抹杀。于是，司马睿和王导商议后想出这么一招，司马睿在体制内大肆鼓吹刁协，称呼这人是江东的骄傲、江东的未来，感动江东十大人物之一等等。结果不明就里的刁协被这么一吹捧还真以为自己是“镇江东”了，于是在周玘面前也开始大摇大摆起来。

周玘一看刁协这么个京口瘪三也居然敢自认为江东领袖来恶心自己，自然是怒不可遏，盛怒之下的周玘决定铤而走险，起兵夺权。

在义兴城内的周府中，周玘喊来了司马睿的祭酒王恢，若有所思地说道：“江东还是昨日的江东，可是当家的却已然成了他人了啊。”

王恢知道周玘话里有话，便说道：“周兄的意思是？”

周玘开门见山道：“我意举大事，但需贤弟相助啊。”

王恢有些惊愕，说道：“当初陈敏举事，可是周兄你镇压的啊？为何如今……”

周玘一声长叹：“此一时彼一时啊，倘若我料到会是今天这个局面，我又怎么会开门揖盗，放北佬来这江左福地呢？我知道王兄弟你也是郁郁不得志，所以才找你合作啊。”

（三）

王恢看了看态度坚决的周玘，点了点头，表示愿意听从周玘的安排。于是，王恢与周玘、戴渊等人密谋起兵推翻北来侨民（以琅邪王家为主导）的统治，重新确立“南人治南”的政治模式。

当时在江淮一带正好有一支流民部队归夏铁领导，于是王恢便派人联络夏铁一同起兵，只可惜走漏了消息，夏铁被杀，而王恢得知这一消息后则第一时间去通报周玘。知道事情泄露后，周玘只能杀掉王恢弃车保帅。

同时，司马睿王导这边也收到了周玘密谋叛乱的消息，司马睿愤愤地说：“周玘这次可是自己找死啊，谋逆可是十恶不赦的大罪，别的都能忍，这个可不能忍了啊。我决定直接派王敦去捉拿他，如果他拒捕就直接武力镇压，反正这也是夷三族的大罪。”

狡黠的王导说道：“周老虎在江南可是很得民心啊，决策的制定要因时而变，如果陛下将他夷三族，我只怕整个江南都要反了啊。”

司马睿不信，说道：“顾陆朱张都承认了我的地位，料他一个义兴周家掀不起什么大浪的啊。”

王导摆了摆手，说道：“哎，可不能这么说，顾陆朱张虽然名望高，可是手里没枪啊，义兴周家可不同。况且，顾荣虽然服从您的统治，可是一旦把事情做绝了，只怕到时候他也会站在您的对立面啊。王爷，您要知道，我们毕竟是寄人国土啊，凡事点到为止就行了。”

司马睿不满道：“难不成我一个朝廷宗室还要畏惧他一个地头蛇，就治不了他的罪啦？”

王导一脸奸笑说道：“王爷，您那招‘杀鸡取卵’不行，但我可以给你出一招‘杀人诛心’。”

“杀人诛心？”司马睿困惑地问道。

王导说：“这样，我们可以征招他做您的司马，趁机将他调来建邺。周玘他知道自己事情泄露，定然不敢奉召，那我们讨伐他就名正言顺了。如果他敢奉召，那我还有后手，将他改封南郡太守，如不奉召，则同样出兵征讨，如果他奉召我们再改封他别的嘛。咱们就这样像遛狗一样遛死他，嘿嘿。”

司马睿对着王导跷起了大拇指：“到底是相国啊，高，实在是高，而且够狠！”

就这样，周玘在司马睿和王导的设计下开始了江浙沪来回跑，跑了好几趟后，周玘知道司马睿已经获悉自己的计划了，就是想遛死自己。愤懑之下的周玘病倒了，并很快含恨离世，时年五十六岁，死后被追谥为辅国将军。

一代名将，为东晋开国奠定了军事基础的周玘就死得如此悄无声息，而在他死后，东晋王朝也刻意地淡化他的功绩，直到今天，已经不会再有多少人知道这位曾经挽救汉文明的英雄了。周玘死前曾经对儿子周勰咬牙切齿地说道：“杀害我的是那群刚波佬（江北佬），你他日若能报了父仇，便是周家的好儿子！（杀我者诸伧子，能复之，乃吾子也。）”

周玘死后，周勰没有忘记父亲的教诲，曾经利用江东士族对北来侨民的不满再次打出“诛杀王导、刁协，清君侧”的口号。只不过那时东晋已经建国，在江东的统治也是日益稳固，而周勰也没有其父的威信，复仇计划无果而终。

司马睿考虑到吴人对于周家的崇敬和同情，对于周勰也没有赶尽杀绝，只是将其免职处理。当然，琅邪王家对于义兴周家的迫害却并没有停止，以后我们还会说到。

周玘被解决之后，江东豪强总算无奈地接受了北来侨民的统治，承认了琅邪王家以及司马睿对于江东地区的绝对领导。而他们不会想到，这样的政治模式还会继续存在下去，直到东晋灭亡之后依然如此。送走了东晋，迎来了宋齐梁，可是北来侨民却一直是江东的主人，直到后来陈朝的建立，江南人才彻底地翻身做主。不过，在这期间，江南本土人士和北来侨民的争斗却没有一刻停息，孙恩之乱、唐寓之之乱、侯景之乱中都掺杂进这两股势力。而司马睿也不会想到，当周玘被消灭后，再也没人可以阻挡琅邪王家对皇权的威慑了……

（四）

而就在江东士族和北来侨民斗争白热化的阶段，石勒的大军也已经逼近长江了，江东政权第一次受到北方胡族的威胁。

公元 311 年底，石勒驻军葛坡（今河南新蔡），而司马睿政府方面也迅速做出回应，派纪瞻带重兵驻守距石勒 100 多公里的寿春（今安徽寿县）。滑稽的是，石勒在准备与司马睿开战前夕才发现自己没有船，没船怎么打？单纯的石勒竟然准备等冬天长江结冰再打过去，只不过地理没学好的石勒不知道只有黄河会结冰，长江是压根儿不会结冰的，除非穿越回冰河时期。

就这样石勒等了整整一个冬天，结果第二年春天来了，那一年江淮流域还发生了严重的洪涝灾害，石勒的军营整个被淹。粮食由于长期浸泡在水中已经发霉腐烂了，而后方的补给又由于战线拖得太长导致跟不上，石勒军队面临断粮的危机。更可怕的是，石勒的士兵由于水土不服，爆发了瘟疫，不少士兵都染病死去，面对晋军随时可能发起的进攻，石勒右长史刁膺劝石勒向晋朝请降。

结果老刁的馊主意一下子引发了石勒部下的集体围攻，就连平时一向温和的张宾也公开对石勒说道："将军您攻破洛阳，俘获天子（基本扯淡，那是王弥和刘曜干的），杀死王公，掠走宫妃（这倒是真没说错），做了这么一系列勾当，您对于晋朝犯下的错误可谓是罄竹难书啊。您现在要是投降，准会被斩首示众，所以您不该这么做。相反，您应该火速赶回北方，利用你在北方之前打下的基础，以邺城为中心，吞河北进而统一北方，到时候江东还不是你的囊中之物？"

石勒赞许着点了点头，但同时又说道：“说真的我也想撤兵啊，可是万一我这边一撤，晋军趁势掩杀怎么办，岂不要全军覆没啦？”张宾又出主意道：“将军你大可以每天派将军去江边挑衅，然后将主力和辎重慢慢北撤，等到撤得差不多的时候，您再让在前方挑衅的将军撤回。我们是骑兵，到时候司马睿手下那帮步兵还追得上？”

石勒一听哈哈大笑，大大地夸奖了张宾一番，并痛斥了老刁的“投降主义”，废去了他的右长史一职，册封张宾为“右侯”。随后，石勒依计而行，让孔苌领兵去挑衅，大军迅速北撤。结果由于挑衅部队的恋战心态，将挑衅演变成了正式进攻，导致遭到晋军祖逖、桓彝等人的包围，形势一度危急。好在关键时刻石勒又杀了一招回马枪，才救下了大将，随后马不停蹄地北逃，而晋军这边不知虚实，也不敢追击，只得草草收兵。

虽然晋军没能乘胜追击大败石勒，但是石勒北上的路途也是相当坎坷。由于主力北撤的时候将粮草辎重全部带走了，石勒这边的部队无粮可吃，只能就地取粮，奈何石勒的民心工程搞得太糟糕，老百姓割了粮食全部跑到坞堡里去了。无奈之下的石勒只得下令杀马而食，马不够吃就开始吃人，先吃没能跑进坞堡的老百姓，吃光了就吃自己军队中的羸弱伤兵，如此泯灭人性的吃人行动后，石勒部队终于挨到了河北。

可是非常不赶巧，此时的邺城已经竖起了“刘”字大旗，石勒大为诧异，难道刘聪翻脸来打自己了，一番打听之下，才知道，干这事的不是刘聪，而是刘琨。之前说过，刘琨在山西一直像根钉子一样钉在晋阳，导致晋阳城在很长一段时间都作为西晋政府在山西的飞地。刘渊、刘聪父子两代几番征讨都无果而终，而刘琨甚至还与鲜卑人拓跋猗卢结为兄弟，并借助拓跋鲜卑的力量一直骚扰汉国后方，让刘聪大为头疼。

不过，刘琨由于自身实力有限，又被汉国围着，防御有余进攻不足，倒也折腾不起什么大浪。但是石勒的南下让他看到了机会，河北之地出现了权力真空，于是刘琨让侄子刘演趁机带兵打下了邺城。随后刘琨势力范围一度渗透到山东边境一带，跻身一流军阀行列。

面对邺城的丢失，石勒心急如焚，便决定立刻派兵攻打邺城。可是张宾阻止了他，张宾分析道，如今石勒兵老师疲，邺城又是坚城，一时之间肯定难以攻下，倒不如先找个地方休整一下，再图邺城。

（五）

在张宾的建议下，石勒佯攻邺城，实则派兵直取襄国（今河北邢台），然后再以襄国为基地，开始反攻河北，陆续收复了不少地方。知道自己没有足够的实力和石勒在河北死扛，刘琨这时送来了一个女人，准备与石勒缓和关系。

这个女人是石勒的生母，早年因为人口贩卖事件和石勒分散，后来刘琨寻到了她，并趁着这次机会送还石勒示好，并希望石勒能像拓跋鲜卑一样与自己一道匡扶晋室。对于有人送妈，石勒自然是感激不尽，不过作为一个野心家，老妈可以收，主子不能认，刘聪如今都未必能驾驭得了石勒，更别说那个连领导人都很虚渺的晋廷了。

石勒只是送了些珠宝聊表谢意，至于投降事宜则一概不提，刘琨知道石勒心中已经打定主意了，也只能一声叹息。而在南北朝末期，也上演过送老妈的一幕大戏，只不过主角换成了高湛和宇文护。结果倒也是一般光景，只不过宇文护更不会做人，非但没表示点儿什么，还立马翻脸不认人了。

与刘琨达成了短暂和平之后，石勒再次将目光投向了王浚，这厮曾经给石勒留下极为惨痛的经历，可是要想称雄河北，石勒又不得不费力拔除这枚钉子。以前石勒贸然行动招致大败，不过如今经历了诸多历练的石勒，已经觉得自己是时候收拾王浚了。

而这时候的王浚已经变得日益骄纵起来，他假称自己有晋怀帝的密诏，让他号令天下，俨然一副武林盟主的气派。而他自己本人也是不满足只待在小小的一个幽州，准备南下席卷河北大地，这一次南征他起用了青壮派段务勿尘的四个子侄，段疾陆眷、段匹、段文鸯及段末柸奉命出征。

王浚时机掐得很准，他南下的时候正是石勒和刘琨械斗的关键期，原本打算坐收渔利的王浚却没想到刘琨和石勒竟然会戏剧化地达成短暂停火期。不过来都来了，王浚也只能硬着头皮上了。而石勒这边初战失利，连石勒本人也差点儿被活捉，好在他侄子石虎及时杀出，救下石勒逃回了襄国。

石虎，字季龙，由于为了避讳后世李唐太祖李虎的名，石虎在史书上更多的出场是以石季龙的名字。石虎早年丧父，一直被寄养在石勒的母亲那儿，这次刘琨送老妈给石勒，顺带便将这个石虎也一并送来了。这一年的石虎刚刚十七出头，史书记载他“性残忍、好驰猎，游荡无度”，属于不良少年，年纪轻轻就喜欢滥杀无辜了。为此石勒还有意要杀了这个忤逆子，只是石勒母亲连连劝阻，说孩子长大了就能学好的，石勒方才罢休。只不过，后期的发展并未能如石勒所愿，小魔王成长为大魔王，甚至有朝一日成了君临天下的魔帝，而魔帝挥舞的屠刀最终落向了石勒几个亲生儿子。

只不过这一次石虎确实救了石勒一命，逃回城中的石勒坚守不出，任凭鲜卑人怎么攻打就是死守襄国城。同时，张宾又建议石勒开展地道战，从城里挖地道到城外，然后将部队置于地道中，等到鲜卑人进攻的时候，伏兵再从地下杀出。结果，此计果然成功，孔苌领导的伏兵不仅大败鲜卑部队，还擒获了他们军中最能打的段末柸。

捉住了小段，石勒手下一致提议将他斩首示众，不过石勒却从刘琨送还自己老母那招悟出了“以柔克刚”的真谛，决心也打一张亲情牌。正巧段家兄弟那边也在谋划着如何赎出小段，于是石勒借坡下驴，将段末柸安全送还给了鲜卑人，鲜卑人倒也痛快，表示愿意立即退兵。石勒还顺带使了个离间计，不仅送了鲜卑人不少珠宝，还收段末柸为义子，故意恶心远在幽州的王浚。

而就在鲜卑段部撤军途中，遇上了王浚派来的增援部队，王浚要求立刻进军，可段部却以已经达成停战协定拒不从命，也不管王浚有多恼火，撂下了增援部队就回了辽西。这一次，王浚和段部鲜卑的梁子算是彻底结下来了，而石勒的反间计用得也是相当成功。石勒这边刚刚送走段部鲜卑，那边就立刻安排孔苌去攻打刘演驻守的邺城，孔苌不解，石勒解释道：“当初与刘琨媾和无非是权宜之计，此时强敌已退，正是收复失地的大好时机！”

（六）

果然不出石勒所料，刘演压根儿就想不到和石勒军的“蜜月期”结束得会如此之快，都没怎么做好防务工作就遭到了石勒的大军压境，无奈之下刘演只得弃城而逃。

从与刘琨的兵戎相见，到因王浚的加入而达成短暂停火，再等王浚一走，石勒便又撕破和约，夺下了刘琨的邺城。当然，其间还顺带收揽了下段部的人心，这一切的一切无不体现出石勒在张宾的教导下，已经越来越显得诡变与奸猾，已经越发成长为一位拨弄政局的野心家。如今的石勒，再也不是当初那个只知道蛮干的山贼土匪了！

这一次的邺城攻夺战最后又是酿成一幕悲剧，因为作为先锋入城的石虎做了一件事——坑杀战俘，事后被石勒知道了，石勒并没有怎么惩处这位侄子，而是象征性地颁布了“以后不得杀降”的法令。只是这个法令如同一纸空文，在未来的日子里并没有起太大作用，只作为一种宣扬石勒“仁慈”的摆设而已。

有人会好奇了，刘演被石勒打出了邺城，刘琨就没有一点儿行动？事实上，此时的刘琨日子也是相当不好过，因为刘聪趁着刘琨派兵南下的时候，也集结重兵在刘琨后院放火。很快，刘琨就收到雁门关被汉国攻占的消息，雁门关是刘琨军与北边拓跋鲜卑联系的必经之路，绝不容许有失。收到战报的刘琨立刻率主力奔袭雁门，留下部将守晋阳。

刘琨前脚一走，刘聪后脚就发起了对晋阳的攻击。这次依旧是刘曜为先锋，提兵八万直取晋阳，结果城内守将抵挡不住，只得弃城而逃。可惜他们逃的时候忘了带上刘琨家眷一起逃，结果刘琨家眷落入了匈奴人手中，刘聪授意刘曜将刘琨满门斩尽杀绝。

随后刘曜指派刘丰留守晋阳，他则带主力继续北上追击刘琨。而这边刘琨刚刚打通雁门关之路，便传来晋阳失陷，全家老小被杀的消息。听闻噩耗的刘琨怒火中烧，急忙带兵南下复仇，路上就与刘曜大军打了一场遭遇战。

刘琨之前打的基本都是守城战，很少与匈奴人野战，加上如今已是气昏了头，所以交战中指挥不力，导致军队被刘曜包围。一番恶战之下，刘琨只得带着数百亲兵杀出重围投靠到了北边义兄拓跋猗卢那边。

拓跋猗卢得知自己义弟被人夺了地盘还杀了爹妈，二话不说，调集二十余万大军就朝着南边杀来。终于，在追赶到汾河的时候，拓跋鲜卑部队遇上了正在回师的刘曜部队。刘曜部队由于之前一战晋阳，二战刘琨已经消耗很大了，再加上人数又没有拓跋鲜卑部队的一半，很快便在交战中落于下风。

刘曜拼死杀出重围，身边则只剩下大将傅虎还在竭力护卫，可后方的追兵却依然没有放弃追赶。这时刘曜的马已经受伤，傅虎见此情况挺身而出要将自己的马匹送与刘曜，刘曜笑着推辞了，他说：“我已经受了重伤了，即使侥幸逃脱也未必能活下来，你还有机会逃，你可以自己骑马先行撤退（卿光乘以自免，吾创已重，自分死地）。”

刘曜这个人就是如此，对他好的人他宁可自己受伤也要保护住他们，对手下如此，对亲人如此，对羊献容则更甚。只是，这样的人注定无法胜任帝王这一高危职业，所以日后一统北方的是石勒而不是他，因为石勒比他更懂得权变和狡诈。

傅虎见刘曜这么说，感动得眼泪哗啦哗啦地落下：“我傅虎承蒙大王提拔才有今天，一直想着要报效大王，今天算是赶上时候了。如今汉国刚刚建立，天下可以没我傅虎，但是不能没有大王您啊（且汉室初基，天下可无虎，不可无大王也）！”说着，也不顾刘曜答不答应，硬生生地将他扶上马，并驱赶着马渡过汾河，随后傅虎步行殿后直至战死。

傅虎的这段话和《三国演义》中曹洪劝说曹操有惊人的相似，不过《三国演义》毕竟是小说，而傅虎这段却被史书记载下来了。单骑逃回晋阳的刘曜也不敢再多耽搁，带着晋阳的留守部队便连夜南逃，好不容易才甩开拓跋鲜卑的追兵到达平阳。

重新打回晋阳的刘琨提议拓跋猗卢趁势南下，一举消灭刘聪政权，但是拓跋猗卢却认为此时消灭汉国时机不到，一旦打成僵持战于己不利，便拒绝了刘琨的建议。

（七）

不过拓跋猗卢临走前倒是赠送了刘琨不少宝马良驹以及粮草辎重，助他能在短时间内恢复元气，重新巩固地盘。刘琨遂以阳曲为中心，在拓跋猗卢的帮助下，重新开拓势力。

这边刘聪和刘琨对掐，那边石勒也没有闲着。虽说他已经先败段部鲜卑，再夺邺城重镇，重新恢复了昔日地盘，可是在他的辖区内却一直流窜着一伙无政府部队——乞活军。乞活军是民间汉人百姓自发组成的军队，他们不隶属于任何势力，其目的只是为了能在乱世中自保，能够勉强活下去，所以取名“乞活”。他们就和清末的“捻军”一样，由多支小分队组成，各支小分队之间属于同盟关系，没有协同作战的管理架构，也不存在统一的领袖。主要集中于河北、河南两地，而这两地恰恰是石勒所管辖的地方。

乞活军最初的战斗宗旨是为了生存，可是随着民族矛盾的加深，“反胡存汉”成了一些乞活军战斗的大旗，而石勒这个坐拥河南河北的胡人首领则成了乞活军头号要打击的人。这一次石勒集结重兵对辖区内的乞活军进行扫荡，其中一个叫李恽的人坐拥数万乞活军，成了石勒的心腹大患。老李这家伙曾经接受西晋政府的编制，被授予青州刺史一职，此人很擅长游击战，让石勒的几番扫荡都无功而返。更让石勒惊讶的是，老李手下有一位十三岁少年，勇猛异常，经常在两军交战时，独自一人杀入石勒军中，无人可挡。

后来几番打听之下，石勒才知道这个人叫冉瞻，家族世代为兵户，因当年王浚伙同鲜卑乌桓洗劫邺城，结果冉瞻的家人都死于战乱之中。孤苦无依的冉瞻自然也投身于行伍，结果这小子可能遗传基因好，特别能打，很快混到了一个乞活军的小头目。

石勒知道“千军易得一将难求”的道理，于是用计擒获了冉瞻，失去了冉瞻的老李部队也很快在扫荡中被歼灭，老李本人也死于军中。很快石勒便劝降了冉瞻，并让自己的侄子收他做义子，留他帐下听命。很多人或许会对冉瞻的投敌感到不解，可是细想之下却又是在情理之中的事情，毕竟他只是个十三岁左右的孩子。而孩子在那个时期，成熟的三观没有形成，谁对他好，他就会跟谁干，与民族大义，是非曲直无半点儿关系，这条定律依旧适用于当下的十几岁少年。

消灭完李恽后，河北河南的乞活军运动一度陷入了低潮，而石勒也可以把目光投向东北的王浚了。消灭王浚，拿下幽州，扫除自己大后方最后的一枚钉子，到时候自己就有本钱可以和匈奴汉国并驾齐驱了。

而就在石勒厉兵秣马，准备北上与王浚决战的时候，汉国国主刘聪居然干了一件缺德事，这件缺德事让原本保持着微妙关系的晋朝势力联盟正式走向分裂。事情起因还要从刘曜大败说起，刘曜的大败让刘聪很不爽，不爽之余他只得拿手里的晋怀帝出气。他故意在酒会上让少帝穿上奴仆的衣服为汉国的君臣倒酒，结果引得汉国大臣哄堂大笑，可是晋朝的旧臣面对昔日的陛下“青衣行酒”这一幕却悲从中来，号啕大哭不止。

刘聪一看这架势，心里吃惊不小：都做了我汉国的臣子了，居然还不忘旧主，其心当诛啊！于是宴会结束后就将这些晋朝旧臣统统杀光，而靠出卖节操企图苟活的晋怀帝也没能逃脱一死，在刘聪御赐的毒酒下结束了自己的生命，时年三十岁。

这边晋怀帝刚死，那边长安的司马邺政权得到消息后便立刻称帝，表示承继了司马炽的法统，司马睿由于远在江东，信息传递较慢，晚了一步，也只能自认倒霉啊。新皇帝倒是不忘大封功臣，封琅邪王司马睿为左丞相、大都督，南阳王司马保为右丞相、大都督；凉州张轨为太尉、凉州牧；幽州王浚为大司马；并州刘琨为大将军。

当然，封他们官职也不是白封的，新皇帝还下了一道旨意，要求他们各路大军一同出动，消灭汉国，为先帝报仇。但是这些最后都被证明是司马邺的一厢情愿，首先他这个皇帝就没几个人认，司马炽当初继位的时候虽然局势已经开始失控，但毕竟是由权臣司马越迎立的，是具有广泛认可性的皇帝。无论是幽州的王浚，还是并州的刘琨，抑或是江东的司马睿，都是司马越的一党，也就是说他们对于司马越的决策是表示认可的，至少表面上如此。

（八）

可如今司马邺这么个玩意算什么？一个被几个默默无名的太守所扶持的皇帝，谁会去认，这些割据一方的军阀甚至如今连表面文章都不愿意做了，对于这位新皇帝，很多人给出的答复就是：不认识，和我没半点儿关系，别支配我做事哦。

而刘聪倒是被这个新皇帝的“意淫”计划惹火了：想找各路诸侯打我？我先灭了你再说！于是他又派刘曜领数万大军准备二度入关，但是关中地势实在险要，面对晋军的严密把守，刘曜打了几个胜仗之后便遭到了晋军的围攻，再次败退回平阳。

不过刘曜这边再次吃瘪的同时，石勒又是全面告捷，因为就趁着这段时间，石勒终于打下了幽州，消灭了王浚集团。之前也说到了，石勒在为和王浚的决战做准备，而王浚那边也没闲着，相反他还是提前下手，只不过目标没瞄准石勒，而是之前和石勒单方面媾和的段部鲜卑。

王浚对于段部鲜卑单方面媾和的不道义行为强烈不满，而他的反制措施不仅仅是谴责，还有武力威慑，这一次他拉拢了另一部鲜卑——辽北慕容鲜卑，准备好好教训下不听话的段部鲜卑。

慕容鲜卑可以说是鲜卑族里面汉化较早的一支，当拓跋鲜卑以及其他鲜卑还在鲜卑山过着“山顶洞人”的生活时，慕容鲜卑就已经下山，到了如今铁岭一带过起游牧民的生活了。后来，因为一个偶然的机会，慕容鲜卑的一位首领与“帽子”结缘，从而让慕容鲜卑有了“慕容”这一姓氏。因为当时该首领喜欢戴汉人戴的“步摇”（一种类似于帽子，戴在头上的装饰品），而鲜卑语中的“步摇”和“慕容”谐音，久而久之，大家都称呼这位首领为慕容，慕容由此成了这支鲜卑人的姓氏。

此时慕容部的首领叫慕容廆，早在此人年轻时便已游历中原，还获得过晋朝丞相张华的褒奖，也正是这趟中原之行，让慕容廆得以很好地接受汉文化。也正是因为这一点，为了躲避中原混战而“闯关东”的汉人们更愿意投入慕容鲜卑的怀抱，这为慕容鲜卑带去了劳动力和生产技术，让慕容鲜卑日后入关逐鹿中原有了丰厚的资本。

正是基于慕容鲜卑汉化较高的原因，所以这次王浚决心拉他入伙，一起消灭段部鲜卑，断石勒一条臂膀。结果双方接洽得非常顺利，原来慕容廆也早有消灭段部鲜卑的想法，毕竟在东北的地面上，鲜卑人一直是宇文部、段部、慕容部三分天下的，如今少个竞争对手何乐而不为呢？更何况如今有人愿意帮忙，还是晋朝政府在东北的最高长官王浚，于情于理都该参战。

于是慕容廆指派他的儿子慕容翰领军前去配合王浚作战，可没想到的是，在那儿还遇上了拓跋鲜卑的人马。原来王浚怕慕容鲜卑不肯答应，就做了两手准备，哪知道这两头都答应了出兵，不过多一份力量也不是什么坏事，最多到时候利益分配可能会有些口角。而拓跋鲜卑之前还跟王浚有过领土纠纷，不过眼下消灭段部鲜卑才是当务之急，旧日恩怨也就先放一边了。

从昔日的盟友到如今兵戎相见的仇敌，王浚和段部鲜卑之间关系的迅速变化更佐证了“没有永远的朋友，只有永恒的利益”这一千古真理。战争初期，王浚同盟军这边形势一片大好，段部鲜卑多座城池被攻破。可是随着战事的纵深发展，王浚同盟军这边由于缺乏配合，导致了部队无法协调作战，处处陷入被动局面。而段部鲜卑却抓准时机，给予了军力最弱的王浚部凌厉一击，重创了幽州军。眼看牵头人被打爆了，拓跋鲜卑和慕容鲜卑这两位合伙人自然遵循“见好就收”的原则，各自撤出了战场。

王浚的这次军事行动只能用“彻底失败”这四个字形容，非但没能消灭段部鲜卑，自己还反被揍了个半死，甚至还把段部鲜卑狠狠地推入了石勒的怀抱。这下子，原本想在与石勒决战前减轻压力的王浚，非但未能如愿，还等于是间接帮着石勒又壮大了一把。可是，军事上大败的王浚一副“破罐子破摔”的态度，竟然开始谋划起了登基称帝之事。

（九）

其实王浚的这种心态也可以理解，后世的吴三桂也是在局面开始走下坡路的时候称帝的，抱着过一把皇帝瘾就死的想法。可是，王浚的手下却依然没有忘记自己是晋朝臣子的身份，纷纷规劝王浚不要行此不义之事。而早已走火入魔的王浚不顾众人的劝阻，在内部进行了大清洗，杀死了一帮反对派大臣，再次将自己往黄泉路上推了一把。

眼见王浚众叛亲离，石勒自是不能放过这个大好时机，集结大军准备立刻北上。然而，他的智囊张宾再次给他出了一个主意："主公，须知得意才能忘形。当初王弥给你写了一封委曲求全的信，其目的就是希望你能放松警惕，他才方便进而攻击你。"

石勒望着张宾，不解地问道："那孟孙，你的意思是？"

张宾笑了笑："主公可知王浚目前最想干的事情是什么吗？"

石勒想都不想地说道："当然是称帝啦！"

张宾笑着说："正是。如今王浚虽然已是众叛亲离，但毕竟曾经雄踞东北，是有名的东北王啊！如果我们和他硬拼，或可能被他人坐收渔利啊，依我之见，主公您不妨学学王弥。当初王弥如何恭维您的，您便可以如何恭维王浚，让其掉以轻心，我们再出其不意地消灭他！"

于是石勒按照张宾的计策，派遣使者带着大批财宝北上幽州，并送上自己要拥护王浚称帝的亲笔信。这个使者很会说话，一通马屁拍下来竟然让王浚对于石勒的来信信以为真，王浚还另派使臣去回访石勒。当然，对于王浚的回访石勒也是做足了功夫，一番好吃好喝招待之下石勒还趁机收买了这位使者，这位使者回去后自然大说石勒的好话。

不久之后，王浚着手登基大典的消息传来，石勒以观礼为借口，集结了十万大军前去进攻王浚。然而，在军队行进到易水附近时，引起了当地长官孙纬的警觉，但是由于早先收到王浚对于石勒部队放行的手令，孙纬也不敢阻拦。就这样，在王浚的"帮助"下，石勒部队很快兵临城下，甚至还堂而皇之地进入了幽州首府蓟城。

石勒的十万大军一进城，这就好比是孙悟空进了铁扇公主肚子了，放开手脚使劲折腾。很快王浚城里的部队就被石勒给控制住了，而一心还在做皇帝梦的王浚也被带到了石勒跟前。

看着石勒趾高气扬地坐在自己昔日的宝座上，被捆绑着的王浚一下子全明白了，破口大骂石勒“卑鄙小人，无耻败类”。石勒则看着这个昔日的东北霸主如今利令智昏到这步田地，不觉好笑，转身起来骂道：“你这种人居然还有脸说我？你身为汉人，却伙同鲜卑乌桓去对邺城的汉人百姓残酷杀戮，是为不仁；你与段部鲜卑本为盟友，如今却联合他人意图消灭段部，是为不义；你身为晋朝臣子，却一心想着叛晋自立，是为不忠。像你这样不仁不义不忠的人，还有什么脸面来指责我？”

一番痛骂之后，石勒直接命人将王浚推出斩首示众，不容他继续反驳。杀掉王浚后，石勒立刻班师回去，因为他担心大军在外，刘琨又会偷袭他后方，毕竟之前自己单方面撕毁协议突袭邺城做得不地道。

雄踞东北骄横一世的王浚被消灭了，放眼关东的天下，唯一还能成为石勒祸患的晋军势力也只有阳曲的刘琨了。在这次突袭王浚的过程中，羯胡部队再次表现出凶残的一面，光王浚手下放下武器投降的将士就有万人以上被石勒下令斩杀。

石勒这边煊赫的胜利很快引起了刘聪和刘曜的担忧，他们明白，如果不能迅速解决掉关中战局，那么日后再难控制住石勒了。于是刘聪对长安的司马邺政权发起了第三次入关作战，由于之前刘曜重伤未愈，所以这次刘聪指派汉将赵染负责了此次的军事行动。可惜赵染连王弥都不如，此战又是以失败告终，五万大军全军覆没，赵染也命丧沙场。这一次的长安大捷让司马邺政府名声大震，于是司马邺再次号令四方，发起“二次讨刘”行动。

（十）

但是这一次依旧是没人鸟他，无奈之余司马邺只得派使臣远赴江东，隆重正式地请求司马睿出兵。司马睿是如今晋朝现存势力中最强的一支，有他支持才能对抗汉国，只可惜司马睿这次依旧没给使臣面子，因为此时江东正在西线边境地带鏖兵。

打压了江东本土士族之后，司马睿终于巩固了在东南的统治，可是中西部却不太平。这事情还得从成汉那边开始说，李雄统一了川蜀之地后，自称成都王，过了两年后又登基称帝，随后便大封百官。李家宗亲中受封的多半是李雄的兄弟辈，可是李雄还有个五叔李骧，他曾在四哥李流做老大的时候便去巴东自立门户了。可惜他命不好，毗邻的正是荆州刺史王澄的辖区，而王澄正是琅邪王的代表人物王衍的亲弟弟，此时朝中王衍、司马越当道，他才做了这个荆州刺史。

这个王澄觉得既然兄长这么看得起自己，自己也得好好表现一番，不如就把李雄五叔的这颗人头作为礼物吧。于是打定主意后，王澄就频频向李五爷示好，表示如果李五爷来投奔自己，自己铁定和他共治荆州。显然咱们的李五爷还是没从当年三哥的死中吸取教训，竟然幻想着还能给晋王朝做打手，回归以前那种幸福生活。

结果李五爷这边刚一投降就被王澄翻脸杀掉了，还非常无耻地将李五爷所部八千余名士兵一并沉入水中淹死（估摸着是学王浚的啊），并且，这位王刺史还放出话去，即日起要在荆州开展“肃反”运动，凡是流民都将被驱逐杀光。

不知道王刺史是真傻还是假傻，当初蜀中叛乱成汉建国就是因为流民问题处置不当才引发的。而再看荆州目前的实际情况，从北边中原来的流民和从西边川蜀来的流民加起来不下二十万，这种话一说出来等同于逼他们造反啊！于是乎，荆州的流民全部聚集起来，公推醴陵县令杜弢为首，扯旗造反了。杜弢自称梁州兼益州牧，率领着这数十万流民北攻长沙，擒获晋湘州刺史荀眺，又南下两广，东进武昌，一时间势力范围不亚于当初的张昌。

王澄一看惹出大事了，连忙派兵前去征讨，结果接连吃了败仗，王澄眼看自己这个荆州刺史怕是坐不稳了，立马弃官出逃到建邺，投靠了司马睿。由于王澄毕竟是琅邪王家的人，朝中的王敦、王导都可帮他遮掩一二，于是他并没有遭到多大的处罚，司马睿随即改派周顗为荆州刺史，配合王敦的讨逆大军开赴战场。同时，又派武昌太守陶侃、浔阳太守周访、历阳内史甘卓等地方部队配合朝廷大军协同作战。

而此时的北方正是晋怀帝司马邺刚刚被扶立为皇太子，建立长安政权的时候。这场持久战一打就是五年，以至于司马邺两次下发诏令邀其北上讨伐匈奴的时候，司马睿都抽不开身。

而这边讨逆大军刚刚开拔，王敦就做了一件让大家大跌眼镜的事情，他将他的本家兄弟王澄给杀了！而这件事情非常无厘头的便是杀人原因仅仅是因为王澄怠慢了自己。原来，王敦觉得这次王澄搞出这么大的事情，若不是自己和王导在朝中帮他遮掩，他早就要被拉去杀头了，所以王澄应该打心眼儿里感激自己，尊敬自己。

可是王澄却不这么想，他觉得论官职两人都是刺史，虽说自己这个刺史是过去时了，但好歹也算风光过。论身份，虽然两人都是琅邪王家出来的，可是自己和王衍是亲兄弟，这份血缘就比王敦要近得多。所以呢，在与王敦见面之后，王澄非但没有说一些感谢万分之类的话语，还有事没事地专门摆谱，这让王敦这位跋扈将军怎么受得了？于是，王敦在宴请王澄的时候，就在饭桌上让手下亲兵把王澄给正法了。

前来赴宴的客人们都惊呆了：这不是一家人么，怎么还搞出这么一场鸿门宴啊。然后王敦立刻变了副表情，笑眯眯地对客人们解释道："那个事情是这个样子的啊，据我手下查证，这个王澄表面是朝廷命官，实际则是私通贼寇！他和反贼杜弢就是一伙的，所以我才将他就地正法！"王敦这话骗骗小孩子还行，想骗大人还真心差了些火候，不过既然王大人发话了，大家也只能就这么信了，毕竟王澄本就不是啥好鸟。

（十一）

人已经杀了，接下来就该办点儿实事了，对于杜弢的剿灭战正式打响。首先，刚刚到任的荆州刺史周顗就被叛军围困在城中，多亏武昌太守陶侃的先头部队及时赶到，才将叛军打得撤了围，随后两军会师。

哪成想陶侃这边刚刚解了老周的燃眉之急，那边就传来消息，阿杜的叛军已经跑去进攻陶侃的武昌了。杜弢的这一招完全是模仿了陶侃当初对付张昌的手段，专攻人家后路，陶侃得知这一情况后，火速带兵回去。

也是上天眷顾陶侃，由于阿杜手下全是流民部队，行军速度比正规军慢了好几拍，以至于让陶侃的政府军急行军之后提前回到了武昌。而阿杜的叛军还以为陶侃中了自己的调虎离山之计，拿下武昌应该是妥妥的，可惜刚到武昌城下还没来得及整军就被陶侃的部队杀了个措手不及。杜弢猝不及防之下大败，带着部队一路溃逃到了长沙，准备恢复元气之后重新再来。

第一阶段，由于陶侃出奇兵，使得政府军这边取得暂时性的优势。战后，一枪没放的王都督王敦还自作主张地将荆州刺史封给了陶侃作为奖赏，而将刚刚上任不久的前荆州刺史周顗赶回了京城。拿朝廷的封疆大吏作为奖赏借花献佛，咱们的王都督还真不拿自己当外人啊。

可不久之后，荆州北部又传来杜曾起兵的消息，杜曾打出响应杜弢的旗号，开启了荆楚战争的第二阶段。陶侃作为前线总指挥，提议王敦趁着杜弢还在长沙恢复元气的当口，北上先行消灭杜曾，防止二军合流，结果王敦批准了陶侃这项方案。

可是，这一次的北上差点儿让陶侃命丧荆州。原来，杜曾毗邻北方，通过一些门路搞了不少战马，于是他手下的士兵多半为骑兵，陶侃的步卒一对上杜曾的骑兵很快就吃了机动性差的亏。结果这么一来，陶侃的部队非但被溜得半死，还一度被敌军包围，陶侃也在突围战中被射伤。好在浔阳太守周访的军队及时接应，陶侃这才捡回了一条性命。

刚刚逃出生天的陶侃，又突然接到战报说杜弢派兵进攻江陵，陶侃只得迅速回师江陵，紧急布防之下，才勉强抵挡住敌军先锋王贡的进攻。几番进攻之下，王贡始终无法攻下江陵，只得带兵返回，结果被阿杜一通大骂。

陶侃得知后，便有意要离间阿杜和王贡之间的关系，他派使者出使王贡，随后又故意散布消息说王贡要投降朝廷了。阿杜派人去一打听，果然王贡见了陶侃的使者，便要发兵打王贡，王贡得知这一消息后连夜投奔了陶侃。

陶侃得知这一消息后，立刻趁热打铁，在带路党王贡的帮助下夜袭了杜弢大营，阿杜再次大败，准备再回长沙休整。哪知道历阳内史甘卓见他和陶侃鏖战也没闲着，带兵进占了长沙，无家可归的阿杜只得再次溃逃。可是陶侃等人的部队却没有放过这条丧家之犬，一番打击之下，阿杜殒命湘粤边境，余部悉数投降。

杜弢死后，叛乱区很快又重新收入司马睿的管辖之中，唯独余下北边的杜曾还在率残军抵抗。这一次的荆楚战争，让司马睿的势力能够重新渗透到长江中游一带，将司马睿的实际控制区又翻了一番，同时也是东晋前期几位军界大佬的正名之战，凡是参与这次战争的几位将领都受到了提拔和封赏。

征讨大都督王敦被封为镇东大将军，都督江、扬、荆、湘、交、广六州诸军事，镇守武昌。司马睿如此安排等同于默认了王都督在东晋初期军界“一哥”的地位，因为他不再是单单一个扬州刺史，他的势力已经渗透到了荆州地界，掌控了司马睿政权目前一半的军事力量，而他也将成为东晋王朝的第一位权臣。

而为了防止王敦一家独大，司马睿又在新征服地上（广义的荆州范围内），任命周访为梁州刺史，镇守襄阳；甘卓为湘州刺史，镇守长沙；陶侃为荆州刺史。

以他们三人分别在王敦的北、南、西三面镇守，以此抗衡王敦。从这安排来看，“王马共天下”开始出现裂痕了。

（十二）

这次的荆州之乱，其导火索就是王澄的错误决策，那二十万荆州境内的流民是此次事件从头至尾的受害者。然而，以司马睿、王敦为首的一干政府政要却是以这些流民的生命为垫脚石，各自攫取了自身想要的政治利益。

荆州之地原本是王澄抱了哥哥王衍的大腿，让司马越册封给自己的独立王国，可是如今却被司马睿拿了下来，还趁着追击阿杜的机会，再将势力渗透到广东、广西之地。司马睿政权势力范围一下子扩充了一倍，自然成了这次战争的最大赢家。而王敦，原本作为和王澄一道出自琅邪王家的他，或多或少都是要受些波及的，可是他却凭借着皇帝的信任，利用这次西征给自己造势，在战争结束前已经成了南中国司马睿政权里面的军界“一哥”了。

而甘卓、陶侃、周访等人，由于参与平叛，也从朝中二线官员一下子混成了坐镇一方的封疆大吏，这些人日后都会成为司马睿在军事上制衡王敦的枪杆子。

然而，唯独那二十万流民，自始至终他们都只不过是大人物争权夺利的工具罢了，他们只想好好活下去，但是却被操控着参与了一场没有希望的战争。在战争中他们并没有争得自己存活下来的权利，只是他们不知道，司马睿、王敦等一大批高官其实和他们一样，也是移民到江南的。只是，一边是达官显贵，一边是乡野草民，身份的差异让他们永远不可能享受到同等待遇。若干年后，人们只会讴歌这场战争对于东晋开国的重大意义，却不会再记起这场战争只是一群无助的人渴望活下去的无力挣扎。人们只会记住王敦、陶侃这些风流人物，却不会记住当时有多少原本安安分分的百姓在战争中失去家庭，失去生命。这是这次整个荆楚之战中二十万流民的悲哀，也是日后在门阀制度下动荡不安的整个东晋王朝的悲哀。

荆楚之战以杜弢被剿灭阶段性地结束了，此时司马睿再无理由搪塞出兵关中勤王了，可是，成功的政客是任何时候都不缺理由的。司马睿便以杜曾一部还在死命顽抗为由拒绝了，这时司马邺的御使看到司马睿这副态度都急哭了，忙说：“等嘛捏，等嘛捏，再等下去你就准备给陛下上谥号了！”

没办法，司马睿只得喊来手下将领，问他们谁愿意北伐，其实大家都懂，司马睿只不过是做做样子给来使看的。只要大家都不表态，那么主公就可以有理由搪塞来使了：看吧，不是我司马睿不想出兵，实在是手下没一个肯替我分忧的，我总不能自己上吧？

可偏偏在这种情况下，有人再次出来扫兴，这个人义愤填膺地说道："羯贼狂虐，侵我天朝，害我黎民，凌我君父，大凡我汉家大好男儿都有责任将其驱回北土，末将不才，请命北伐！"这人的一番说辞让司马睿内心升腾起一股怒火：小家伙你给我故意拆台是吧，你脑梗还是脑瘫，看不懂这其中的玄机吗？人家都把嘴闭得好好的，就你红口白牙地出来给我胡咧咧！

结果司马睿一回头，审视完这位愣头儿青后才发觉，果然是他啊！说话的人叫祖逖，之前提到过，闻鸡起舞的另一位主人公。此时他的官职是军咨祭酒，这人当初南下的时候给司马睿带来不少人，可是司马睿却从那时就感觉这厮不会是自己人，因为自始至终他都有一颗不安分，时刻想着北伐的心。

事已至此，司马睿只得同意了祖逖北伐，象征性地册封他为奋威将军、豫州刺史（当时豫州为沦陷区），并拨给他一千人马的口粮、三千匹布帛作为军资，催促他上路了。这点儿东西打发叫花子还差不多，哪怕是司马睿手下任意一支地方军的配备都要比这高上十倍，不过祖逖也不和司马睿纠缠，带着这点儿东西就上路了。没人不要紧，祖逖可以自己招募，泱泱汉家天下总有那些愿意为理想付出生命的"傻子"的，很快祖逖便带着一些和他一道南来的手下准备渡江了。

当祖逖的志愿兵横渡长江的时候，这位祖豫州回首望了望江南，慷慨激昂地拔出宝剑，奋力敲击着船桨，大声对手下说道："我祖逖这辈子如果不能荡平中原，澄清天下，便如这大江流水一般，一去再不回头（祖逖不能清中原而复济者，有如大江）！"

（十三）

这一幕凝聚成了一个后世的成语——"中流击楫"，这是一个悲剧性英雄的誓言，从他离开江南的那一刻起，悲剧便已经铸成，但是他依然义无反顾地选择继续走下去。

祖逖的宣誓感染了众人，一抵达江北，祖逖立马派人打造武器，扩充部队，以淮阴为据点，在江北扎下根来。而江北的民众很多都听过这位祖豫州的威名，纷纷跑来投靠在他麾下，很快祖逖便有了一支像模像样的军队了。

只是远水已经救不了近火了，这时匈奴大军再次吹响了集结的号角，关中的司马邺政权也开始敲响了丧钟。汉国几次的入关行动虽然都以失败告终，但是却摧垮了长安司马邺政权的经济基础，让这个流亡政府在拼命维持中显得日益艰难。

而这时，刘曜已经重伤痊愈了，这一次他再次请命西征关中，并声称“如果这次入关再吃败仗便当战死沙场，再也不回平阳了”。刘曜态度坚决，刘聪的态度也一样坚决，他集结了全国十万精锐之师交给刘曜统领，并诏令石勒北上看住刘琨和拓跋鲜卑，防止他们增援司马邺政权，这一次务必要彻底灭亡晋室。

建兴四年（316），汉国的部队打响了第四次入关战役，而这一次的目标便是终结司马邺政权。这次刘曜没有选择直袭长安，而是选择稳扎稳打，率先清洗掉长安周围的边镇，很快刘曜的匈奴军便屯兵北地城下。

司马邺这边很快就收到了北地太守麴昌的求援信，于是乎赶忙派遣麴允为大都督，率军三万去解围。可是刘曜这边命人在北地城城墙周围放火，一时间黑烟冲天，远远一看大家都以为北地城已经快守不住了。随后，刘曜又派人到麴允军中去散布谣言，说北地城已经被匈奴人攻下了，太守麴昌也战死了。

不明情况的麴允看了看漫天的黑烟，又对比了下流言，一时真以为自己兄弟已经战死疆场了。而北地城已经失陷，自己的任务便无效了，不清楚该怎么办的麴允只得按兵不动，静观事态发展。

这边得不到增援的北地城很快就被刘曜部队从容攻下，麴昌也战死城中。消灭了麴昌之后的刘曜又回过头来再战麴允，此时的麴允军已经被谣言彻底击败了，见匈奴人如同见到老虎一般，很快就败下阵来，麴允一人逃回长安。刘曜则趁势占据了整个渭水北岸，兵锋直抵长安。

惊惶无措的司马邺再次发布了要求各路诸侯勤王的英雄帖，只是这次再也不是去合力剿灭汉国，而是为了保住自己这个政权了。只不过这一次他的希望再次落空，来说说都发给哪些人的吧：琅邪王司马睿，不用提了，他所派出的部队只是祖逖那一支志愿军，而这支志愿军目前还正在江北扩充力量呢。

盘踞在天水的南阳王司马保，这货继承了他父亲南阳王司马模的爵位，并一直认为当初长安城就是他家的，司马邺这么个玩意那是鸠占鹊巢。他巴不得司马邺被人干掉，然后自己好去夺了长安城再做土皇帝呢。

凉州现在是张轨的儿子张寔子承父位做刺史，此时凉州的地位相当尴尬，姑且算作晋王朝的一块自治区吧。而张寔倒是很忠诚，立马派了数千精骑前来驰援长安，不过毕竟离得太远，估计只能赶上来为司马邺吊丧了。而刘琨、拓跋鲜卑两支力量也被石勒给牵制住了，无法脱身。

不过，长安周围一带的几个郡县还是派来了不少勤王之师，安定太守焦嵩、新平太守竺恢、弘农郡守宋哲等纷纷赶到了长安勤王，各地部队一加起来也有十万之众。只可惜，与其说他们是来勤王的，倒不如说是来看热闹的，一堆人围在长安城外，既不去攻打匈奴兵，又不进城护驾，只是站在一旁默默围观。

（十四）

刘曜一开始面对如此规模浩大的勤王之师还有些打战，可时间久了就发现原来这群人来此就是看戏的。这么一来刘曜非但不惧，还显得神采飞扬，毕竟有这么多人见证自己灭司马邺的千古奇功，日后就是回忆起来也是很长脸的。

就这样，在众人的围观下，刘曜从容地攻下了长安城的外城，此时城中的局势更加吃紧。由于长期被包围，城中早已断粮了，高昂的米价让城中百姓只能吃老鼠，吃死人的尸体，司马邺虽然贵为天子，但也面临着忍饥挨饿的窘境。无奈之下的司马邺对左右说道："如今粮草已经告罄，援军却迟迟不来勤王，为今之计我看也只能投降了，至少给剩下的将士和百姓留一条活路吧。"

司马邺一边说一边哭，索綝和麴允虽然表示不愿投降，可却也没什么好的办法，只能跟着一起哭。不过哭归哭，最后想来想去还是只有投降一条路可走，不过索綝却耍了个心眼儿，派自己的儿子出去商谈投降事宜。

索綝的儿子跑去刘曜大营后，转兮兮地对刘曜说："屠各小儿，本来这长安城中的粮食再支撑一年也是不用担心的，可是呢，我爹要送你一份大礼，已经劝说司马邺投降了。你说你是不是也该和我爹意思意思呢？这样吧，要不你奏明刘聪，封我爹为车骑大将军、万户侯，这样一来也能皆大欢喜了。"

刘曜看着这黄口小儿在自己面前胡言乱语，不禁笑道："你可知道车骑大将军的地位？本王当初破洛阳也才封了个车骑大将军，后来因为关中失利又被废去，你爹一个贰臣还想做车骑将军，简直可笑！"说完，拔出佩刀，一刀砍死了索綝的儿子，并对同来的晋使说道："回去给你家主子还有司马家小儿带个话，我此次带来的是王者之师，不屑于和索綝这样的下三烂搞什么卖主性质的有条件投降。如果你们还有粮食那就继续耗下去，没有的话早点儿无条件投降，再有如索綝儿子般胡言乱语的使者，我必杀之！”

晋使畏畏缩缩地带着索綝儿子的尸首和刘曜的宣言回了长安城，索綝看到儿子死了号啕大哭，再也不敢玩什么花样了，很快司马邺便出城投降了。

建兴四年（316）十一月，长安的上空还飘着鹅毛大雪，晋愍帝司马邺却袒着上身，坐着羊车，脖子上还挂着传国玉玺，向匈奴军投降了。司马邺这副样子像极了当初的吴国末代皇帝孙皓，只是如今的受降者不再是他们司马家了，刘曜作为胜利者自然是无限欢欣。

在受降仪式上，刘曜将传国玉玺解下，并看到司马邺因为赤膊着上身而冻得浑身发紫，身体也在寒风中瑟瑟发抖。刘曜这位性情中人看着也着实于心不忍，便解下自己的外套给司马邺披上，并好言安慰着司马邺，告诉他投降之后新朝廷会善待他的。

就这样，在长安周围的勤王之师目送下，刘曜押送着司马邺踏上了北归的征途。然而，这些勤王之师什么都没有做，只是那么默默地望着，他们甚至都没有试图去抢夺过天子，冷眼旁观着一个王朝的灭亡。如此滑稽且令人心痛的一幕是第一次上演，但绝不是最后一次，两百多年后，在南梁的都城建康城下，也会有那么一群勤王之师坐视侯景成为梁朝的主宰。

到达平阳之后的司马邺受到了刘聪的接见，在光极殿上，刘聪以上国皇帝的身份接受了亡国之君司马邺的朝拜。眼看着自己皇帝如此折辱自己，忠臣麴允不禁放声痛哭，回住所后便自杀了。在刘曜的提议下，刘聪追谥这位晋朝忠臣为车骑将军、节愍侯，至于那位一心想做车骑将军的索綝却被拉去菜市口斩首了。而司马邺如此谦卑的表现，也让刘聪很是满足，封他为怀安侯，刘曜则也因攻破长安的大功被封为秦王、都督陕西诸军事，驻军长安。

西晋至此彻底灭亡了，从司马炎建立晋朝起，到司马邺被俘虏，西晋共历三世四帝五十二年。

（十五）

西晋灭亡了，许多人对于一个王朝灭亡会给出很多原因，姑且用一副对子总结下吧：

琵琶琴瑟，八大王，王王在上；（指的是司马家的内讧的八位王爷）

魑魅魍魉，四小鬼，鬼鬼犯疆。（指的是匈奴、羯胡、氐人、鲜卑这目前对晋朝实施打击的四胡）

正是因为“八王之乱”和“少数民族南下”这两柄利剑，才一举摧垮了刚刚建国不久的西晋王朝啊！

一个王朝灭亡，取而代之的便是另一个王朝，只是西晋灭亡后却分裂成几大块，并以此建立了不同的国家，但主要的格局还是以三足鼎立为中心的。以川蜀一带的成汉为一极，以羯胡和匈奴构建的汉国为一极，还有以割据江东的司马睿政权为一极（包括向司马睿称臣的诸如凉州张家、阳曲刘琨，以及几部鲜卑等势力）。这一模式标志着中三国前期格局已经基本形成，当然，汉国还会经历由汉赵往后赵的转变，而江东司马睿政权内部还会重新整合，但这并不影响这三股相互敌对的势力鼎足而立的态势。

在这三国之中，成汉是最稳定的一极，此时的李雄正在闷头搞经济，并将版图往南扩展，延伸至云贵高原等地。而汉国是目前军力最强的国家，刚刚消灭西晋，忙着清扫北方还忠于晋室的残余。东晋则接过西晋的权杖，在江东扎下根来，并与西晋残余势力取得联系，与北方汉国争雄。

但是在这三派势力以外，还有些其他山头势力存在，这些势力相对弱小，但是却不隶属于这三方的任何一方。如天水的南阳王司马保，他仗着自己也是司马家皇亲，便自己拟定了个“建康”年号（用司马睿首都名字做年号，这是多能意淫啊），拒不承认东晋政府为正统。辽北的宇文鲜卑既没臣服于汉国，也没接受东晋的敕封，他们只想称霸东北，所以也是边缘化势力。被晋朝册封为代王的拓跋鲜卑，也以西晋灭亡，和东晋无隶属关系为由，断掉了和东晋的主藩关系，自己拟定了年号另立门户了。

除此之外还有西北的两股势力——仇池和吐谷浑。仇池是由西晋征西将军、氐人杨飞龙的养子杨茂搜建立的，从这介绍来看，这个势力应该和东晋或者成汉更亲密些，只不过他们却毗邻着汉国，于是仇池公杨茂搜干脆三不相帮，自成一派。为区别淝水大战后苻坚的女婿杨定建立的仇池国，把现在的仇池称为前仇池。

而吐谷浑的建立者就和慕容廆有些关系了。吐谷浑开国之君慕容吐谷浑是慕容廆同父异母的哥哥，由于双方为了抢夺一块牧场引发争执，慕容吐谷浑后来带着部族西迁了，一路向西就来到了如今的大西北。于是，慕容吐谷浑的后人便以吐谷浑为自己国家和民族的名字。不过，虽然历经沧桑变化，可是这个国家却一直撑过了五胡十六国，撑过了南北朝，撑过了隋朝，一直到唐朝龙朔三年（664）才被吐蕃所灭，享国长达三百五十一年。

司马邺被捉的消息传到了江东，司马睿很快便在宋哲所带的司马邺“密诏”下，晋升为晋王，摄行大位（代行天子的权力）。随后司马睿分封百官，改元建武，定都建康（因避讳司马邺名字改建邺为建康），史称“东晋”。很快，刘琨等晋朝在北方的残余势力便上表向司马睿称臣了。

然而，此时北方的拓跋鲜卑却是一片混乱，而刘琨也趁机在这次结拜大哥家的乱子中捞到了一笔油水。拓跋猗卢在对外战争接连取得胜利后，变得志骄意满起来，不仅对百姓制定了非常严苛的法律加以控制，还搞起废长立幼的昏招来。他先是废了长子拓跋六修生母的后位，另立了拓跋比延为世子，随后又趁着长子拓跋六修前来新年朝贺的机会命令他给弟弟拓跋比延下跪。拓跋六修憋了一肚子火：夺了我世子之位也就算了，还要让我给这个小儿下跪，他配吗？于是，拓跋六修拒绝下跪。

（十六）

拓跋猗卢深知自己这个儿子的秉性，也没打算发狠，他略施小计就达成了自己的目的。他让自己的小儿子拓跋比延坐着自己的车驾出行，结果拓跋六修看到了，还以为是自己的父皇出巡了，于是赶忙上前叩头。可是，当车驾停住后，从里面走出来的竟然是自己的小弟弟，吃了哑巴亏的拓跋六修越想越窝火，当晚就不辞而别回自己封地去了。

拓跋猗卢得知后，以为拓跋六修是回去整顿军队来武装夺权了，于是立刻调集三军，准备先发制人，火速开往了拓跋六修的封地。不过拓跋猗卢毕竟老了，和儿子一交战便败下阵来还成了俘虏，这下子丢人丢大发了。而拓跋六修呢，捉住老爹之后居然提手就是一刀，把自己亲爹给捅死了。按理说胡人做出这种无视伦理纲常的事情本也无可厚非，冒顿单于不就是这么继位的吗？可是拓跋猗卢毕竟威势还在，拓跋六修干出这种事情很快便引起了以他叔叔的儿子拓跋普根为首的一批人的讨伐，一番大战后拓跋六修被杀，拓跋普根成了新代王。

由于拓跋鲜卑的内讧，导致归附他们的势力又开始寻求新的主人，其中刘琨由于和拓跋猗卢的结义关系，引得很多拓跋鲜卑的势力来投靠于他。这一次刘琨收获了三万户人家，十万头牛羊，一下子就因为这次输血重新恢复了元气，但是这也表示以后刘琨再难得到拓跋鲜卑的支持了，因为他们已经在内讧中实力大损。

得了这批人马的刘琨一下子又觉得自己牛气冲天了，他趁汉国主力入关灭西晋之际，便准备进攻平阳，消灭匈奴汉国。只是，在进攻途中他却再次被石勒盯上了，刘琨便决定先与石勒决战，而后再南下平阳。手下卫雄建议刘琨依托太行山脉，与石勒打阵地战，利用地利或可能取得最终胜利，但是刘聪拒绝了。他给出的理由是这么干太费时费力了，而且一旦战况相持不下就会让奇袭平阳的计划破产，因而刘琨迅速出击迎战石勒。而石勒则看准了刘琨急于求战的心理特征，故意避其锋芒，以逸待劳，重创了刘琨先锋，并进逼阳曲。

如今的刘琨才算真正领会到了“辛辛苦苦三十年，一输回到解放前”的真谛，无奈之下只得收拢残军撤出阳曲，至于究竟去哪他心中也没个底。手下有人建议刘琨回东晋，因为就凭他在并州像钉子一样死死扛了十多年，回去投靠司马睿政府铁定能跻身“三公”之列，衣锦还乡够本了，说不定还会受国人追捧。

但刘琨却一口拒绝了，他声称自己的根在中原，北方才是自己的家，去江南只不过是寄人篱下，如此丢人的事情岂是他一个上流名士能做的？门阀贵族这副做作的姿态确实造成了许多恶劣后果啊，只是不去投奔江东他又能去哪儿呢？

就在刘琨踌躇不前之际，突然幽州传来消息，说幽州刺史刘翰、乐陵太守邵续相继反了石勒，投降了段部鲜卑，而段部鲜卑希望刘琨也来幽州，一道扛起拥晋大旗。原来由于当初石勒对王浚所部惨无人道的杀降行为，引得他在幽州一带民心尽失，趁着他南下与刘琨作战之际，幽州等地又重新反叛了石勒。而当时的辽西段氏鲜卑首领段匹又打着愿意拥护晋室的旗号，使得这些反叛部队倒向了段部鲜卑。

等等，有人肯定要有疑问了，不是之前段部鲜卑是段疾陆眷领导的嘛，怎么如今又成了段匹当家做主了啊？其实那时候段疾陆眷已经病入膏肓了，而他的几个儿子又年纪太小，所以大事就一般交由段匹负责。收降了这些幽州人马后，段匹又派他弟弟段文鸯派兵将石勒留守幽州境内的兵马全部驱逐出境，随后遵守约定，段匹遣使去江东，向司马睿称臣。

幽州的失而复得让司马睿高兴坏了，随即册封段匹为幽州刺史、左贤王、渤海公，而段部鲜卑之所以这么干，倒还真不是什么爱国之心迸发，而是想抱着晋朝这棵大树好乘凉。因为之前他们被王浚、拓跋、慕容三家围攻，当然这三家打出的旗号也无外乎是为晋室平乱什么的，如今王浚已灭，段部鲜卑为了防止继续被围攻，也只得向晋室称臣。这么一来加入晋室同盟军或可摆脱慕容鲜卑和拓跋鲜卑的纠缠，而同时段部鲜卑也在竭力寻求盟友，此时在北方一直赫赫有名的刘琨成了他们的心仪目标。

于是，段部鲜卑便向刘琨递来了橄榄枝。

（十七）

刘琨也知道，如今拓跋鲜卑那种乱局压根儿无法再对自己提供帮助，而自己又被石勒打得七荤八素样，必须再给自己找个可以信赖的盟友，便带着残军北上幽州了。刘琨到达幽州后，段匹非常仰慕刘琨，亲自出城相迎，还与刘琨结为兄弟。

而石勒这边对于刘琨的残军也没有追赶，一来是顾念当初刘琨的送母之谊，拉不下脸，二来刘琨的铁哥们——祖逖带着北伐军打上门来了。

早在祖逖刚刚渡江，在江北建立根据地的时候，刘琨便发来书信庆贺，并在信中写道："我每天磨枪擦剑，立志平灭胡虏，就是怕落后于祖逖老哥你啊！（吾枕戈待旦，志枭逆虏，常恐祖生先吾著鞭。）"而祖逖收到信后，也是欢欣鼓舞，只是当时自己还在扩军备战阶段，无法立刻讨贼，只得按捺住那颗狂热的心。

这时的祖逖经过一番发展，已经收复了整个江淮地区，并将进攻矛头直指曹阿瞒的老家——谯城。守卫这座城池的正是乞活军的一支，头目叫张平、樊雅，乞活军之前说过，只是希望在乱世中存活下去的流民自发组建的部队。这些人政治面貌和胡人部队不同，是属于可争取的对象之一，于是祖逖采取"说教为主，打击为辅"的策略，通过给他们灌输爱国主义思想来感化他们。

还别说，在祖逖参军桓宣的游说下张平、樊雅表示愿意归降。只不过，或许是胜利来得太容易了，祖逖派去受降的人真不是个东西，将好好的受降仪式搞成了宣战仪式。那人叫殷义，其实改叫"意淫"还差不多，整天就喜欢摆出一副"老子天下第一"的样子。他进城后，对城中各项设施进行了一番评头论足，搞得像是来检验装修工作的人员一般，一会儿说张平、樊雅的府邸和马厩差不多，一会儿又指着府中的帝王镬说不如化了换钱实在。

张平忍无可忍了，愤怒地说道："你懂什么，帝王镬是身份的象征，是皇帝才能用的器物！"殷义一看张平找骂，就用小拇指戳着张平说道："小瘪三，你找骂是吧，你还和我提什么帝王象征，你是帝王？你这种匪类投降之后能不能保命还不知道呢，还在这和阿拉扯东扯西的！"

张平本来就是匪军从良，哪里能受得了这种鸟气，提手便是一刀，殷义随即成了他的刀下之鬼。紧接着张平紧闭城门，并高挂殷义的脑袋在城楼上，示意祖逖这是你逼我的！祖逖没进城，也不清楚状况，但从张平这态度来看，翻脸是肯定的了，于是下令攻城。一连几天几夜的围攻，张平阻挡不住，城破被杀，而率军前来支援的樊雅也在与祖逖的交战中被杀，至此祖逖彻底控制了谯城。

因为殷义这么个玩意，无端端死了这么多人，而祖逖事后也没有继续追究殷义的过失，可见北伐军中鱼龙混杂，这或许也是祖逖后来北伐失败的一个原因吧。

祖逖初战就打垮了一支乞活军，这也加深了乞活军对北伐军的猜忌和抵制。随即祖逖又北上进入河南地界，而河南之地的乞活军畏惧祖逖，纷纷投靠了石勒，石勒随即派桃豹领兵南下抵抗祖逖北进。

桃豹派石虎领骑兵冲击祖逖的方阵，奈何祖逖士兵训练有素，石虎的冲击非但没能冲垮方阵，还让己方骑兵损失不小，无奈之下桃豹只能和祖逖打起了持久战。双方相持四十多天后，军粮问题开始暴露出来，祖逖这边由于所经过的地方都是战乱频发区，无法就地取粮，粮食多靠南方运来，所以时间一长军粮难以为继。

祖逖手下这时劝说祖逖放弃河南，先回江淮整顿，可祖逖拒绝说："我们粮食靠江东补给，他们那边也要靠河北支撑，我们这边粮食紧缺的同时想必他们那儿也不好过，不如从粮道上下下功夫。"于是祖逖故意在阵前炫耀己方充裕的"粮食"（其实袋子里都是沙砾），同时又趁敌军注意力集中在这边，派人抄了敌军粮道。这么一来，羯胡人眼看祖逖这边是粮草充沛，而自己粮道却被断了，无奈之下只得在桃豹的率领下撤军了，祖逖由此在河南正式站稳脚跟。而祖逖这招"障眼法"，也与后世的檀道济唱筹量沙有异曲同工之妙。

（十八）

而此时的河南，还残存着不少坞堡势力和西晋遗留部队以及乞活军残部，他们本就是迎风倒的墙头草，如今祖逖战败石勒进入河南，他们索性也就全部归顺了祖逖。甚至说连敌方阵营中驻守洛阳的汉国大将赵固，也献城投降了祖逖。这么一来，石勒乃至汉国的势力，基本失去了对河南地区的控制。

石勒原本想倾其全部兵力夺回河南的，只不过他的谋士张宾再次建议道："这种吃力不讨好的事情还是丢给匈奴人做吧，他们丢了洛阳，铁定会派军夺回的。就让祖逖和匈奴兵死磕吧，而我们则趁机坐收渔利。"

于是石勒以兵败休整为由，带着部众撤回了河北，等同于放开了汉国的南大门，让匈奴人自己担起了抵御祖逖北伐的任务。汉国皇帝刘聪自是不敢懈怠，派太子刘粲领兵十万进攻洛阳，想着给这位储君一个捞功的机会。只是事与愿违，虽然刘粲侥幸拿下了洛阳，但是很快就在祖逖援军的夜袭中再次丢了洛阳，十万人马折损过半，刘粲只得灰溜溜地逃回黄河以北。

逃回去的刘粲立即建议自己爹刘聪速速杀了司马邺，因为据他所说，当时祖逖那帮子手下追击他的时候可是口口声声喊着要活捉他来赎回司马邺的。所以，为了打击北伐军的士气和决心，司马邺必须死。刘聪却不怎么赞同儿子的观点，因为之前自己已经杀过司马炽了，可结果呢，晋朝不还是换了个人顶上嘛，所以杀这些死老虎毫无作用。

可是刘粲态度坚决，他说当初武王伐纣，周武王也不想杀武庚，可结果呢，后来闹出个"三监之乱"。现在司马邺就是祖逖北伐的大旗，为今之计只有砍掉这面大旗才能瓦解汉人的斗志！

刘聪被说得有些动心了，于是准备试探下司马邺的影响力，当然试探还是老规矩——青衣蓑酒。结果还是一个样子，晋朝旧臣又是一阵子哭闹，事后刘聪只得下令将司马邺和这帮旧臣全部杀掉了，这件事发生在公元 317 年年底。

消息传到江东，司马睿开心坏了，终于搬掉了自己称帝的拦路石了。但是在表面上，他依旧要装作一副悲戚的样子，不过司马睿手底下的臣子都是明白人，纷纷劝他早日登基称帝。就连远在北方，向司马睿称臣的割据势力如刘琨、段匹、慕容廆、凉州张家等也送来了劝进表，要求司马睿早日继承大统。

一番推辞之后，司马睿只能“勉为其难”地做了皇帝。建武二年（318）3月，司马睿在建康正式登基称帝，是为晋元帝。追谥司马邺为“晋愍帝”，立司马绍为皇太子，加封王导为骠骑大将军，王敦再加封一个江州牧，其余百官依次受封。

而就在登基大典那天，司马睿还上演了戏剧性的一幕。当他坐在御座上，接受众臣的朝拜，享受着山呼“万岁”时，竟然跑下御座来，拉着王导的手说：“来来来，王爱卿你与朕一同坐这御座吧！”王导吓了一跳，心想这可是杀头的重罪啊，皇帝这是演的哪一出啊，连连摆手拒绝。

可司马睿却依旧不依不饶地要他上来，王导只得说道：“皇上，您是君，我是臣，怎么可能同朝而坐呢？太阳之所以光芒照射着大地，正是因为它高高在上，倘若它也和寻常事物一样，我们又如何能感受到太阳的温暖呢？”一番话说得司马睿大为感慨，于是也就不再勉强王导了，不过“王与马共天下”却就此流传开来。

当然，司马睿的普惠政策还没有结束，他又重赏了建康城中劝进他的大小官员乃至百姓，因此获利的竟有十万人以上。而琅邪王家则在这次封赏中一跃成为江南第一大士族，并历经东晋、宋、齐、梁四朝不衰。

不过，无形之中司马睿也在刻意培植其他势力打压琅邪王家，除了之前说到的荆楚之战后对新占地区的划分外，在朝中司马睿也安排了不少和琅邪王家不对胃口的人。司马睿加封江南大族的代表纪瞻为侍中，又任命贺循做了太子的老师。

（十九）

当然，这两个人相对来说分量还不是很足，可另外两个接下来要介绍的可是出了名的硬家室——周顗和庾亮。一个是汝南周氏，一个是颍川庾氏，也是一等一的豪门，当初在北方时并不亚于琅邪王家的地位。

司马睿让自己的太子娶了庾亮的女儿，又准备将周顗外放到荆州做刺史（之前提到的），可惜由于王敦的阻挠，老周又被调回中央了。而这俩人从性格上来说是天壤之别，老周是出了名的清君子，而庾亮则是实打实的真小人。

庾亮，字元规，由于出身豪门所以自幼受到高等教育，是个典型的文化人，只是做人方面就有些不堪了，以后会提到他搞出的笑话来。不过由于他 16 岁那年便随司马睿南下，所以非常受司马睿信任。

周顗，字伯仁，按年纪来算可以做庾亮父辈了，这人是出了名的道德高尚，以至于做好事不留名最后反被王敦所害。老周有个嗜好，那便是酷爱饮酒，经常会因为饮酒而误了工作，醉酒后又经常三日不醒，所以人送绰号“三日仆射”。

如今把这两人拉进中央，明眼人一眼就能看出这是针对琅邪王家的，王导倒是好说话，可王敦却不买账了，他立马书信一封斥责司马睿用人失误。王敦的信中用词恶劣粗鄙，态度还异常蛮横，大有司马睿要是不照办他便怎样怎样的架势。这么一来，司马睿大为光火，他立刻喊来了自己的两个心腹——刘隗和刁协（之前被捧出来羞辱周玘的那位）商议对策，刘隗和刁协本非什么世家大族，只是地头蛇一类的恶霸罢了。如今司马睿大发雷霆，他们自然也随声附和：“是啊，王敦是什么玩意，一个臣子，陛下您可是君主啊！历朝历代可曾有过臣子胁迫君主干这干那的？真要有，那想必也是乱臣贼子，如今王敦竟然写信恐吓陛下您，那是摆明了要做大晋的乱臣啊，陛下还能怕他？”

司马睿被手下这么一吹，也突然自我感觉膨胀，雄赳赳地说道：“是啊，他王敦什么东西，只不过是我的一介家奴罢了，还真摆不对自己位子啦？”想到这些，司马睿是越发恼怒，他准备就此次王敦恐吓信事件，来好好敲山震虎一下。于是司马睿喊来了自己的叔父谯王司马承，将王敦的恐吓信给他看了，并寻求计策，司马承沉吟了片刻说道：“不管怎么说，王敦都是为人臣子的，陛下您应该露出君王的气魄来，好好打压打压他！”

司马睿见自己皇叔给自己打气，也说出了自身的想法：“处理是必须要处理的，只是担心他狗急跳墙，万一他北投胡人或者扯旗造反又该如何？”司马承淡定地说道：“北投胡人绝无可能，就算他想干他手下也不会干，毕竟他们家眷都在江东。至于扯旗造反，这个我觉得吧，与其等王敦发展壮大到难以对付的地步，还不如及早除掉，这个咱们得早下手。”

打定主意之后，司马睿便开始暗自谋划，经营自己的势力了，他将斗争的矛头不再指向北边，而是对准了长江中上游的王敦。“王与马共天下”的融洽关系已经出现裂痕，并随着时间的流逝会变得越来越明显，直至无法弥合。

正是司马睿这一战略性的调整，左右了整个东晋开国的局势：祖逖的北伐因得不到司马睿支持而日益变得捉襟见肘，最后一切都付诸东流。

而东晋则随着琅邪王家和司马睿的开战变得动荡不安，长期处于一种军阀林立、派系倾轧的状态。而正是这种状态导致了东晋早期一直疲软无力，对于北方只能以消极防御为主，直到后来一个人的出场扭转了乾坤，让四分五裂的东晋重新整合起来，并通过战争重塑了朝廷尊严。

同样在北方，接下来也会发生一件大事，这件事情让原本保持着微弱联合的匈奴汉国走向分裂，刘曜和石勒各自建立起属于自己的国家，并为最终争夺北方霸权打下第一片基础。而如刘琨等分散势力，最终也难逃被强者兼并的命运，在乱世中平添出几多哀怨与苍凉……

第五章 北方惊变——矫称汉室终是空

（一）

就在司马睿准备和王敦对掐之际，北方的局势却有了天翻地覆的变化，并且在短短的数年内，雄极一时的匈奴汉国走向了分崩离析，让原本已经快要鼎足而立的三国格局又出现了新的偏差。

要揭开匈奴汉国分裂的内幕，如果不去追踪刘曜，也无须探讨石勒，而是要

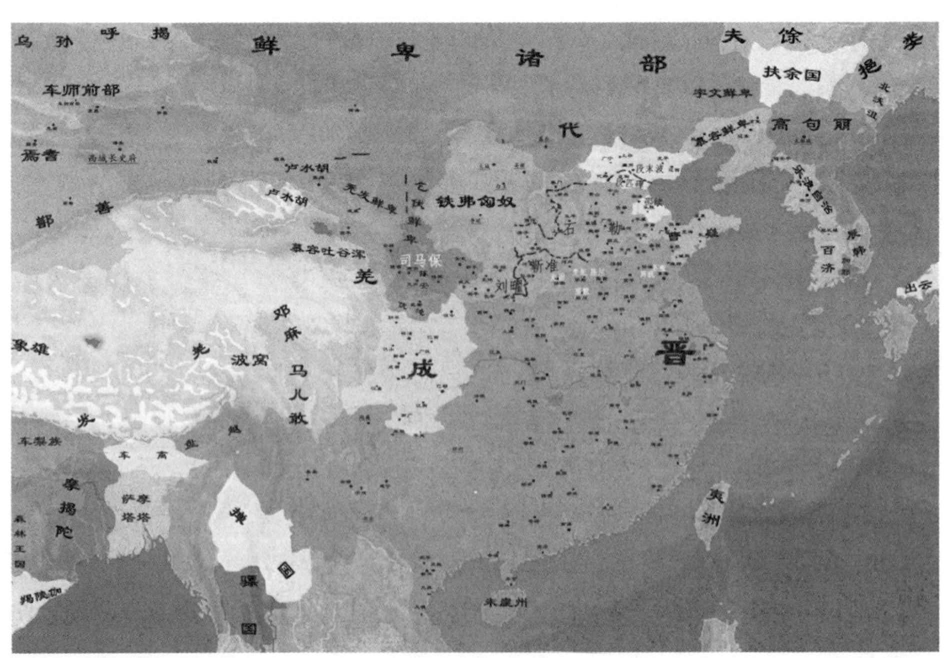

从刘聪的继承人事情上说起。之前已经说了，刘聪在夺取帝位后，立弟弟刘乂为皇太弟，确立了他对于皇位的合法继承权。而刘乂之所以能做皇太弟，除了嫡子的身份外，还有一个不为人知的原因，那就是她的生母单太后和刘聪有着一丝见不得人的秘闻。

刘渊去世的时候，据说单太后还很年轻，那如狼似虎的年纪让她在漫漫长夜中变得很是空虚和寂寞，而刘聪便以请安的名义和她勾搭上了。对于这则八卦新闻笔者也有些疑问，要知道刘聪劈掉的那位兄长便是单太后的儿子，既然他都能做刘聪兄长了，那想必这单太后的年纪也未必会比刘聪母亲年轻吧。虽说匈奴人有娶继母的习俗，可是娶一个年纪比老妈都要大的老女人这得有多重口味额，刘聪能这么干的确让人难以解释，不过既然这个事情被传得有板有眼的，那咱就姑且相信吧。

而单太后对刘聪既有身体上的需求，又出于保护儿子刘乂的需要，便也默认了和刘聪的地下情。但是，奇怪就奇怪在本以为是抱着玩玩态度的，没想到刘聪对这个单太后还动了真情，居然为她还冷落了自己的后宫。结果动静闹大了便在朝野内外开始疯传，这一传就传到了刘乂的耳朵里去了，刘乂作为单太后的亲生儿子自然是不能容忍的，便经常话里有话地去责备自己母亲。

也许是刘乂把话说重了，又也许是单太后确实觉得自己丢人丢大发了，竟然为此郁郁而终了，当然也不排除她羞愧之后自杀的可能性，反正是死了吧。而刘聪呢，对于失去单太后表示万分痛心，当他得知单太后的死又是因为刘乂，便对这个皇太弟开始有些厌恶了。

就在单太后去世一年多后，刘聪的呼延皇后也病逝了，呼延皇后生前就求过刘聪一件事，那就是立他俩的亲生儿子刘粲为皇位继承人。只可惜刘聪碍于单太后的关系并没有答应她，如今回想起来也觉得挺对不起自己这位呼延皇后的，便在内心里对刘粲多了一分疼爱，对刘乂又疏远了不少。

只是刘聪心目中的头等大事不是易储，而是早日择选美人顶上皇后这一空缺，经过一番全国性的选美大赛，刘聪着实充实了一把后宫。除了册封自己亲生母亲的侄女张氏为皇后外，他还左左右右封了一堆昭仪、上夫人、贵妃等等。甚至不顾他人反对把大臣刘殷家的两个小女儿和四个孙女都一并打包纳入后宫，紧接着他也顾不上军国大事了，成天就和后宫的美女们泡在一起，日子快活似神仙。

想当初刘聪也是白手起家，依靠军功才在百官中树立威信的，可如今却被酒色腐化成这样，确实是个天大的笑话。而对于大臣们的劝谏，刘聪也是摆出一副充耳不闻的态度，甚至有一次竟然要杀掉经常规劝他的大臣陈元达。

这件事的起因还在于修宫室上面，当时刘聪要为刘皇后（此时皇后张氏已死）修建一座新的宫殿居住，而以陈元达为首的百官就开始劝阻说："陛下啊，如今强敌未灭，国家还不是很富裕，修建这么一所宫殿实在是劳民伤财啊，不如暂且先住旧宫殿，等以后国家富裕了再营造也不迟嘛。"

陈元达的话让刘聪很不爽，当即刘聪就变了脸色，吼道："你哪里来这么多话啰唆，朕是当朝天子，盖个房子又花不着你的钱，居然还在我面前指指点点，看来只有杀了你才能建成新宫殿了！"说完，就要让人把陈元达推出殿外砍了。

陈元达倒也不慌张，用铁链将自己反绑在柱子上，士兵们无法将他拖走，他则是继续扯开嗓门高声喊道："陛下啊，臣所说的句句忠言啊，还不是为了陛下的江山稳固，社稷长存么？可如今陛下却要杀臣，难道是想让臣和关龙逢、比干一样吗？"

（二）

关龙逢是夏朝末代国王履癸（桀）的臣子，比干是商朝末代国王子受的臣子，他们都因为劝谏而被杀，所以陈元达这么说，言下之意是叫刘聪想想后果，不要和桀纣划归同一行列。

之前就说过，刘聪的汉化水平是相当高的，所以这关龙逢和比干他也是知道来头的，对于陈元达这么反讽自己，刘聪更是怒不可遏。他也不顾这是在大殿上了，拔出刀准备就地将陈元达正法，这一旁的大臣看刘聪这番恼怒的样子，心里明白这位皇帝要动真格了。于是一堆大臣上前抱住或拽住刘聪，嘴里还一个劲儿地给陈元达求情，说什么陈元达是忠心为主啊，一时言语失当才如此的，希望陛下能看在他忠心的份儿上饶过他。

但是刘聪可不管这些求情的大臣中有的还是自己的老泰山，不给面子就是不给面子，奋力拖拽着大臣往陈元达这边砍来。关键时刻，一名小宦官带来了刘皇后的一封书信，好歹熄灭了刘聪内心的怒火。

到底是枕边风有用啊，刘聪接到信之后立刻就读，也不顾陈元达了。而那封信表达的大致意思是：一、目前后宫的宫殿完全可以容纳下各个嫔妃，所以无须再新建新的宫殿了，皇上应该节省钱用来作为统一天下的军费。二、朝廷有陈元达这样耿直的大臣是朝廷的福气，陛下应当予以嘉奖，可是陛下却要杀他，传出去会令您英名受损且于国不利。三、如果让外人得知陛下杀陈元达是因为臣妾，那臣妾便会成为千夫所指的祸水，陛下和汉国都会受到天下百姓的指责，这是臣妾不愿意看到的。四、历朝历代因为红颜祸水亡国的案例有很多，以前臣妾读史书的时候就对这些红颜祸水打心眼儿里看不起，想不到如今自己也成了这般光景，所以还请陛下赐臣妾一死，这样于国于君都是有利的。

刘聪对这位刘皇后是爱惜得不得了，如今看到刘皇后要寻死了，吓得立马释放陈元达，哪里还敢继续追究啊。他赶忙让小宦官去劝住皇后，随即又对大家解释道："我这几天是心情不好，刚刚又被气糊涂了，才干了这么一件浑事，陈元达是忠臣，不该罚而该赏啊！"随即晚上张罗了一桌宴席，亲自为陈元达压惊，并指着皇后给自己的书信说："皇后深明大义，及时劝导朕，才不至于酿成大祸啊，元达你也是忠臣，有你在朕身边是社稷之福啊。"

这件事之后，刘聪稍微安分了一段时间，可是不久之后刘皇后也去世了（不清楚刘聪的八字是不是克妻啊，这都换了仨皇后了），这位天子再次沉迷于美色无法自拔，而如今是再也没有人能劝得住他了。就连当初被他夸奖的谏臣陈元达也是在多次进谏被拒后，在家中绝望自杀了。

刘聪除了在后宫荒淫外，他在易储问题上再次动了心思，正是因为这个心思最终让汉国走向了一条不归路。他加封自己的嫡子刘粲为晋王、丞相、大单于，总揽朝政，一副"太子监国"的模样。相比较刘粲的大权在握，刘乂这个皇太弟却显得寒碜多了，这样的安排透露出这么一个信息：陛下要易储了！

当然，刘乂这边也不都是无能之人，相对来说，刘乂比刘粲更得汉人的心，由此他手底下便聚拢了一批汉人谋士，其中就有当年成都王司马颖的智囊卢志。卢志在司马颖失败后便投靠了东海王司马越，可惜这个司马越没过几年也垮了，失去了主公之后的卢志便决定北上投靠刘琨。可惜的是，当他路过汉国境内时却被匈奴兵拉去做了奴隶，好在一次偶然的机会让他见到了刘聪。而刘聪早年随父亲在成都王手下干事的时候见过卢志，于是立马将卢志恢复自由身，并将他推荐给自己的皇太弟刘乂做幕僚。

卢志这个人可谓是王佐之才，只可惜司马颖关键时刻没能听他的话才招致大败，如今他投了刘乂便决心依靠这个皇太弟再次施展自己的抱负。因为据他观察，汉国的统治阶级尤其是高层汉化水平相当高，只要辅助得当，将这个胡人王朝打造成一个胡皮汉血的汉化王朝并非难事。而一旦自己能做成此事，也能一举抹平当初跟随成都王时的劣迹，成为青史留名的功臣。卢志的设想很大胆，因为他的构思开启了一个新的政治模式，后世虽然五胡盘踞中原，但汉人中的有识之士一直都在按照与卢志大同小异的步伐前行——汉化胡人王朝。

（三）

但是，要想实现他内心的抱负，前提必须是刘乂顺利登基，可眼前刘粲的突然得势，让他内心升腾起一丝淡淡的忧虑。

于是他找来刘乂的亲信崔玮和许遐一同向刘乂进言道："当初陛下之所以立您为皇太子，全是权宜之计，并非真心情愿。如今昔日的老臣们都已经入土，皇上的权威也是如日中天，他如果想要废去你的地位那是相当容易的。王爷，您看晋王如今做了丞相，这是对于你的莫大威胁啊！"

刘乂不解地问道："我侄子刘粲平日里也颇有些军功，担任丞相一职也没什么不可的嘛，你们又何须如此惊扰？"

手下们继续进言道："自从魏武帝曹操挟天子以令诸侯后，凡是当过丞相的，基本都是后来登基称帝的，而司马家篡魏之前就是受封的晋王啊！如今刘粲正是身兼丞相和晋王啊，我看这是陛下摆明了要培养自己儿子了。"

刘乂摆摆手道："这压根儿没可比性嘛，我和刘粲是一家人啊，这和他们都不同啊。"

卢志眼看刘乂不开窍，抢先说："王爷啊，我看你日后若当不成皇帝，只怕要大祸将近。如果您不愿相争，倒不如让出这个皇储之位，也好给自己避祸啊。"

刘乂一听到关于"让位"的话语，心里又有些舍不得了，他说道："我这个皇太弟之位是当年大家推举得来的，本来是应该我做皇帝的，毕竟我是嫡子，而刘聪是庶子。只是我出于谦让之心才让给哥哥的，而他也以立我做皇太弟作为回报，这可是赖不掉的啊，况且我们匈奴人兄终弟及很正常啊。"

刘乂这种人搁当下就是那种把全部希望寄托于他人的唯唯诺诺之人，从来不想着自己去争取什么。而卢志正是看准了他这一点才劝他最好能急流勇退，以此来激他。见刘乂不想让出皇储之位，手下们继续进言道："如果殿下舍不得这个至尊之位，我们倒是有一计。"

这句话正中刘乂下怀，刘乂赶忙问道："什么计策啊，赶紧说出来吧。"手下们左顾右盼了一番，凑近刘乂耳边说道："如果殿下想除去后顾之忧，我看不如学当年皇上登基的那套，直接武装政变。现在京师中的卫戍部队并不多，殿下可乘此机会直接杀入宫内，到时候还怕陛下不让位么？当然，如果殿下只愿意得过且过，那不如重金收买一名死士，刺杀了刘粲，解自己一时之忧。"

听到手下提出如此大胆的想法，刘乂差点儿没晕死过去，他连忙阻止道："不要再胡说八道了，你们这是谋逆的大罪啊！我，我是不可能这么干的。"眼见这位皇太弟前怕虎后怕狼的㞞样，卢志只得摇头叹息道："今日事败矣。"是啊，当日春申君也不会料到那"不期而至的祸"竟然真的会发生，只是庸主害了一群人啊。

由于保密工作做得不到位，刘乂与大臣们的谈话被泄露出去了，刘聪立刻行动，逮捕了以卢志为首的一干汉人大臣，并对他们严刑逼供，妄图将刘乂谋反案坐实。只是这群人素质很高，任凭怎么用刑就是不招，宁可自己死也不出卖刘乂。

没有证据就无法定案，无奈之下刘聪只得将刘乂软禁起来，至于这些汉族大臣，自然是被统统杀光了。可怜卢志一世聪明，却一直未遇明主，只能伴随着两个皇太弟如笑话一般流逝于历史的长河之中。而被软禁后的刘乂知道自己可能真的要出事了，连忙上书刘聪说自己愿意辞去储君一位，让与皇子刘粲，只不过刘聪并没有做出任何反应。

刘乂的垮台引起了刘粲的极大关注，只可惜他对于父亲那种冷处理态度颇为不满，他可不是善男信女，有机会能弄死叔叔自然是最好啦。而就在刘粲一筹莫展之际，一位贵客突然到访，给刘粲献了一计。这个人叫靳准，原先只是一个匈奴小官，只不过他善于发挥自己身边女性亲戚的优势，先后将两个女儿——靳月光和靳月华推荐给了刘聪。刘聪那时候沉迷美色，一看到两个大美人立马就喜笑颜开了，由此靳准被封为中护军，成了汉国名副其实的国丈。只不过，这个国丈对刘乂也是和刘粲一样——恨得牙痒痒。

（四）

靳准和刘乂，一个当朝国丈，一个正牌皇太弟，他们又是如何结怨的呢？说来说去还是为了女人，不过大家千万别想歪了，不是为女人争风吃醋那种。

原来，我们的靳准国丈除了将女儿嫁给了汉帝刘聪外，也顺带着想巴结一下刘乂，便将自己一个堂妹献给了刘乂当小老婆。哪知道，这次的献美最后弄成了马屁拍在马腿上了，这靳准的堂妹原是个水性杨花的女人，竟然和刘乂的侍卫通奸，结果被刘乂给杀了。不过，杀也杀了，好歹算是出气了吧，可是刘乂觉得还是不够。因为这件事情已经开始在外边传得沸沸扬扬了，刘乂觉得自己受了侮辱，便将气撒在了靳准身上，每次见到靳准都要拿这件事数落他。

而且，光是这件事还没算完，不久之后又传出来靳准的女儿靳月光偷人事件（这靳准家的女的看来作风确实是不行啊）。这一次也是因为刘聪无法满足靳月光的性需求，于是情欲无法发泄的靳月光便嘱咐小宦官去宫外给她找小白脸来供她消遣。把后宫当做偷人的场所，这靳月光胆子也确实大得能包天了，和汉成帝的皇后赵飞燕有的一拼。不过这世上没有不透风的墙，这件事情又让刘乂给知道了，刘乂将这件事情再转告给谏臣陈元达。陈元达是个炮筒子啊，一看能通过这件事情来规劝刘聪远离美色，便直接上书痛诉靳月光的不齿事件。

这种事情毕竟是丑闻，捅出来大家都没面子，陈元达这么一干，靳月光出于畏惧心态立刻自杀了。至于刘聪，虽然对自己老婆偷人很愤慨，可是陈元达大庭广众揭自己短也确实栽面子啊，再加上自己还有些迷恋靳月光的身体，这么一来反倒是反感陈元达了。估摸着陈元达的死和这次事件也脱不了干系。

靳准这边收到消息后也是对陈元达恨得牙痒痒，可后来才得知这一切的一切都是刘乂挑出来的，于是将仇恨转移到刘乂身上，如今刘乂失势，这正是大好的机会。于是他找到刘粲献计道："我现在这边有一条稳妥的计策，能帮助相国除去皇太弟！"

刘粲一看这个国丈除了拉皮条外居然还能出谋划策，顿时感觉靳准的形象高大上起来了，连忙向靳准问计。靳准眯着眼睛笑着说道："如今陛下之所以未能处置刘乂，主要是手里没证据，而我们要逼死刘乂，就要坐实他谋反的罪名！"靳准这话让刘粲大为扫兴："哎，我说你怎么尽是说半句话啊，我也知道要除去刘乂必须有他谋反的铁证。可是我不是没有么，难不成还能凭空捏造出来？"

靳准听到刘粲这么说，眼睛里顿时闪露出精光，他狡黠地说道："对，就是要凭空捏造证据栽赃他！我有三步走战略，第一步给刘乂解禁，被软禁多时的刘乂一旦重获自由身肯定会联合他昔日的党羽商量对策。咱们则趁机告知陛下，并同时扣下几个刘乂的党羽，一番酷刑之下必能让他们诬告刘乂谋反。"

刘粲摆摆手道："父皇虽然这几年沉迷美色，可还是能分辨出是不是屈打成招的，这么做会被识破的啊。”靳准笑道：“别急嘛，我都说了这是第一步。第二步就是晋王殿下您让皇上身边已经被你收买的宦官假传圣旨，谎称如今京城不太平，让东宫加强戒备，这么一来刘乂那边必然有军队驻扎。紧接着我们就可以实施第三步了，密报皇上，让他亲自去见证东宫集结军队意图谋反的表象。”

刘粲这时才恍然大悟道：“高，果然是妙计，还是国丈有办法啊，那我这就按照国丈的计策去办，定叫刘乂在劫难逃。”随后刘粲先是撤了刘乂周围的戒严，让他能自由见客，后又散布假消息让刘乂召集了部队在东宫周围。等到这些都做完后，刘乂便去禀告了刘聪说皇太弟要谋反，刘聪起初不信，可亲自走了一遭看到东宫的卫士后，刘聪便不得不信了。

回宫后刘聪立马下令逮捕了刘乂，而这边靳准和刘粲早已通过严刑拷打逼刘乂的一些门客党羽写下刘乂意图谋反的检举信了。人证物证俱在，刘聪也懒得再查了，随即以刘乂谋反的名义，诛杀与东宫相关联的人士达万人以上，并废刘乂为北部王。毕竟刘乂是刘聪的兄弟，还是曾经的皇储，刘聪不想把事情做绝了，准备饶他一条性命。

（五）

然而，被废为北部王的刘乂却没能捡回一条命，因为刘聪已经册封刘粲为皇太子和大单于，等同于承认刘粲接班了。而以刘粲的心胸，这样极具威胁性的废太弟必须除掉，很快他便对亲叔叔刘乂下了毒手。

而当刘聪得知刘乂已死的消息后，不禁悲从心来，联想到先皇诸子中只剩下自己一人还活着时，这位九五至尊竟然在大殿上失声痛哭，并为此还大病一场。而这一年距离处死西晋末代皇帝司马邺才不到一年光景，距离灭亡西晋也仅仅只是过去一年多。

这次的夺位战争表面上看是刘粲赢了，可是实质上为刘粲出谋划策的靳准才是真正的赢家。人们第一次意识到原来这个国丈除了拉皮条外，竟然也是一把搞政治斗争的好手，汉国的政局已然开始受到他的操控了。当然，人们都没想到，靳准并没有就此停歇翻云覆雨的手段，日后他还会从内部掏空整个汉国。

而就在刘聪处理家务之时，汉国之外的世界也不太平，北疆被鲜卑四部搞得一团乱麻，而作为“鲜卑人民的好朋友”的刘琨，也在鲜卑各部的内讧中死于非命。先来说下这段时间段部、宇文、拓跋、慕容这四部鲜卑是怎么个情况吧，拓跋鲜卑自从老代王被儿子干掉后，便一直处于剧烈的内耗之中。虽然拓跋普根诛杀了弑父逆贼后稍微稳定了下局势，可不久他因染上重病也去阎王那儿报到了。

拓跋普根死前曾授意让自己的儿子接班做代王，可是这个拓跋普根的儿子还是个尚未断奶的娃娃，如何能做得了代王啊？不久就传出这位娃娃夭折的消息（严重怀疑这娃娃是非正常死亡），紧接着拓跋鲜卑再次内乱，最后由拓跋普根的堂兄拓跋郁律戡定内乱后继位。经过这一系列折腾，将这么多年来刚刚为实现拓跋鲜卑伟大复兴的经济基础砸了个粉碎，拓跋部的中兴之路一时间陷入了低谷，自然也无法再参与到与其他鲜卑的争霸战中了。

再来说辽北的宇文鲜卑，这个宇文鲜卑相对于其他几部鲜卑来说，纯度大大地降低了，与其说他们是鲜卑人，倒不如说是鲜卑化的匈奴人。因为这个鲜卑宇文部整个部族当中有超过一半具有匈奴血统，也正是凭借着这股天然优势，宇文鲜卑早年间一直猛揍慕容鲜卑。

只可惜今时不同往日了，如今的慕容鲜卑依靠汉化大大地加强了自身的国家凝聚力，并吸附了大量北上的汉人流民，实力大振。

这边慕容鲜卑对比宇文鲜卑也是一样，宇文部一看当年自己轻轻松松就能虐的对手如今居然比自己还人高马大了，心里百思不得其解的同时，也积极寻找盟友和自己一起攻打慕容鲜卑。当然，在宇文鲜卑的盟友中，就有一个让人熟悉的名字——高句丽。

说到高句丽，现在仍有很多国人和朝鲜半岛的公民将高句丽和高丽混为一谈。事实上，高句丽和高丽完全是两个不同的国家，高句丽国君姓高，而后世的高丽一般将其称为王氏高丽。如果说韩国和朝鲜公民追认高丽为自己的祖宗本无可厚非，可高句丽却是实打实的由扶余人建立的王朝，而这扶余人便是生活在我国东北的少数民族之一，据说也曾隶属于东胡。高句丽大约在东汉末到三国这段时期里建国，随后经过一番扩张，才让版图涉及朝鲜半岛北端。

（六）

然而，高句丽这个国家虽小却历经十六国乃至南北朝数百年的乱世依旧屹立不倒，和吐谷浑一般坐视着中原江山换了一轮又一轮的主人。同时，在送走鲜卑人之后，高句丽成了辽东这片土地上的新的霸主，而这个辽东霸主曾经让普六茹坚（杨坚）父子和大野渊（李渊）父子折戟沉沙。

好了，扯远了，回过头来继续说宇文鲜卑和慕容鲜卑。由于宇文鲜卑和高句丽结盟，这让刚刚通过学习汉文明而兴起的慕容鲜卑有些招架不住了，多次与他们爆发小摩擦性质的战争。但是宇文鲜卑联合高句丽也只是勉强能牵制住慕容鲜卑，真正要让这双方之间角逐出胜利者还是要靠第三方的介入，这么一来，同在东北的段部鲜卑就成了双方竞相争取的对象了。

段部鲜卑由于从石勒的手中夺回幽州之地所以实力有所增强，一定程度上摆脱了之前被三家围攻的险境。而同时由于慕容鲜卑就是当初那三家之一，所以段部鲜卑倒向宇文鲜卑那边的概率更大一些，只是目前他们也遇到了麻烦，让他们无法立即表态站队。

这个麻烦和拓跋鲜卑一样，也是内讧问题在作祟。公元 318 年，辽西公段疾陆眷不幸病逝，围绕领导权之争整个段部分成了两派。一派以段末柸为首，主张与其义父石勒缔结同盟，共分北部天下。另一派则以段匹磾和段文鸯为首，坚持奉行尊东晋为主，打击匈奴汉国恶势力的“尊王攘夷”路线。

两派人马谁也不服谁，其中段末柸抢先一步下手，他联合叔父段涉复辰一举窃取了段部鲜卑大单于一职。这么一来让不在王城周边的段匹磾很是气恼，好在如今他有刘琨助拳，不怕和段末柸来硬的。于是段匹磾以奔丧为名，带着刘琨的儿子刘群以及数千兵马前来偷袭段末柸。

只可惜段匹磾的保密工作做得实在不行，这次偷袭行动居然被段末柸得知了，于是他找来段涉复辰商议，要求派出十万大军进攻段匹磾的奔丧部队。段涉复辰本是个无能之人，自然对自己这个乖侄子言听计从啊，于是立马派出大军前去征讨段匹磾。可没料到的是，这大军一开拔，王城中就传出了段末柸趁机黑吃黑火拼掉了段涉复辰的消息，段末柸攫取了最高权力。

“不是我不明白，实在是这世界变化太快啊。”这句话也许会是段涉复辰的临终遗言，他没想到想来夺权的不是段匹磾，而恰恰是自己身边一向装乖卖傻的段末柸，而一切都已经晚了，段涉复辰付出的是全家老小的性命。已经开拔的部队还没弄清楚是怎么一回事，就被段末柸急匆匆地召回来了，随后经过段末柸的一番洗脑后，他们再次被派出去阻击段匹磾。

段匹磾原以为自己这次是偷袭，可以赢得漂亮，哪成想段末柸早已磨刀霍霍迎接他了。十万打几千，结果可想而知，段匹磾大败而归，刘琨的儿子刘群也成了俘虏。这次的偷袭对于段匹磾来说可真是"赔了夫人又折兵"，不过让他更为恼怒的还在后面。原来，作为人精的段末柸抓住了刘琨的儿子并没有一刀了事，相反他知道刘琨在北方的影响力，将刘琨争取过来，打赢段部鲜卑的内战概率就更大了。为此，段末柸释放了刘群，还好生招待，并对刘群说只要他父亲能和自己合作，便保举他为幽州刺史，之前王浚现在段匹磾的地盘都归刘琨管辖。

如今刘琨寄人篱下连块根据地都没有，确实不符合他昔日高富帅的身份啊，如果能拿下幽州之地就可以为日后重新杀回山西做准备了。而段匹磾和段末柸都是鲜卑人，跟谁干不是干呢？于是刘群脑子转得飞快，便答应了段末柸，修书一封送去给了自己父亲。

也真是不巧，这封信没有到刘琨手中反倒落到了段匹磾的手里，段匹磾看后大为恼怒：好嘛，我好心好意将你们父子接过来，可你们居然要谋夺我地盘，到底是中山靖王的后人啊，和刘玄德一个德行！于是段匹磾借口军情紧急，召驻军征北城（今北京大兴）的刘琨前来商议对策。刘琨一到段匹磾便将这封书信甩在他面前。

（七）

刘琨一看这封信，心想自己这儿子办事怎么这么不靠谱，就算真要搞事情也做得漂亮点儿啊。

而段匹磾见刘琨看完信后，还阴阳怪气地说道："刘大哥啊，如果你真心想捉了我送给段末柸，大可以放在明面上说啊，何必要在背后捅我刀子啊，你就是要我死也得让我死个明白吧？"刘琨听段匹磾这么说，连忙正色地说道："段兄弟，你这是说的什么话啊，我和你志在匡扶晋室，一血国仇家恨，是要和石勒刘聪等人开战的。而段末柸又是石勒的义子，我怎么可能和你背盟转而投靠他去呢？你放心吧，我是绝对不会因为一个儿子而背弃国家，出卖朋友的！"

段匹磾听完哈哈大笑，说道："我早就说嘛，刘大哥是君子，高风亮节，怎么会做出偷袭人的卑鄙龌龊之事呢？刚才我只是和刘大哥开个玩笑罢了，根本就没怀疑你的心思。"说完，段匹磾摆摆手就要放刘琨回去，而段匹磾弟弟段叔军见状连忙把自己这个哥哥拉到一旁，小声说道："大哥，你缺心眼儿么？本来你与刘琨相安无事，可现如今出了这件事，你和他已经生了嫌隙，你再放他走还能保证和他继续好下去？”

段匹磾说道：“大丈夫之间有误会解释清楚不就行了么，哪有那么多鸡三狗四的事情啊，我相信刘琨是个坦荡的君子，你莫要以小人之心窥测他。”段叔军又提醒道：“哥哥啊，正因为刘琨是君子，所以仰慕他的人很多，而我们这块土地早先又是王浚的老巢，是胡汉杂居的地方。在这片土地上的汉人们未必服我们，他们只服刘琨，如今一旦刘琨和我们生了嫌隙，你觉得你还坐得稳这幽州之主的位子么？”

段叔军的一席话让段匹磾心中有了些许变化，转而询问道：“那么依你之见，我该如何啊？”段叔军继续说道：“我看咱们也别把刘琨放回去了，既然捉了那就先扣下来吧。如果说刘琨被扣他部下要奋起反击的话，说明刘琨是个祸胎，到时候该怎么办哥哥你懂得吧？”段匹磾随即听从段叔军的建议，将刘琨软禁起来，并派出手下去征北城和刘琨儿子刘遵换防。刘遵原本是想等待父亲的回来，可没想到父亲一去不复返，自己还等来了段匹磾的大军。这一连串的变化让刘遵产生了警惕之心，他生怕一开城门就会被段匹磾的人马杀掉，便带着部众，关上城门据守。

这么一来段匹磾心里更为光火：好小子，果然是早有预谋啊，不然干吗不接受换防？紧接着他便下令全军急攻征北城，一举擒拿了刘遵。与此同时，北方豪杰们也展开了一场“拯救大兵刘琨”的行动，其中卢志的儿子卢谌最为积极。卢志死后，卢谌逃到了幽州投奔刘琨，刘琨待他很不错，如今刘琨落难，他自然要想方设法营救了啊。卢谌招募死士，悄悄地潜入到羁押刘琨的地方，要将他救出来。哪知道刘琨从容地拒绝了，并一声长叹：“人谁无死？想我刘琨在北方鏖战匈奴羯胡多年，可却始终无法一雪国耻，匡扶晋室，甚至连一席之地都未能保留。”

长叹过后，刘琨挥毫泼墨，写下了一首千古名篇——《重赠卢谌》，来勉励还在幽州的卢谌。刘琨在诗中感慨和氏璧和姜太公因遇明主而名扬天下，同时又引用齐桓公、晋文公不计前嫌从而称霸的故事来告诫卢谌，希望他能摈弃与段匹磾的恩怨，不要因为自己破坏掉和平统一战线。诗中也有刘琨对于自己功业未建却被羁押在此，眼看就要命丧黄泉的无奈与悲凉，感慨自身壮志难酬。其中犹以末尾两句“何意百炼钢，化为绕指柔”传唱至今。

卢谌派人企图劫狱的消息很快让段匹磾知道了，这更加坚定了段匹磾要杀刘琨的心思。公元 318 年 5 月，段匹磾假称刘琨要自立为帝，自己奉了东晋的密诏，将叛逆之徒刘琨处死。刘琨死的时候是四十八岁，同时遇害的还有他的四位子侄。非常滑稽的是，当时的东晋政府由于内耗激烈，竟然对段匹磾矫诏杀刘琨一事毫不在意，甚至为了获取段部鲜卑支持还对段匹磾进行了一番口头表彰。

卢谌在刘琨死后北上投靠了在段末柸那儿的刘群，而幽州一带的汉人也陆续去了刘群那里。

（八）

段末柸有了刘琨余部的入股，实力变得更强了，于是他打出为刘琨复仇的旗号，派兵攻打段匹磾。而作为段末柸义父的石勒，也有想重新收复幽州的心思，便也起兵北上，与段末柸一南一北夹击段匹磾。

段匹磾对付一个段末柸就显得捉襟见肘了，如今还要加上一个石勒，很快段匹磾就在交战中败下阵来，带着残兵败将南下投靠了在山东的乐陵太守邵续。而作为段匹磾原先地盘的幽州地带也被石勒和段末柸瓜分完毕，蓟城则被刘群占据。

至此，由刘琨死亡引发的北疆变局才算告一段落。纵观刘琨其人，早年作为贾后一党为虎作伥，干了不少上不了台面的事情。坐镇晋阳期间，也因为个人喜恶导致军事上的失败，最后被迫流亡异域。而他引虎驱狼，联络鲜卑人攻打匈奴人在一些人眼中是开门揖盗之举，甚至说他是在玩火，而最终他也是被这自己纵的火所吞噬，死在了鲜卑人手里。

刘琨殒命北疆，作为他的挚友——北伐中原的祖逖也在孤独与愤慨中走向了生命的终点。祖逖在巩固了河南之地后，便有心东进收复山东，北上收复河北。可是山东被乐陵太守邵续所占据，此人名义上是晋臣，不宜发兵征讨，且刚刚收服了段匹磾余部，实力有所增强。于是，祖逖便把目光继续调转到石勒的身上，准备北上进攻河北。

这时候，段匹磾提议邵续立刻北上夺回幽州之地，一来扩充地盘，二来作为晋朝臣子打压石勒的走狗段末柸是义不容辞的事情。邵续想都没想就答应了，带着大队人马就直接进攻幽州的首府蓟城。段末柸没有防备，被打了个措手不及，只得率军退守内城，并派出使者向石勒求援。

石勒本想派自己的侄子石虎带兵增援，可是张宾却忧虑地说道：“倘若派兵北上救助段末柸，万一祖逖来攻，我们又能如何抵挡？”张宾的忧虑也让石勒大为犯难，于是他继续问张宾是否有妙计，张宾笑着对石勒一番耳语。

很快，祖逖的大营里来了石勒派来求和的使者，使者告诉祖逖，他远在幽州的祖坟已经被石勒修葺完毕了。尤其是祖逖父亲的坟墓，修得那叫一个高大上，石勒还派了人去做守陵人，并每逢祭日就要好好祭祀一番。石勒做这些事情的目的只是想和祖逖握手言和，双方缔结互不侵犯条约，并互通使节和开放贸易。

同时，祖逖还收到了石勒的一封书信，书信里大致的意思也就是求和，石勒极尽渲染自己的穷孩子苦出身，将自己走到今天这地步全部归咎于社会的不公。同时他又站在道德的至高点上抨击匈奴人残杀晋朝两位皇帝的野蛮行径，表示自己虽然名义上是匈奴汉国的部属，可是却和他们貌合神离。并且，石勒希望祖逖能明辨是非，认清楚真正的敌人，并赌咒发誓如果祖逖要去攻伐汉国，他必然助一臂之力。

石勒的无耻早就见识过了，扮猪吃老虎整死了王浚，可祖逖不是王浚，对于石勒的“祸水西引”之计怎能不识？而且那修葺祖坟一事，表面上看是石勒尊敬自己，可言外之意却是：我既然可以帮你修祖坟，自然也有能力掘了你祖坟，你要是逼我逼紧了，我就把你祖宗的坟墓全给刨了！

多番因素考虑之下，祖逖还是同意了石勒的请求，开放边境，允许互市，并宣布不接纳后赵叛逃过来的人。祖逖这么做倒不是真的怕石勒，而是考虑到一旦进军河北，一来战线会拉得过长，二来也会有被匈奴人抄掉后路的威胁。倒不如先答应下石勒，巩固了西线防御，再来考虑北上河北的战略，并且可以通过和石勒的边境贸易买取北方战马，为后期与胡人骑兵展开大决战打下基础。

祖逖的战略调整非常及时，在他挥军西进后，先后夺取了成皋和虎牢关等地。

（九）

而祖逖之所以在短时间内能高唱凯歌，民心向背是一方面，自身实力也是一方面，更为重要的是，同时期的汉国发生了剧烈的动荡。匈奴汉国由一个联邦性质的国家开始分裂为两种意识形态，民族组成截然不同的国家，北方的历史由此走向了分流。

而导致汉国分裂的诱因便是刘聪的离世、刘粲的登基，这一年是建武二年

（318），即刘琨遇害的同一年。自从刘乂死后，刘聪便将大权全部交给儿子刘粲，让其打理政务，自己则躲进后宫淫乐去了。刘聪曾经拥有过十四位皇后，在中国历史上也算是创了纪录了，有这么多皇后要照顾，时间一长身体自然就被酒色掏空了。

纵欲过度的刘聪原本只是小恙，哪成想病体稍微好些的时候，刘聪摆宴席款待宗室人员却招来了祸事。那天大家兴致不错，喝酒直至深夜，到最后都醉得不省人事了，结果不知道是谁不小心打翻了烛台，倒落的烛台引燃了帷帐，大火很快就烧了起来。由于周边酒坛子不少，火势很快就在酒精的作用下进入了失控阶段，虽然侍卫宫女们拼命灭火，但也只能勉强先把皇帝给救出，其他人则就葬身于火海了。事后一盘点，此次大火烧死刘聪皇族数十人，烧伤者不计其数，连皇宫也被烧得不成样子。

刘聪酒醒后得知了这一切，更是哭得痛彻心扉，原本微恙的身体一下子急转直下，再次卧病在床了。对于这次的大火事件，表面上看起来是天灾，但细想之下说是人祸也不为过。设想一下，假使说刘聪在病中开始为自己身后事担心的话，那这一幕会不会是他刻意为之，来为日后清扫障碍呢？传闻明太祖就曾设宴款待功臣，最后一把火将其烧死，而这边刘聪也有可能用同样的方法。只是，刘聪会傻到自己也以身犯险，一同陪酒吗？另外从刘乂死他尚且能痛哭流涕来看，他应该也是比较顾及亲情的，如此大规模杀伤宗室，他干得出吗？当然，后世的宋明帝刘彧在杀亲属的时候也曾痛哭，可哭归哭，杀归杀，这也不矛盾，刘聪是这种人格也说不定啊。总而言之，有时候历史有太多的隐秘之处，这也让后人了解真相显得更为困难。

不过，自从大火事件后，刘聪身体一日不如一日倒是真的，他开始为自己的接班人刘粲物色辅政大臣了。结果物色来物色去居然选上了靳准这家伙，并将江山社稷和太子刘粲一并托付给了自己这个道德败坏的岳父了。同时，刘聪下诏加封刘曜为丞相，石勒为大将军，让他们一文一武前来辅佐太子刘粲，不过无论是刘曜还是石勒，如今的刘聪都已经支配不了他们了。长期领兵在外的刘曜和石勒都不愿意放弃拥有军队的便利，而入宫去与靳准之流争权夺利，便领了官职却不起程。

见刘曜和石勒都不肯回来，刘聪也只能作罢，另外委任自己的两个儿子——济南王刘骥为大司马，上洛王刘景为太宰，并加封呼延晏为太保，与靳准一同辅佐太子刘粲。公元 318 年 7 月，汉国皇帝刘聪病死于宫中，死后被追谥为昭武皇帝，庙号烈宗，葬于宣光陵，太子刘粲随即继位。

刘聪在位九年，在这九年中，他先后派兵俘获了西晋两位皇帝，并最终灭亡西晋，基本统一了大半个北方。但是，这微弱的统一之下，石勒不断做大，并与汉国渐行渐远，同时由于刘聪治国的无能，导致汉国长期在经济和政治建设上处于停滞状态，只能依靠不断掠夺来让自己生存下去。刘渊提出的“胡汉分治”并没有被刘聪很好地继承和深化，胡汉之间的民族矛盾一直处于斗争的胶着状态，这一切的一切都让汉国头疼不已。可以说，刘聪给刘粲留下的是一个已经坐吃山空的国家，而安排的辅政大臣靳准是一个比杨骏更加包藏祸心之徒。

但是，国家的忧患并没有让刘粲有一丝警醒，他继位之后，继续奉行刘聪的“享乐主义”，首先将目光瞄准了后宫的女人。与其他君王刚刚继位时的表现截然不同，刘粲甚至连短暂的掩饰都不想干，直接做起了甩手掌柜，将朝中大小事情全交给靳准一个人决断，自己则躲进后宫与父亲所立的十几个皇后厮混在一起。

（十）

刘粲这么做像极了当年的秦二世胡亥，而隐藏在他身边的赵高，此刻也已经显出了原形。靳准趁着自己大权在握，开始在朝中扶持自己的人，将自己的两个弟弟靳明和靳康分别任命为车骑大将军和卫将军，开始独揽汉国的军政大权。

紧接着，靳准又再次将屠刀伸向了刘聪临死前安排辅政的几个刘姓亲王，他找到刘粲诬告济南王刘骥和上洛王刘景欲联合大臣谋反。毕竟是自己的弟弟，一开始对于这则消息刘粲也是不以为然的，可是靳准却怂恿自己的女儿——靳月华太后，利用和刘粲厮混的机会，不断给他吹耳旁风。时间久了，刘粲自然抵挡不住美人的诱惑和哀求，竟然相信了自己的弟弟图谋不轨，意欲谋反的谣言，并直接下令将刘氏亲王杀得干干净净。

经过这一次对宗室的大清洗，刘氏宗亲已经剩不下几个了，然而，剩下的刘氏宗亲不应感到庆幸，因为噩梦远没有结束。日后他们还会被更彻底地清洗一次，除了追随远在长安的刘曜的宗亲外，其他悉数不能幸免。如果刘粲还有些记性的话，他应该清楚地记得，当初靳准正是依靠诬陷刘乂谋反，才给自己夺来了储君之位。而自己也是那次事件的亲历者，可如今旧事重演，自己却尚不自知。

刘粲登基两个月后，即公元 318 年 9 月，靳准发动叛乱，率军攻进皇城。此时正在后宫和几位太后淫乱的刘粲竟然痴痴地大呼：靳准何在？很快，在叛乱的人群中走出了靳准，只不过他的脸上不再是满脸堆笑，而是一脸的阴狠，他将刘粲谋害亲叔，忤逆不孝，残杀宗室等一干罪状一一宣布。

此时的刘粲方才大梦初醒，知道靳准不是来救自己的，而是送自己上路的。于是刘粲吓得赶紧跪倒在地，苦苦哀求靳准放他一条活路，只是此时的靳准哪里还饶得了刘粲的性命，像阎乐对待胡亥一般一刀了事。紧接着，他又在京城里进行了大清洗，凡是和刘氏皇族有关系的人员，全部予以铲除，无论老少。在刘粲的清洗过后，劫后余生的刘氏宗亲也没能逃过靳准的屠刀，在平阳的数百口刘氏宗亲全部被斩杀于东市，只有当初和刘曜一同入关作战的征北将军刘雅侥幸逃出。

杀人还不解恨，靳准随后又刨了刘渊和刘聪的皇陵，并把刘聪的尸体曝尸荒野，还一把火将匈奴汉国的太庙焚烧干净。刘聪不会想到，在他死后短短两个月的时间，自己就被人挖坟掘尸，而自己所创的帝国也会被此人弄得分崩离析。

靳准做完这些事情后，自称大将军，汉天王（后来也有个和靳准相类似的人称了天王），随即派使臣向建康送去降表，表示愿意奉东晋为主。靳准曾说："自古以来就没有胡人做天子的事情，我欲将传国玉玺奉还给东晋，同时西晋二帝的灵柩也将一同送还给南方。"靳准没有贸然称帝，说明这家伙除了一肚子坏水外，政治头脑还是有些的，这比后世的那位天王做得较为出彩些。

而祖逖的部下李矩正驻守在荥阳，他很快便见到了靳准的使者，得知靳准已经为晋朝复仇了，并决定永为附庸国。李矩在得知这一消息后，立刻飞马告知建康的东晋政府，司马睿随即委任官员前去接回二帝的灵柩以及传国玉玺。可还在半路上时，便收到刘曜和石勒集结大军开始杀奔平阳的消息了，掂量之下，东晋一行人只得停驻原地，坐观后事发展。

平阳城中的惊变一时间震惊了长安的刘曜和襄城的石勒，不过短暂的震惊之后，他们立刻意识到自己该做些什么了，那就是争夺日后北方的天下！刘雅逃出平阳后，第一时间赶到了长安，他找到刘曜，希望刘曜和自己一同找靳准复仇，因为在这次大清洗中，刘曜的母亲和兄弟也死于靳准之手。

刘曜点齐三军，以刘雅为先锋，杀奔平阳。但是"蛇无头不行"，众人无主自然要推选出一个新君来对抗靳准，而平阳的刘氏皇族都被杀光了，只留下刘雅和刘曜两人，论综合实力，自然是刘曜胜出啊。于是，在半道上，众人一致推举刘曜当皇帝，几番推辞之下，刘曜终于即了皇帝位，改元光初。

（十一）

刘曜做了皇帝后，便以皇帝的名义给四方诸侯发布诏书，其中痛斥了靳准的罪状，并要求各地勤王之师与他一同会师平阳。随即刘曜尽起关中军马二十万，东进到达粟邑（今陕西临潼），在此等候石勒的西进之师会师。

而这时的石勒，已经整合了整个华北平原，击败了邵续和段匹磾的联军，也派先头部队五万驻扎在襄陵（今山西临汾），随时准备抢夺传国玉玺。要说石勒这段时期可谓是顺风顺水，自打他和祖逖达成短暂的和平协议后，便集中兵力北上进攻段匹磾和邵续。他以石虎和孔苌为将帅，率军趁着邵续北上进攻幽州之际直接攻打邵续在山东的大本营——乐陵。邵续的儿子担心无法守住，连忙派人通知邵续回援。

石勒眼看自己这一招“围魏救赵”成功了，随即又立刻变招为“围点打援”，在邵续回师途中设伏，邵续在与石勒伏兵的遭遇战中一举被擒获，并被送去襄国。到了襄国后，石勒以礼待之，邵续便诚心请降，而被邵续留下的段匹磾、段文鸯所部则因为没和邵续一同撤退，从而逃过一劫。

更为幸运的是，段匹磾和段文鸯所部竟然突破了石勒的封锁线，到达了乐陵，并与邵续的儿子合兵守城。石虎见他们坚守不出，便下令围城，几个月过去后，由于城中粮草告罄，段文鸯便率军突围。可是，这次突围相当不顺利，段文鸯本人被俘，全军覆没。段文鸯的失败让城内的人更加绝望了，无奈之下的邵续儿子只能选择出城投降，不过他们也应当庆幸自己居然在投降后没有被杀掉，要知道，石虎这个魔王向来是喜欢杀俘虏的。至此，石勒控制了整个山东西部，他在势力范围内又清除掉一个对手。不过，段匹磾并非真心投降，在归降石勒后，他依旧在暗地里搞串联，不断笼络邵续的旧部欲重新起兵独立。只是，他们的运气和苟晞一样差，也是事情败露后被集体杀掉。

如今的石勒已经具备了和匈奴汉国分庭抗礼的实力了，所以说这次打靳准，与其说他是为了给刘聪报仇，倒不如说是为了自己的宏图伟业。

公元318年11月，平阳城已经在石勒、刘曜东西两路大军的包围之中。靳准审时度势之后，准备趁着石勒先锋部队刚刚到达，大军还在后方的机会，先行集中兵力击垮石勒，然后再回师对付刘曜。

然而，靳准的心思早已被石勒所洞察，他故意坚守不出，让靳准求战不得。而刘曜那边，一看到靳准已经率领主力去攻打石勒了，便火速命令刘雅进军，趁势进占平阳。靳准收到刘雅进军的消息后，立刻舍弃了石勒，转而回师护卫平阳城，而石勒则趁着靳准撤军的机会，大举进攻，重创了靳准的部队。

石勒和刘曜，无论哪一家和自己交手，靳准都没有必胜的把握，更何况如今是两家一同出兵。自知不敌的靳准便决心使招数让一家先罢兵，自己好集中全力对付另一家。要论阴谋诡计，靳准还是很有一套的，于是他派出卜泰前往石勒军营，希望能劝说石勒罢兵。

卜泰这次前来特地带来了皇帝的仪仗和御用之物，甚至连龙袍都备好了，统统赠与石勒。并且卜泰带来了靳准的亲笔信，信中靳准表示愿意拥立石勒做皇帝，只求石勒能对他之前所做的既往不咎。即使是当初愣头儿青一般的石勒尚且不会被王衍的劝进所迷惑，更何况如今的他又比当初奸猾许多。面对靳准抛来的橄榄枝，石勒当即回绝，大声说道："好一个靳准，当真是奸猾无比，竟然在我面前用离间计，这是想陷我于不义吗？"说完，就让手下将卜泰给绑了，连同送来的龙袍、仪仗等物品一起打包送给了刘曜。

刘曜面对石勒送来的大礼，心中也是泛起了嘀咕：好你个石勒啊，果然是想"祸水东引"，不过你既然送我这份大礼，我必然要好好利用了啊。随即刘曜立马摆出一副笑脸，亲自为卜泰松绑，并对他说道："阿泰啊，刘粲这小子当年我就不看好他，要不是靳准及时把他干掉，我国迟早也要败在这个混小子手里。所以说靳准是个大忠臣啊，他干了一件和霍光、伊尹一般废昏立明的大好事，间接等于帮助朕称帝啊，你回去告诉他朕要好好谢他呢！"

（十二）

刘曜好言安慰了卜泰后，又设宴给这位使者压惊，并收下了龙袍、仪仗等物件，表示应允了靳准的投诚。

回到平阳后的卜泰将刘曜对他说的话一五一十地告诉了靳准，声明只要靳准能开城门投降，他便既往不咎，还会对靳准加官晋爵。刘曜开出的条件让靳准的兄弟们很是开心，他们纷纷劝靳准早些投降刘曜，可是靳准却很犹豫，毕竟自己杀了刘曜的母亲和兄弟，他真能放过自己？低头沉思了一阵子后，靳准给众人的答案是：再等等吧。

等？靳准想等，可他那些个兄弟可不想等了，本来和靳准谋反是为了混个大官当当，可如今大官是当不成了，总不能连命都不要了吧？于是靳准的弟弟靳明联合靳康等一批人发动政变，杀死了靳准，攫取了平阳城的统治权。并且靳明又再次派出卜泰出使刘曜军营，告知刘曜靳准已经被斩杀，自己愿意迎接刘曜进城，并送上传国玉玺以表诚意。

刘曜收到这一消息很是高兴，好好将卜泰夸奖了一番，并令刘雅部随即撤出对平阳城的包围，让城里的人也看看，自己是真的要饶恕他们。同一时间，石勒也收到了平阳城愿投降刘曜的消息，并且传国玉玺也到了刘曜手中。极度失望的石勒再次怒火中烧，他为自己的一念之差而失去传国玉玺感到无比悔恨与愤懑，也对平阳城中靳明、靳康两兄弟这么容易就被刘曜所骗感到痛心，随即他下达了攻城的命令。石勒的想法很简单：既然无法拿到传国玉玺了，那平阳城说什么也不能再让给刘曜了。

靳明很奇怪，自己明明已经投降了，刘曜也把兵马撤了，可是这石勒怎么还继续攻城啊？一开始靳明还能死命抵挡，可是石勒又拨给了石虎数万兵马，让其也加入攻城中，这么一来抵抗不住的靳明只得弃城而出，逃奔刘曜军中。

可是，一进刘曜的军营，靳明等人就被捉了起来，靳明还傻傻地问道："皇上啊，您不是准许我投降了吗，怎么还抓我啊？"刘曜笑了笑，厉声喝道："倘若我把你母亲和兄弟杀了，再向你投降，你觉得你有饶恕我的理由吗？"随即下令将靳氏上下两百余口满门抄斩，但是对于靳明带来的军队，刘曜则一律予以赦免，就这样收编了靳准遗留下来的部队。

靳准这个所谓"汉天王"政权在其死后迅速土崩瓦解，真可谓是"来也匆匆，去也匆匆"。而平阳城失去了部队的防守，很快便陷落于石勒之手。原本石勒是想做做表面工作，来给世人看看他这个所谓的"汉国忠臣"的表现，便令人立刻去修复刘渊和刘聪的皇陵。可是当他得知刘曜成功收编了靳明的部队后，石勒便又怒火中烧，下令将刚刚修葺好的汉国皇陵重新毁坏，并纵容三军洗劫了整个平阳城，最后将这座曾经的汉国首都一把火烧了个干干净净。

昔日的洛阳，如今的平阳，时隔多年后的石勒再做这样的事竟然一点儿羞愧之心都没有，并且在他做完这些准备收兵回去之际，还派手下去刘曜那里邀功请赏。一开始，刘曜从来使那边得知石勒攻下平阳城后立即撤出城外，以示要迎接刘曜进城。对于石勒这番举动，刘曜还算满意，便准备加封石勒为赵王、大将军，借机笼络住石勒。哪成想石勒的使节团里面出了一个“曹无伤”类型的家伙叫曹乐平，他偷偷跑到刘曜这边说：“陛下，您还不知道是吧，石勒虽然给您让出了平阳城，可是却一把火将平阳城给烧光了，顺带又把几位先帝的陵墓掘了一番。他这是摆明了要来羞辱您啊，当初您让给他一座空空的洛阳城，这件事情他一直记在心上，所以这次才要报复您。而他这次派人来您这邀功显然一来是炫耀，二来就是为了摸你的底细了啊，他早晚是要和您争天下的，您怎么还封赏他啊？”

曹乐平的话让刘曜震惊了：公然洗劫和焚毁国家首都是什么罪名？石勒这么干等同于表示自己自绝于汉国，要与我匈奴人分道扬镳了！刘曜喃喃地嘀咕道：“石勒啊石勒，你果然是个祸胎，当初王衍想杀你没杀成，结果让你亡了晋朝，如今我可不能再放过你了！”刘曜当即下令将石勒的使节团除曹乐平外全部杀掉，其中只有刘茂一人侥幸逃脱。一场靳准之乱，最终演化成为刘曜和石勒共分汉国天下的结果，这是许多人都想不到的吧？

（十三）

刘曜处决了石勒的使节团后，便率军返回了长安，因为平阳城已经毁于战火，再也无法作为首都了。刘曜便重新以长安为都，将匈奴人的统治中心由山西移向了陕西，而随着刘曜放弃对并州的控制，很快石勒便占领了山西全境。

刘曜继承了皇帝之位后，废除了汉国的国号，另外拟定国号为“赵”。据他自己解释是，当初刘渊之所以搞了个“汉”为国号，完全是想沾点儿汉朝的光，来为自己起兵增强说服力。可是这么多年过去了，这么一个国号并没有给匈奴人带来统一天下的机会，相反，民族关系依旧很僵。刘曜是看穿了，要想真正实现汉化，走出一条胡汉分治的道路，并不是依靠一个国号就能搞得定的，这需要实际行动。而用“赵”为国号则是根据五行学说来算的，晋朝属金，赵为水，合“金生水”一说。

建武三年（319）六月，刘曜正式改国号为“赵”，史称“前赵”。与此同时，远在襄国的石勒听闻刘曜改国号为“赵”的消息后很是不满，自己就是占据了原先赵国的地方，怎么能让刘曜称什么赵国皇帝呢？加上之前逃回来的刘茂已经把刘曜杀光使节团的事情汇报了，石勒更觉得自己与刘曜无法再共事下去了，一山不容二虎，石勒遂在百官的劝进下，也另起炉灶了。

石勒拟定的国号也是“赵”，因为他觉得自己比刘曜更有资格用这个国号，故将石勒所建的赵国称为“后赵”。而石勒虽然已经建国，但是却并没有急着称帝，而是只称赵王，同时，他建国后第一件做的事情，就是诛杀叛徒曹乐平的三族。

前后赵的形成标志着汉国正式成为历史，分裂后的两国在未来的运途中会走上不同的道路，一条汉化，一条胡化，彼此交相辉映。而许多人会把前赵和汉国并在一起，统称为汉赵帝国，其实这么分是存在歧义的。事实上，前赵日后走的道路和汉国相比恰恰是一条截然不同的路子，即使从血缘上考究，前赵和汉国的关系也如南朝齐梁一般，不能混为一谈。

但是，我们无从否认的是，前后赵都是从汉国脱胎出来的，他们之间的矛盾本质上还是争夺汉国这个匈奴羯胡联合国家的统治权。他们之间与他们和东晋、成汉之间的矛盾却有明显不同，因而，这一时期，则可以将其归结于中三国前期格局形成过程中的一次偏差期，最终会随着后赵统一北方正式确立中三国前期的态势。

那么，匈奴汉国灭亡了，像之前总结西晋灭亡原因一样，或多或少都得总结出几点啊。下面简单说明下汉国灭亡的根源：首先，这个国家从建立之初就一直是个匈奴羯胡联合的国家，匈奴人无法真正控制住以石勒为首的羯胡人，更不用说去控制住汉人了。国家缺乏凝聚力，这先天不足的缺陷从它建国起就注定了国运不会长久。

其次，汉国根本就没有一套可以维持国家正常运作的法律和法纪。的确，从刘渊建国起就提出了“胡汉分治”这一在当时看比较先进的制度，但是令人遗憾的是，这套制度压根儿就没切实有效地实行过，和洪仁玕的《资政新篇》一样乌托邦化。刘渊活着的时候，以消灭晋朝为首要任务，自然没闲暇去深化，而刘聪继位后，倚仗着自己灭亡西晋的煊赫武功便也懒得去推行。

所以，整个汉国为了确保自己继续运行下去，只能依靠掠夺来获取短暂的财富，这就需要保证匈奴士兵长期拥有高昂的战斗力来打赢战争。而事实上匈奴兵入主中原后战力开始滑坡，虽有不断的对外战争刺激，可依旧难掩滑坡趋势。这么一个需要靠掠夺才能生存下去的国家而军队战斗力却不断下降，这也表明了这个国家难以长久维持。

也就是说，从汉国建立伊始，它就是在吃老本，一开始吃西晋的老本，吃完西晋吃自己的。当它治下的土地和人民变得越来越贫瘠和贫穷时，这个国家也将迎来坐吃山空的那一天，到时候即使没有靳准之乱，它依旧注定亡国！就像它原想借助汉朝的影响力，可最终证明这一招也只不过是吃汉朝老本罢了，百姓终有清醒的一天。

对于匈奴汉国的灭亡，题目里便已经明示了：矫称汉室终是空！

（十四）

前后赵并立了，一个新的时代开启了，不过，还是将目光转回到祖逖身上吧，因为我们的祖大少已经快要进入生命的倒计时了。

祖逖在夺下虎牢关之后，汉国的内乱也基本宣告结束，天生的敏锐洞察力让祖大少明白，石勒最终将会成为晋朝的最大威胁。于是他并没有继续西进，而是主动停下进攻的脚步，就地开始加固虎牢关，以此作为防御西边刘曜的屏障。因为祖逖此时决心北上与石勒决战了，对于西线他只求做到守势，防御好就可以了。

当然，祖逖除了修筑西线防御工事外，他也毫不放松民心工程建设，他深刻地明白自己身处战火之中，如果不搞好群众关系自己就随时可能被赶跑。而自己的军粮方面，显然单单依靠建康政府的补给远远不能维持北上河北作战的需要，而如果能安抚好河南之地的群众，一定程度上就可以达到就地取粮补给的目标了。事实证明，由于此时河南作为沦陷区的时间还不长，所以百姓对于王师的态度还是非常配合的，他们看到祖逖威武雄壮的部队后无不热泪盈眶地感慨道："吾等老矣！更得父母，死将何恨！"我们都一大把年纪了，没想到还能看到王师杀回来的一天，即使是死了又有什么可遗憾的呢？

然而，他们远远不会想到，祖逖的这次北伐却以惨淡收场，而接下来等待河南人民的则是"遗民泪尽胡尘里，南望王师又一年"的窘境，直到大江对岸桓温时代的到来。公元320年，祖逖再度上表建康政府的司马睿，请求政府发兵支持北伐。然而，东晋政府这边才刚刚结束为时七年的荆州杜曾叛乱。

前面曾说过，杜弢起义后，杜曾作为响应部队曾加入杜弢的叛乱之中，可是当杜弢被消灭后，杜曾的问题却迟迟得不到解决，这一切的一切还与东晋初期王马集团内讧有关。

在消灭杜弢后，王敦一下子成了东晋军界的“一哥”，控制了东晋领土的一半，成为难以撼动的军方大佬。而司马睿为了能够日后制衡王敦，便在王敦治所的北西南三面各自安插了一个人，分别是周访、陶侃和甘卓，其中尤以陶侃实力最强，挂名荆州刺史。

不过也正是因为陶侃拿了这个荆州刺史，结果惹得王敦集团的眼红，王敦手下的谋士钱凤私下里便对王敦说道：“王公啊，荆州之地历来是兵家眼中的必争之地，如今又成了江东的门户，如果控制在我们手里，那自然更有利于您在朝中的位置。可是，倘若交给了陶侃，依他平定叛乱的能力来看，假以时日必成王公您的心腹大患啊！我看您应该委派一个自己人去接管荆州，同时对于陶侃也应该尽早除之为妥啊。”

钱凤这么说正中王敦下怀，随即他便以商议军情为由头，召陶侃来武昌见面。陶侃是个明白人，他知道王敦喊自己是为了什么，可是自己却又不得不去，只能硬着头皮上了。不过聪明的陶侃也留了一手，他安排手下带了三千人马驻扎在涢口，以备不测。

结果哪成想这一举动反倒给了王敦口实，陶侃一见面就被王敦怒斥：“我好意请你来商议军情，你居然敢调动军队，难道你不知道这是违反纪律的吗？来人啊，给我把他拉下去直接砍了！”可是正当士兵上前将陶侃绑着押出去之际，王敦突然间又想到，这个陶侃可是有两卫荆州之功啊，其影响力仅次于当初那个三定江南的周玘。自己当初搞死周玘已然让江东子弟恨得咬牙切齿了，再搞死陶侃，岂不是把荆州的人也得罪光啦？

随即王敦赶忙让人去告知士兵刀下留人，不杀陶侃了。可是，当陶侃再次被带到王敦面前时，王敦又犹豫了：我刚刚已然下令让人弄死这小子了，他心里就不会因此对我怀恨在心？万一他记仇了，以后找我算账怎么办？从他平定两次荆州叛乱来看，假以时日这小子必成大器，恐怕连我日后也未必能镇得住他啊！

想到这儿，王敦又厌恶地摆了摆手，示意将陶侃再押出去砍掉。可是命令刚下王敦便又后悔了，如是者好几次，最后搞得陶侃嫌恶心了，连忙喊道：“王公啊，您可是执天下牛耳的大人物啊，以您的能耐难道杀我陶侃这么一个微不足道的小人物还迟迟无法下定决心？”

（十五）

就在王敦磨蹭着犹豫不决要不要杀陶侃之际，他手下一堆人已经簇拥着出来给陶侃说情了，这些人当初都和陶侃一起并肩作战过，所以战友之情分外浓。

如今王敦要杀陶侃，这些人自然都要挺身而出了，他们纷纷说道："如今陶侃，周访、甘卓三人互为犄角之势，陶侃与周访是姻亲，情同手足。而与甘卓又是亲密无间的伙伴，如今若是把陶侃给杀了，只怕到时候会有一堆人为陶侃而和你翻脸啊！"

手下的话提醒了王敦，王敦心里一寻思发觉这个陶侃还真心不能杀，杀他等于和荆州地界一批军阀翻脸，但是荆州刺史也不能留给他做了。于是，王敦设宴为陶侃压惊，同时在宴席上告诉陶侃，自己已经上表皇帝要求改任陶侃为广州刺史了，让其去广州赴任。听到这番话，陶侃哪还敢有脾气啊，自觉能捡回条命已经不错了，于是他草草地赴了宴席，随后赶紧吃完连夜出逃去广州。陶侃不会想到，有朝一日自己的权势也能如王敦一般煊赫，只是如今的自己还不具备虎踞一方的实力，交出荆州的控制权反而好。因为留下来的两位——甘卓和周访，日后的处境都是相当凄凉。

但是，陶侃离开荆州的消息对于荆州地界的局势产生了很恶劣的影响。一来，东晋各派系的军阀倾轧给了杜曾发展壮大的机会，二来，陶侃被调职导致陶侃原先军中的一大批将领负气投降了杜曾。这么一来，荆州的烂摊子非但没有结束，反而有愈演愈烈的态势。首先，王敦委派的自己人——荆州刺史王廙就在与杜曾的交战中节节败退，甚至还折了朱伺这样的猛将。想当初，朱伺跟随陶侃两卫荆州期间何其雄武，他的死对于荆州地区各参战部队都是很大的打击，一时间军中士气低迷。紧接着，又有不少晋军大将在与杜曾叛军的交战中被斩杀，杜曾势力一度扩大到整个荆州地区。

这么一来，坐镇武昌的王敦按捺不住了，眼看着自己就要被叛军赶出荆州了，再不采取措施，自己这个军界"一哥"的地位怕是要不保啊。于是王敦向自己的狗头军师钱凤再次问计，钱凤笑道："这又有何难啊，主公，皇上不是在荆州地界上安排了三人防备你吗？如今陶侃不在了，周访和甘卓可还在啊。周访辖区正好毗邻叛乱区，您只需要以战区总指挥的名义调动他平叛，那么到时候无论是周访死还是杜曾死，您都能除去一大敌啊！”

钱凤的主意让王敦很满意，只是他还是有些疑惑，问道：“倘若，倘若周访还因为他亲家陶侃之事忌恨我，我又该如何号令他啊？”钱凤说道：“将军，您是三军总司令，他顶多算个集团军军长，您的命令他要是不听那便是犯上作乱的罪名。更何况，人与人讲的永远都是利益，只要您给他开一张空头支票，不怕他不给您卖命。”

这次王敦终于放下身段，亲自去见周访了，见面之后王敦还表示，只要周访能够弭平杜曾之乱，自己就上奏朝廷，表举周访为荆州刺史。“利”字当头，周访也不再埋怨这个曾经陷害他亲家陶侃的罪魁祸首了，连忙带着自己的人马前去平叛。

周访进军到沔阳的时候，遭遇到了在此驻扎的杜曾主力，双方不宣而战。周访和杜曾苦苦鏖战了一天，最后派奇兵绕道叛军背后，两面夹击才杀败杜曾。此次战役过后，晋军一下子扭转了在荆州地区的局势，当初投靠杜曾的陶侃旧将见是周访领军，又纷纷重投晋军这边。

经过半年的拉锯战，杜曾越打越弱，无奈之下只得窜逃进山中躲藏。而周访在几次强攻不利的情况下，便在山下驻扎下来。时间一长，窜逃在山里的杜曾日子过得很是艰苦，便派人下山查看情况，正好被周访捉了个正着。周访遂在他的带领下，派遣一支奇兵打上山去，杜曾这边没有防备，一时间被打了个措手不及。山下的大队人马得到山上得手的消息后，大军正面强攻，这么一来，杜曾的部队很快便全军覆没，连杜曾本人也成了俘虏。面对被押上来的杜曾，周访正眼都没看他一眼，随即就喊手下人将其斩首了。

杜曾的死，标志着第二次荆州叛乱被彻底扑灭，东晋政权正式确立起对荆州地区的牢固控制。不过值得玩味的是，荆州并入了东晋政府，自王敦之后不少权臣出自荆州。

（十六）

按理来说，平定了杜曾本是件皆大欢喜的事情，可是对于平乱的首位功臣周访来说，他自己却高兴不起来。为嘛？还不是琅邪王家的那位跋扈将军干的好事啊！

周访前脚平定完叛乱，后脚就派人去问王敦讨要荆州刺史一职了。可是，到了王敦那儿，王敦却又是换了另一副嘴脸说道：“有这事吗，我怎么不记得了啊？我说老周啊，你好歹也是政府官员，有点儿觉悟好不好，别为国家出力老想着要好处，你说你像什么样子啦？和地痞流氓一个德性啊，我呢，出于对你的照顾，特地表奏了陛下，为你讨来了安南将军这一职位。”

这副腔调让周访在心里问候了琅邪王家的女性亲属N多遍：好你个琅邪王，拽什么拽，也不想想两杜之乱怎么爆发的？还不是你族兄排挤流民在先，你打压陶侃在后啊，把荆州搞成这副鸟样，你琅邪王这个家族有推卸不去的责任。你王敦名义上是战区总指挥、剿匪总司令，可实际上呢，一枪没放还专干些鸡三狗四的勾当，这就是所谓名门望族干出来的事？简直丢人丢到家了！

周访越想越气，竟然当着王敦来使的面，将“安南将军”的委任状一把撕碎，并厉声呵斥道：“王敦这是想打发叫花子吗？以为一个区区的安南将军就能收买我？回去告诉他，老子和陶侃不同，今天这梁子算是结下了，给我滚！”自打那次以后，周访便开始到处串联反王敦人士，而王敦也自知自己和周访之间的矛盾化解不开了，也对其百般提防，一直想找机会除之而后快。

司马睿对于周访的这一举动自然是大力支持啊，有几个牵制王敦的人总还是好的。可是，周访这家伙命实在不好，没过多久就病死了。这么一来，当初想要来制衡王敦的三巨头，逃了一个陶侃，死了一个周访，就剩下一个甘卓了。而祖逖请求朝廷增兵北伐的上表恰恰是在这个节骨眼儿上递交上来的，收到奏折后，司马睿只得喊来心腹一同商议。而司马睿的心腹也仅仅只是刘隗和刁协两人，面对这封奏折，两人给出的意见一致，都不主张增兵。

两人给出的理由是：此时北方虽然汉国不复存在，可是取而代之的刘曜、石勒都不是泛泛之辈。而祖逖的北伐虽然取得了一些胜利，可是多半还是趁着胡人内讧的空子取得的，真要遭遇到刘曜或者石勒的主力，祖逖必死无疑。所以，支持祖逖北伐不仅是一件劳民伤财的工程，还有可能会自取其辱。另外，如今周访一死，王敦气焰就更嚣张了，目前国家的斗争矛头应在内部，而不是外边，先消灭王敦才是当务之急。

司马睿见两位心腹都不赞成出兵，自己心里的火也熄了，不过还是想为自己找一个让良心安稳的理由，便说道：“祖逖赤诚之心，如果就此拒绝，岂不是寒了大将的心么？”刁协却来了这么一句：“谁知道祖逖是忠还是奸呢，陛下可不要忘了，他可是单方面和石勒媾和的，双方还互开商埠，友好往来，试问这是剿寇呢还是养寇呢？”

刁协的话语很有力，突然之间让司马睿甚至有些要责怪祖逖的意思，不过此时司马睿心里毫无负担了，他总算可以为拒绝祖逖而心安理得了。

王师没能等来，却等来一纸司马睿拒绝出兵的诏书，祖逖那颗炽热的心顿时凉到了冰点。更让祖逖难过的是，居然朝中有人污蔑他通敌卖国，想到这儿祖逖更加愤懑不平，这一气便气倒了。

病中的祖逖长叹自己北伐之功，废于一夕，他想起了刘琨，想起了当初的闻鸡起舞，想起了自己的中流击楫。可是，这一切的一切都回不去了，弥留之际，祖逖喊来了弟弟祖约，将军事托付与他便阖目而逝了。祖逖死在雍丘，终年五十六岁。祖逖死后，北方百姓无不痛哭，豫州人民更是自发为其修建了祠堂，时时祭拜，就连远在江东的司马睿也追谥他为车骑将军。

“假使更有三年寿，石勒寻为阶下囚。”后世的胡曾曾经如此评价过祖逖，只是，即使祖逖多活三年，也未必能打得下河北，因为一个松散的国家根本无法给予他北伐支持！

（十七）

随着祖逖的去世，北中国俨然成了刘曜和石勒两雄争霸的战场，但凡事都有例外，一匹黑马正在悄悄地崛起。虽然此时这匹黑马还偏居一隅，可是日后它将入主中原，成为中三国后期的一极，这匹黑马便是东北的慕容鲜卑。

就在刘曜和石勒互分北方，祖逖殒命雍丘之际，东北的局势也在进行一次洗牌。之前已经说了，宇文鲜卑联合高句丽欲制衡日益崛起的慕容鲜卑，可是两家联手只能扳平慕容鲜卑，于是宇文鲜卑便向段部鲜卑抛去了橄榄枝。可是之前段部鲜卑一直因为段末柸和段匹磾的内讧而自顾不暇，其间还把石勒、刘琨、邵续等人都搅和进来了，直到段匹磾被杀，段末柸才算是坐稳了段部鲜卑首领的位置。

当上带头大哥之后的段末柸立刻与宇文鲜卑部接洽，准备结盟共抗慕容鲜卑，因为经过一次大乱之后，段部鲜卑的实力大大被削弱了。如今的段部鲜卑已经从早先的鲜卑部领先水平滑落到了鲜卑部垫底的水平了，如果要是不再和别人一起分点儿好处，那就只能永远跟在别人后头了。

不过“三国同盟”虽然缔结了，可是最先开战的却不是以上三家，也不是慕容鲜卑，而是一个叫崔毖的小人物。崔毖这个人呢，是晋朝的遗留臣子，占据着辽东的平州（今辽宁朝阳），为了确保自己不被人吞掉，于是他便打着晋朝的旗号招揽晋室流民。

这么一来，就涉及我们现代社会常常牵扯出的“版权”问题，因为无独有偶，地处大棘城（今辽宁义县）的慕容鲜卑首领慕容廆也是打着晋室的旗号收揽汉民的。双方在争夺人口方面产生了摩擦，又由摩擦逐渐上升为意识形态的对立，再由意识形态的对立演化为拉帮结派预谋开战。

于是崔毖便联合高句丽、段氏、宇文部三家，准备联合消灭慕容鲜卑，共同瓜分慕容鲜卑的地盘和人口。这一次四路讨伐慕容鲜卑的战争声势浩大，据称联军有近四十万，其规模已经超过了汉国灭西晋所动用的兵力，即使从整个五胡十六国时期来看，如此规模也实属罕见。

那么慕容鲜卑对于大军压境又是如何应对的呢？慕容廆没有惊慌，也没有后世所谓的“任他几路来，我只一路去”的作战方略，更没有收缩兵力固守大棘城来坚壁清野。而是在儿子慕容翰的建议下，令慕容翰领一支部队驻扎在徒河，与大棘城互为犄角之势。

四国联军先是围攻慕容翰所部，可是多番苦战依然没能将其消灭，只能调转目标，合围大棘城。高句丽驻军城东，段部鲜卑驻军城西，宇文鲜卑驻军城北，老崔驻军城南。面对四路大军对大棘城的铁索合围，慕容鲜卑的一些将领都按捺不住了，纷纷请战突围。但是慕容廆却笑着摆手道：“四路兵马虽然声势浩大，可是围攻我小儿所部尚不能予以全歼，又如何能拿得下大棘城呢？况且，以我所见，他们四家人心尚且不齐，宇文部是我等世仇，段部鲜卑又曾被我部侵扰，崔氏只不过是狐假虎威而已，而高句丽纯粹抱着捡便宜的心态来的。他们相互之间没有从属关系，更谈不上统一号令了，时间一长，必然心生嫌隙。我们如今就是要等到他们互相猜忌之时，再大军出动，给其致命一击！”

为了能加速这几路人马之间的内讧，慕容廆派人乔装打扮成崔毖的使者，故意绕道北门进城，然后再出城去了宇文部的大营，顺带带上了不少慕容廆赠与宇文部的牛羊和美酒。宇文部首领宇文乞得龟心里很诧异：老崔什么时候和慕容廆搭上了啊，还有慕容廆明知道和我是世仇，还派人来给我劳军，这是什么情况？

不过宇文乞得龟还没来得及辨析出个子丑寅卯来，高句丽国王高乙弗利和段部鲜卑首领段末柸就怒气冲冲地跑来质问他了：“老崔找慕容廆谈什么东西啊，还有为何前脚老崔的使者进了城，后脚就给你捎来了慕容廆赠与你的礼物啊？”看情况是慕容廆给自己送礼的消息传出去了，这两位来找自己要说法了，可是宇文乞得龟自己还没理清楚，哪来的说法给他们啊。

（十八）

高句丽王和段末柸见宇文乞得龟一问三不知，心里反倒更加疑惑了：平时看起来挺精明的一个人，怎么会连连说不知道呢？难道里面有什么见不得人的秘密？

正巧这个高句丽王是个“华夏通”，对于汉人的一些史书涉猎相当广泛，他突然想起了当初智伯联合韩、魏两家一起消灭赵家的时候，反被赵家暗地里串联了韩、魏两家一同灭了自己。这时候，老崔、宇文乞得龟、慕容廆三家像极了韩赵魏三家，而自己恐怕要成了智伯了，想到这里，高句丽王心里顿时一阵胆寒。

当天夜里，高句丽王就带着自己的部队撤围了，而同样疑心重重的段末柸看见高句丽方面撤军了，自己也当机立断，当日拔营而走。这么一来，宇文乞得龟反倒是更诧异了，怎么都没正面较量下，却都纷纷撤回去了呢？不过，宇文鲜卑和慕容鲜卑是世仇，怎么样都是得打一场的。

而慕容廆利用宇文乞得龟求战心切，派一支小股部队出城逃奔，宇文乞得龟见势立刻率军追击，结果城内的大部分兵马趁机一涌而出，聚歼了宇文乞得龟的留守部队。随后，慕容鲜卑又转道去攻打崔毖的人马，老崔很有自知之明，连忙单骑逃亡高句丽，剩下的人马和地盘都归了慕容廆。追击回来的宇文乞得龟见自己已中计，败局已定，便带着剩余部队也回去了。

这次的东北鏖兵以慕容鲜卑家的完胜宣告结束，老崔部队被击溃，宇文鲜卑遭到重创，高句丽和段部鲜卑纷纷无功而返。事后，司马睿拜慕容廆为车骑大将军、平州牧、都督幽州东夷诸军事，加封辽东公；并赠丹书铁券，承制辽东。

此战过后，慕容鲜卑成了东北地区唯一能代表晋政府的合法政权，同时也确立了他东北强国的军事地位，为他日后称霸辽东打下坚实的基础。而宇文鲜卑、段部鲜卑、高句丽在联合军事行动上的松散无纪的弱点也将成为他们日后二次战争失败的关键，最终他们将在慕容鲜卑的逐步打击下，或尘封于历史，或黯淡于一时。另外，有一点值得肯定的是，此战之后，无论是宇文鲜卑，抑或是高句丽及段部鲜卑，再也不具备和慕容鲜卑单方面开战的条件了。

这时候，再来回顾此时的中华大地上存在着的几支势力。成汉和东晋方面的情况基本不变，这一时期成汉向云贵高原扩张收效不错，而东晋也稳固了在荆州方面的统治。而长江以北向东晋称臣的势力有了新的变化，首先亲东晋的刘琨、段匹磾、邵续等人已经被消灭，拓跋鲜卑也选择了自立门户。但是，辽东的慕容鲜卑却壮大了，祖逖的北伐也让东晋的势力渗透到安徽、河南一线，并且还有凉州的张家。而变化最大的还要数匈奴汉国，匈奴汉国解体后，分为前后赵两国。只是这两国并没有展开生死对决，而是先抓紧时间消灭自己辖区内的小政权，为日后决战做好准备。

审视完各个势力的分布后，再将目光调整到东晋这边，因为我们的琅琊王司马睿已经决定和琅邪王家全面开战了。王敦在荆州地区的肆意妄为已经突破了司马睿的底线，而作为一个开国之君，是绝对无法忍受被一个权臣所操控的，更何况如今还不止一个，朝中还有王敦的弟弟王导呢！

而司马睿所能倚仗的，不外乎枪杆子和笔杆子两类。笔杆子之前也已经说了，刁协和刘隗两位亲信，同时外加周伯仁和庾亮这两位门阀。而枪杆子方面，就显得有些底气不足了，原先有周访、陶侃、甘卓三人在荆州方面制衡王敦。可如今走了个陶侃，死了个周访，只剩下个甘卓显得有些独木难支了，当然也要算上江北祖逖死后归属给祖约的北伐军。不过从后来的情况发展来看，江北的部队并没有得到东晋政府的足够重视。如果说司马睿当年没有伙同琅琊王家一起迫害周玘，或许此时以周玘的能力尚可镇得住王敦，只是周玘一死，江东大族里再也没有拿得出手的领军人物了。

司马睿的底牌已经知道了，剩下来就要看看他如何打好自己手中的牌了。

（十九）

首先，司马睿对自己的两位亲信——刁协和刘隗进行了重赏，他调任刁协为尚书令，以此来架空王导。随后又委派刘隗出镇淮阴，升任为镇北将军，都督青、徐、幽、平四州诸军事，同时还委派戴渊为征西将军，出镇合肥，都督司、并、兖、豫、雍、冀六州诸军事。

司马睿希望依靠这两个临时任命的战区总司令来对抗王敦这个东晋军界的

“一哥”，但比较寒碜的是，这两位看起来像是管了不少地方，可事实上有不少都是沦陷区，真要和王敦硬碰硬或许还相当吃力。

司马睿又借机将王导明升暗降封为司空，以此“敲山震虎”恐吓王敦。可是咱们的跋扈将军却全然不当回事，反而一连上了数封类似于恐吓性质的申诉信，信中他明确提出，国家如果不重用王导，绝对得出事，皇上这么做会被人耻笑！

这么一来，司马睿对于这位跋扈将军的嚣张情绪更愤慨了，他亲自找来自己的老叔——谯王司马承说道：“阿叔啊，你看看吧，前番我用庾亮和周伯仁，王敦就上书为王导鸣不平。如今我用一下刁协和刘隗，他依旧是这副腔调，难道他还真以为这天下有他琅邪王家的一半？朕当初的一时客气换来的竟然是此贼的得寸进尺！”

司马承也接话道：“可不是嘛，陛下有所不知，王敦每每宴饮宾客，酒酣之际必要吟诵曹孟德的《龟虽寿》。一边吟诵，一边用筷子敲击酒碗，以至于他家的酒碗都被他敲出了一个个口子。”

“竟有此事？”司马睿听叔父这么说，脸色大变：“如此说来，这王敦早就有了谋朝篡位之心啊！”司马承接着说道：“陛下，当初您安排周访、甘卓、陶侃三人制衡王敦，可现如今，只余甘卓一人了啊。”

司马睿被提醒了一下，说道：“是啊，叔父你不说朕还忘了。周访死后，梁州刺史这一职位便空了出来，我调甘卓去顶替梁州刺史，可甘卓原先的湘州刺史便又空了下来。朕还没考虑好让谁去做湘州刺史呢，他王敦倒是又跳出来给我弄事情，一味推举沈充接替。”

司马承连忙摆手道：“不可啊陛下，沈充乃是王敦爪牙，当初琅邪王家便是和吴兴沈家勾结，一同害死的周玘，最后反倒把祸事全推到我们身上。如今王敦控制着江州和荆州，再要让他得了湘州，那我大晋朝现今所有的八州中有三州便会由王敦所掌控。”

“不只如此，”司马睿又继续接话道：“交、广、梁三州偏僻闭塞，而湘州却相当富庶，且又毗邻荆州和广州。一旦湘州落入王敦手里，只怕广州、交州不久之后也会被王敦所掌控啊。”

司马承看着司马睿一脸的犯难，突然目光坚定地说道：“老臣不才，愿以这残躯为陛下分忧，请陛下委派老臣去做湘州刺史。臣必定为陛下紧盯逆贼王敦的一举一动，让他不敢有犯上作乱之心。”

听到自己的叔王对自己表忠心，司马睿激动地握住了谯王的手说道：“果然还是叔王愿意为国分忧啊，朕在此拜托叔王了。”司马承则又凑近对司马睿说道：“请陛下放心，老臣纵使粉身碎骨也要力保我大晋江山无虞！只是湘州刚刚经历过两杜之乱，民生凋敝，不堪再战，农事不举，恐怕短时期内难以恢复。需等我休养生息三年后，陛下才可与王敦正式开战！”司马睿连连应允，随即送谯王上路了。

至此，司马睿所能用来对抗王敦的全部力量已经配置完毕，而接下来等待的便是王敦那边的动作了。而就在东晋“王马大战”的同一时间段，北方的刘曜和石勒也在铆足全力消灭境内的大小势力，为最终角逐北方霸主做好充足准备……

第六章

谁主沉浮

——屠各羯胡竞中原

（一）

面对司马睿的步步为营，跋扈将军王敦倒也不闲着，虽然没能给他的盟友沈充捞到湘州刺史的职位，但是他却悄悄安排沈充去了吴郡（今浙江）任职。而沈家历来就是那一带的大户，如今又是朝廷任命的父母官，自然一下子威信积聚不少，而沈充也利用这一便利条件，以吴郡为中心，秘密反朝廷。

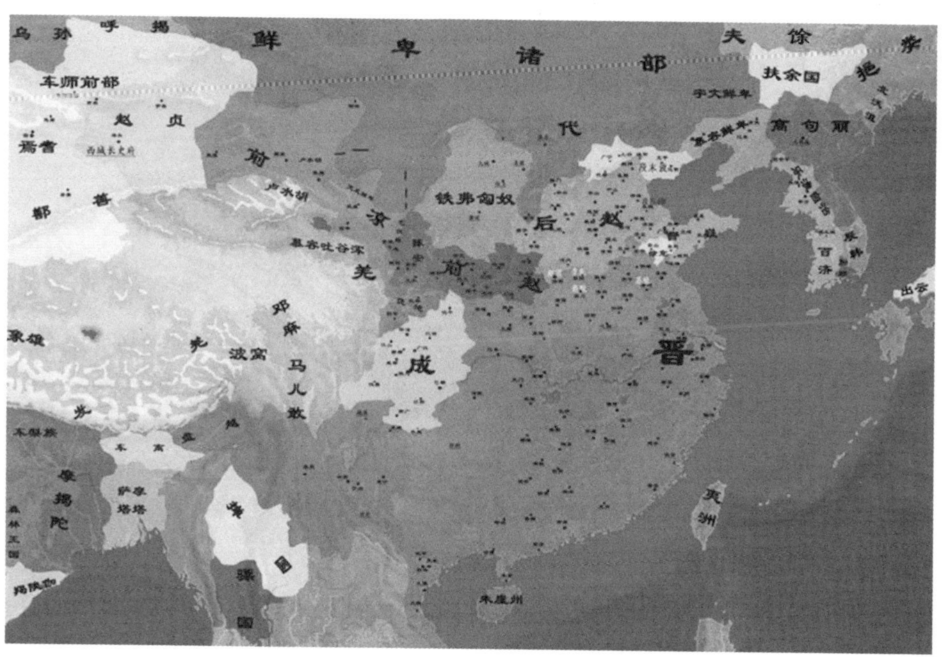

而对于朝廷新任命的湘州刺史，王敦也准备摆他一道。他特意在武昌设宴款待即将赴湘州上任的谯王司马承，司马承也毫不畏惧，单刀赴会。双方一番觥筹交错后，王敦便在席间笑着问道："谯王今年贵庚啊？"司马承说道："有五十多了。"王敦听完哈哈大笑："王爷如此年迈，应该在建康城里享福才是，何必要不辞辛劳去湘州赴任呢？况且，湘州刚刚经历过叛乱，民生凋敝，盗匪丛生，谯王你能治理得了湘州？"

司马承正色道："公未见知耳，铅刀虽钝，岂无一割之用？"这里要解释下，铅制品在硬度上并不是很好，更何况一般喜欢把石墨称为铅，如铅笔等。这种刀具只要割一下就会因为发软而变得钝了。最早说这话的便是东汉时期征服西域的大英雄班超，这里谯王是引用古人言语，表面上看是自谦，实则是傲气十足。

看着王敦一脸哂笑的样子，司马承又继续说道："人说'五十而知天命'，老夫深知为陛下分忧就是天命。那些意图谋朝篡位的臣子，虽能逞凶一时，但终将计划败露，身败名裂而死，将军可不要学这种逆臣啊！"

王敦觍着笑脸送别了司马承，钱凤看见司马承上了船，有些忧虑地说道："将军，如若放任谯王去了湘州，日后我们起兵他便会是在我们大后方的心腹之患。纵虎归山，悔之何及啊！我看不如将其扣押，到时候……"

王敦摆了摆手，说道："你当谯王是猛虎，我只当他是黔驴啊。他无知无畏，空口说大话正反衬出他志大才疏啊！还想学班超，只怕是徒增笑柄而已。暂时我们还没和皇帝闹翻，此时扣他时机不到，再等等吧。"

钱凤又说道："只是如此等下去，我怕会久拖不利啊。司马睿如今已经在调动人马了，我们要是坐视他安排完毕，只怕会在开战的那天落于下风啊。"

王敦说道："你这么说也不无道理，可是没个由头师出无名啊，要不你帮我拿个主意？"

钱凤说道："我看要不咱们向建康城示好，我想以目前朝廷的态度来看，他们肯定不会答应，到时候我们便可以把这么个轻启战端的罪责推给朝廷那边了。在道义上，我们也就不亏欠什么了。"

王敦疑惑道："示好？司马睿那小子原本就㞞，我只怕我这一示好，他那边也借坡下驴，把这事情给冷处理了，日后要是翻起旧账来，可……"

钱凤眯着眼睛笑道："将军您可是大错特错啊，您不是向皇帝示好，而是向刁协和刘隗示好。您要记住，您这次的行动是'清君侧'，针对的便是刁协和刘隗这种小人，而不是当朝皇帝。"

“清君侧？”王敦的眼珠子转悠了两圈，喃喃说道，“记得当初汉景帝时期的吴楚七国之乱中，吴王刘濞打出的旗号也是清君侧啊。好吧，那我就给刁协和刘隗个面子，也让他们当一回晁错。”

很快，王敦便修书一封送去建康，这封书信是送给刘隗看的，信中言辞极尽谦卑。大致是给刘隗表达了这么一个意思：老夫我坐镇地方，而刘大人您坐镇中央，我觉得我们平日里的联系太少了，应当适当多走动走动，搞好关系，也能促进朝野的良性发展啊。

而刘隗对于这么一封来自王敦的“交好信”不屑一顾，他刷刷刷写了一封回信，表明了自己与王敦誓不两立的坚决态度。其中就提到了这么两句——“鱼相忘于江湖，人相忘于道术。”

（二）

收到这么一封回信，王敦自然是又气又喜。自己热脸贴了冷屁股自然气，可喜的是，刘隗果然中计，给了自己出兵的由头了。

就在王敦准备妥当，等候良机出兵之际，老天又给王敦送来了一个好消息，让他可以肆无忌惮地与司马睿开战了。原来，那时候正是北方祖逖病故的时间点。祖逖死后，其弟祖约承袭了他的平西将军、豫州刺史一职，继续屯兵河南，以待时机北伐。

这个消息可把王敦高兴坏了，他激动地对他的狗头军师钱凤说道：“自打周玘死后，整个朝中能让我所忌惮的也只有周访和祖逖一南一北两人而已，如今两人俱亡，我还有什么可担忧的呢！”

永昌元年（322）正月，王敦以“清君侧”的名义起兵，表示要诛杀皇帝身边的刁协、刘隗等人。随后王敦兵分两路，水陆并进，直指建康。而王敦那边一起兵，身处吴郡的沈充自然也是不甘落后，尽起吴郡兵马响应王敦。

王敦叛乱的消息传到中央，司马睿居然丝毫都没有惊讶，或许在他心中早已明白：这一天终究是要来的。司马睿拿出少有的壮志豪情，下诏道：“有杀逆贼王敦的义士，赏千金，封万户侯！朕也当亲率六军诛除逆贼王敦！”是可忍，孰不可忍，琅邪王家作威作福久了，已经把这天下想当然地当成是自己家的了，而此时王敦的所作所为已经触及司马睿底线了。

不过话虽然说出口，可司马睿心里底气还不是很足，毕竟自己所能依赖的五大臣：戴渊、周伯仁、刁协、刘隗、庾亮都是搞政治的文官，让他们带兵和王敦开战就好比让酸秀才去扛鼎，太难为他们了。所以决战前，司马睿把他们都紧急调回了中央，一起商讨制定作战方略。

刘隗一脸严肃地说道："别的咱们暂且先不谈，陛下您应该先做一件事。"刘隗一来什么主意都没出，反倒让司马睿做一件事，这让司马睿有些不爽，他耐住性子问道："那刘爱卿倒是说说看，朕该先做哪件事啊？"刘隗眯着眼睛，笑着说道："咱们先把京城里琅邪王家的人全部给抓起来处死，一来能气一气王敦，二来也可吓得王敦胆寒，让他知道谋反的代价。这三来嘛，咱们也可以防止日后这帮留在京城的琅邪王家子弟与王敦串联，对我们造成威胁。"

"说得好啊，像这帮北伧子早该杀干净了。"刁协也随声附和着刘隗的主意，刁协本是京口大族，可如今却在朝中屡屡受琅邪王家的气，如今有能出气的机会他岂能放过？

司马睿却不这么想，琅邪王家在朝做官的子弟遍布各个角落，盘根错节，你这要是一网打尽还不得让朝野为之一空啊。更何况王导在朝中素有威望，要是把他杀了，不仅让这事情没有周旋的余地，更会引发朝野的震惊啊。越是到这样的节骨眼儿，越不能意气用事，这点司马睿还是拿捏得清的。

于是司马睿说道："尽诛琅邪王一事我们还要从长计议，反正他们都在京城，也跑不了。更何况，真要是到了关键时刻，他们还可以作为我们与王敦谈判的筹码。大家还是先讨论下破敌方略吧。"

周伯仁和刁协以自己是文官的缘故，很快推辞了担当破敌总指挥这一职责，刘隗也说自己一介文官却做了一个战区的总司令，显得不合适，便也甩下了包袱。这么一来，这个苦差事就只能落在戴渊头上了，无奈之下的戴渊只得身兼两个战区总司令的头衔，调动京城所有人马与王敦叛军决战。

而这边王导在朝中的耳目早已将刘隗建议司马睿诛杀琅邪王全部在京人口的消息传递出去了，王导听闻这一消息，心里拔凉拔凉的。于是王导立刻开了一个家庭大会，挑选了家族中王侃、王舒、王彬等骨干分子一同商议。最后，大家一致决定：去向司马睿负荆请罪，或许还有一线生机。

（三）

一大清早，琅邪王家的一干人等便齐刷刷地跪在宫外请罪，这场面蔚为壮观。也正好是在这时候，周伯仁大摇大摆地上朝了，王导瞧见周伯仁，赶忙说道："伯仁大哥啊，我琅邪王家几百口人的性命可全都托付给你了，您一定要帮我去陛下那儿澄清一下，救救我等性命啊。"

周伯仁此时的心情是应当相当矛盾的，原先因为王敦起兵，所以他内心对琅邪王家厌恶到了极点，觉得王导可恨。可如今看到王导这副衰样，心中又有些不忍，觉得王导可怜。无奈之下周伯仁只得背过脸去，不去看王导等人，直直地进了皇宫。

刚一进宫，周伯仁就听见刘隗和刁协吵吵嚷嚷的声音，仔细一辨析，原来都是在劝司马睿立刻处决王导等人的话语。周伯仁这时朗声说道："皇上，王导等人不可杀！一旦杀之，决计不祥。"司马睿不解地问道："为何如此说？"

周伯仁把王导一族跪在宫外的情形叙说了一遍，又补充说道："王导是个忠臣，且有功于江山社稷，一旦错杀了他，便有愧于王导对晋国的恩情。而且依他跪在宫门外的样子来看，绝对不可能和王敦合谋造反。"

周伯仁的言之凿凿让刁协和刘隗很不舒服，可接下来周伯仁又补充了一句，差点儿让这俩人炸毛，老周说："陛下，如今您非但不能杀王导，而且还要重用，就由他来担任三军总指挥，迎击王敦叛军。"

这句话一出口，非但刁协和刘隗蒙了，连司马睿也是迷迷糊糊不知所措，连声问道："这，这又是为何啊？"周伯仁笑着解释道："陛下，平心而论王导领兵才能肯定胜过刁协和刘隗，这点从周玘、石勒身上就能看出了。既然王导能平周玘，败石勒，那对于王敦必然也有克敌制胜的妙招。其次，琅邪王家并非铁板一块，许多琅邪王的宗族或许只是迫于形势才和王敦造反，倘若让他们知道平叛总指挥是王导，那整个琅邪王内部必然分化，这对于我们可是有利的。"

听周伯仁这么一解释，司马睿倒也是茅塞顿开了，他佩服地拍了拍周伯仁的肩膀，笑着说道："伯仁啊伯仁，关键时刻还是你脑子转得快啊，这样吧，你留下来与朕共饮几杯。"周伯仁便应允下来，这一喝酒，老周贪杯的毛病又上来了，一杯接着一杯，直喝得酩酊大醉。

饭局结束后，醉醺醺的周伯仁晃晃悠悠地走出宫来，跪了一天的琅邪王子弟一看周伯仁出来了，等同于见到了救世主一般。王导作为带头大哥，赶忙爬过去拉住周伯仁的衣服说道："周兄，伯仁大哥，你有没有和皇上说说情，救我王家子弟的性命啊？"周伯仁如今喝高了，满嘴酒气说道："我，我今年要杀了你们这帮贼胚，把，把官印挂这胳膊上（今年杀诸贼奴，取金印如斗大系肘）。"说完还比画了一下，让王导一下子心凉了。

看着扬长而去的周伯仁，王导恨恨地说："好你个天杀的周胖墩，往日还和我说你那大肚子能装得下一百个王导，你我之间的交情只有我心里明白，你肚里清楚。可没想到如今我大难临头，连你也想害我啊！"

不过就在王导心灰意冷的时候，司马睿给他吃了一颗定心丸。第二天，司马睿紧急召见王导，就在王导误以为自己要被定死罪之时，却得到了司马睿任命他为前锋大都督，统率京畿部队的诏令，连所有在京的琅琊王子弟也一并赦免。

得到司马睿特赦后的王导激动地说："古往今来，乱臣贼子不胜枚举，想不到今朝竟然出自我琅邪王，还是我族兄王敦。臣惭愧万分，愿为陛下拼死一战！"有了王导的表忠心，司马睿心里也多了几分底气。随即他又分派刘隗和周札驻防金城和石头城，而恰恰是他的这一举措，导致了整个局势的恶化。

周札这个人之前没有提到，但是他的哥哥和父亲的故事已经给大家讲述了。没错，周札出自义兴周家，他的父亲是射虎斩蛟的周处，而他的哥哥则是三定江南的周玘。说到这里，一般人都能明白周札对于司马睿的态度会是多恶心了吧？

（四）

一定程度上，司马睿对于周札是有着杀兄之仇的，这么紧要关头却把防卫石头城的重任交给他，无异于是开门揖盗了。

不过司马睿也有自己的想法，他认为当初周玘的死是他和琅邪王家合力造成的，就算要追究那也是责任均摊，所以周札即使恨自己，可也应该是恨琅邪王家更多一些。但是这些最终被证明是司马睿的一厢情愿，在周札心目中，他大哥死的这笔账绝对是记在了司马睿头上。

很快，前方传来戴渊部队与王敦交战失利的消息，戴渊单骑逃回。紧接着，王敦大军逼近石头城，正当司马睿做出决定，派刘隗部增援石头城之际，又传来周札弃了石头城归降王敦的消息。而对这突如其来的变化司马睿只得让刘隗部和戴渊领兵一同反攻石头城，因为石头城一旦被敌军控制，整个建康城便无险可守了。

除了派戴渊和刘隗去反攻石头城外，司马睿也委派周伯仁去动员建康城的青壮年上城头参与保卫首都这一军事行动。只是戴渊和刘隗实在不中用，这两个昔日被司马睿任命为两大战区作战总指挥的司令员居然连个周札都打不过，接连败下阵来。他们这一败，城内的人心就更加涣散了，为了巩固人心，周伯仁、王导、刁协等人只得带着刚刚组建的志愿军去和叛军硬抗。可如今王敦和周札的部队已经合流了，面对这些临时拼凑的部队的车轮战，叛军对付起来不费吹灰之力。而另一条战线上，沈充的部队也是打得势如破竹，一路从浙江北上打进了江苏，兵锋直指建康城。

眼瞅着大势已去，刁协和刘隗这两个司马睿昔日的亲信只得齐齐跑到司马睿面前痛哭流涕，向皇帝请罪。而这个时候，司马睿降罪给他们也是无济于事，他没有像汉景帝杀晁错一样把这俩当成替死鬼，反倒宽慰他们说："你我君臣一场，如今朕是保不住你们了，可是朕也不忍心把你们交给王敦，你们还是各自逃命去吧。不用担心朕，这逆贼王敦暂时还不敢起弑君的心思。"

听闻司马睿这么说，刁协和刘隗两人又是一阵痛哭，哭完便回家收拾行装，带着家小上路了。要说这刁协平时肯定是人品太差，以至于跑路的时候都遭人恨，逃到京口（今镇江）的时候被手下给宰了，人头直接拿去王敦那里领赏了。倒是刘隗运气不错，带着一家老小竟然躲过王敦叛军的追捕，安全到达后赵境内申请政治避难。

王敦于是趾高气扬地进入了建康城，随后他下令手下士兵放松休息，洗劫首都，自己则去石头城等待朝廷表态了。要说王敦到底是跋扈将军，试想一个臣子哪有那个胆子公然纵兵洗劫首都啊，还不主动去面见皇帝，而是摆出架子要皇帝来见自己。这一刻，东晋皇权的威严荡然无存！

在封建时代，如果帝王的权威被砸得粉碎的话，那么这个王朝必将陷入无序的动荡和黑暗中。东汉中后期就是因为皇权衰弱，才一直萎靡不振、分崩离析的，而欧洲的中世纪依旧如此。这里王敦开了个不好的头，随后几位权臣有样学样，将皇帝如同提线木偶一般操控着。直到最后那个叫刘寄奴的人觉得这么做太碍事，直接连这个提线木偶都替换掉了，正儿八经地走上台前。

此时此刻，面对建康城如此纷杂无序的现状，作为皇帝的司马睿明白自己应该表个态了。他派手下去给王敦传话："当初公进京打出的是'清君侧'的旗号，可如今刁协已死，刘隗已逃，你的目的已经达到。如果王公不忘初心，仍愿忠于本朝，便请提兵回去，我们依旧维持'王马共天下'的现状。如果说王公你真有心要取而代之，那朕甘愿回琅邪封地去，让位与你。"

王敦要的从来就不是共分天下，否则也无须起兵了，而司马睿心里也是一样的想法，现在他能说出这样的话只不过是形势所迫。一旦给司马睿咸鱼翻身了，还会有第二个刁协、第三个刘隗蹦出来恶心自己，所以王敦不愿就此休兵。但是，建康城里面尚有上万禁军，就算自己能打得过他们，可要是真把司马睿逼死了，那接下来又该如何收场？所以，王敦不回应。

（五）

司马睿见王敦不给出答复，又只能压住脾气再次示弱，他亲自颁布诏书，肯定了王敦清君侧的正确性和伟大性，并为此大赦天下。同时，加封王敦为丞相、都督中外诸军事，武昌公，又派满朝文武去朝拜王敦，希望王敦给出明确的答复。

堂堂一个开国之君居然让满朝文武去朝拜一个臣子，这么一来王敦算是长足脸了。志得意满的王敦开始审视着这些到场的官员，其中有他的族弟王导，也有戴渊、周伯仁这些反对派。

王敦笑着对戴渊说道："老戴啊，我们之前沙场相会，不知道你有没有尽全力打啊？"戴渊急忙回应道："哪能不尽全力啊，只是我能力与你相去甚远，比不得啊！"王敦听完哈哈大笑："那么，你服不服？"戴渊谄媚道："不服不行啊。王公你文成武德，千秋万代，一统江湖。"王敦这时收住笑容，又问："那你说，我这次起兵，天下将怎么看我？"戴渊说道："骂王公的人肯定是有的，不过都是草民，不需要和他们一般见识。从表面上看你这次举动无异于反叛，可要是了解了王公内心的初衷便会夸赞你这高义之举。"

戴渊的一通拍马溜须让王敦非常受用，他跷起大拇指说道："说得好，老戴你可真会说话！"紧接着王敦又走到周伯仁面前，厉声呵斥道："姓周的，你就不是个东西了，听说你和刘隗、刁协等人曾经建议皇帝要把我琅邪王氏在京人员全部杀死，你说你对得起我吗？"

周伯仁不比戴渊，本就憋着一股火要发泄，如今王敦找上自己了正好是自讨没趣。周伯仁冷冷地说道："是啊，我确实对不起你，本来你反叛我要是能将你击败，倒也成全了琅邪王氏一家的名声。可如今反倒让你打进了建康城，欺凌我陛下，让你成了后世口诛笔伐的乱臣贼子，我给你招来了如此恶劣的名声，怎么会对得起你呢！"

原本被戴渊捧得飘飘然的王敦却在周伯仁这边碰了钉子，心里没有准备竟然愣在了当场，一言不发。这时，王导出来悄悄地拉了拉王敦的衣服，小声说道："大哥，你威风也摆了，气也出了，见好就收吧。"王敦被这么一劝，又来劲了，说道："小弟啊，你真没出息，瞧你那㞞样。虽然刁协已死，刘隗已逃，可如今难保朝中没有和这俩逆贼沆瀣一气的，我要是不探探诸臣的口风，又怎么知道谁忠于我，哦不，是忠于朝廷呢？"王导问道："那你还想干吗？"王敦说道："还想干吗？杀人啊，你说我还想干吗。要不趁着这次机会把朝中刁协、刘隗的同党清洗干净，日后只怕还有宵小要质疑'王马共天下'的格局！"

王导无奈道："如今朝中哪个还敢质疑你？皇上都已经加封你为丞相，都督中外诸军事了，你又何必得寸进尺？"王敦自知和自己这个弟弟说不通，白了他一眼就不再搭理王导。这时候，王敦突然高声说道："太子何在，怎么不见太子啊？"中庶子温峤出来回应道："太子最近偶染风寒，不便见王公。"

王敦脸色一板，"哼，感染风寒，我看他是做贼心虚，不敢见我是真的！"温峤疑惑道："王公你这说的是什么话？"王敦说道："大实话！我听闻我在城外与刁协、刘隗等逆贼鏖战之际，这个黄发鲜卑小儿还想整顿宫中禁军与我决一死战。温峤，你说老夫说的是也不是？"温峤只得嬉笑着说道："太子年少不懂事，误会了王公兴兵的用意，我已经劝说他打消动武念头了。"

王敦说道："嗯，你倒是个明白人，只不过，既然太子年少不懂事，我看不如趁早换人，以免日后贻害天下！"温峤接着说道："不可，皇太子以孝闻于天下，岂能轻易废黜？"王敦撇了撇嘴道："圣人言，'事父母几谏。'皇上被奸臣所惑，太子却不劝阻，明显有违孝义啊！"温峤说："沟渠深远，岂是我们能看得清的（钩深致远，非浅见所能窥）？王公你久居地方，自然看不见太子劝阻皇上的时候啊。我长期陪伴太子左右，自然能见到太子的孝义之举。"百官见温峤仗义执言，也纷纷帮腔，盛赞太子美德。一时之间，王敦陷入了骑虎难下的窘境，便以天色已晚为由，吩咐百官各自回去了，独独留下了王导。

夜里，王敦府中灯火通明，王敦和王导两兄弟齐聚一堂，一起商议日后朝中的人员。

（六）

王敦对王导说道：“钱凤劝我将周伯仁和戴渊尽早铲除，不过我想听听你的意见。”王敦询问王导，王导却没有半点儿反应，于是王敦试探性地说道：“周伯仁是北方大户，戴渊又是江南豪门，即使位列三公也是无可厚非的。如今我清除刁协、刘隗一党杀了不少人，急需一些可靠的人在朝中帮我运作，所以我想好好拉拢他俩。”

王导却一言不发，王敦便又转换了口气：“既然你不赞同他们出任三公，那做做仆射尚书是否可行？”王导依旧沉默不语，这下子王敦脸色不好看了，冷冷地说道：“看来你是不想在朝堂上再见他俩了，我索性将他们都杀了，一了百了！”王导依然保持沉默是金的态度，不过王敦已经看出王导的意思了。

第二天，王敦便命令部将直接拉着部队去把周伯仁和戴渊捉了过来，顺道伪造了一份圣旨，将他俩绑了押送到城外处斩。老周被押上囚车之际还大声骂骂咧咧地吼道：“晋朝列代帝王，你们在天有灵就睁眼看看吧，逆贼王敦，兴兵犯上，残杀忠良，罪该万死啊！”周围押送他的小兵嫌他嘴太臭，就用利刃豁开了他的嘴，鲜血汩汩流出，而周伯仁犹叫骂不止。

王导认为，周伯仁在自己危难之时落井下石，自己没主动开口要杀他已然是对他很讲情义了，所以觉得周伯仁死便死了，没什么可惋惜的。可不巧的是，过了几天后他去整理皇宫内档，从一堆卷宗里发现了当日周伯仁为自己向皇帝求情的谈话记录，这下子王导才明白自己是彻底误会周伯仁了。

真相大白之后，王导痛哭流涕，越发觉得自己对不起这位老朋友，内疚地说道：“我虽不杀伯仁，伯仁由我而死。幽冥之中，负此良友！”而这句话后来也被人反复运用，一直流传至今。

有人认为，周伯仁纯粹是自己找死，既然帮了王导那就直接言明嘛，何必还要恶狠狠地痛骂王导一番？可是要注意当时的背景，当时周伯仁喝得醉醺醺，哪里还能理清楚正常思维，酒后胡言乱语本属正常，可王导却把他的醉话当真，这不滑稽吗？更何况，琅邪王氏密谋叛乱，虽然祸首是王敦，可是王导就能推脱掉干系啦？周伯仁那番话语说得也没有错，指责王导为贼却也是事实。

当然，如果要从王导的角度上来看，他就做得非常不地道了。周伯仁说的话本无心害人，而王导一言不发中却包含了杀人之心。王敦是王导的族兄，这便让王导和王敦之间有着相当好的默契度，随便一个眼神就能知道意思了。王导虽然没有开口提议杀周伯仁，但王敦却从他一言不发的态度中读懂了他的意思，并做出了杀周伯仁和戴渊的决定。有人要说了，王导不说话也未必就是真想杀周伯仁啊，万一是王敦会错意了呢？

可是要看到，当王敦下决定杀戴渊、周伯仁的时候，王导也没有去劝阻啊。正如《神雕侠侣》中一灯大师教导慈恩的那句话一样："你虽以为它是雪人才下手，可当你发掌之时，心中已经有了杀机，业障已生。"这边的王导也一样，在王敦询问他的过程中，他对周伯仁便已经产生了杀心。

另外，我们或许忽视了一点，这一次被杀的除了周伯仁外，还有戴渊。王导心里暗恨周伯仁或许有可能，可戴渊和他有什么仇什么怨呢？相反，当初戴渊和王导都是晋元帝司马睿任命的讨逆军总司令，按理说是战友啊。尽管说戴渊在城破后拍了王敦马屁，但那也只是为了活命，要忌恨也该是司马睿去忌恨戴渊，干王导何事？

如果从戴渊和周伯仁死后谁获利最大的角度看，就会发觉，王导才是幕后最大的受益者。首先，王敦出镇武昌，即使受封丞相他也必然不会待在京师，他会和自己的部队牢牢地在一起，以防京中的变局。而王导作为王敦的族弟，虽然表面上看两人并不对胃口，但这也只是从表面上看，有王导在朝中照应着王敦还是可以放心的。其次，之前司马睿的一些人事调动已经架空了王导在朝中的权力，取而代之的是戴渊、周伯仁、刁协、刘隗四人。如今刁协、刘隗已死，再除掉戴渊和周伯仁，那么朝野之上也依旧是他王导说了算的。

（七）

至此，已经明白，这场战争表面上看王敦是最大受益者，其实最大受益者恰恰是被誉为"老好人"的王导，他一言不发的同时，却让局势朝着有利于他的态势发展。王导给司马睿，给天下人展示的都是一副忧国忧民、为国分忧的伟光正形象，可是他却在这伟光正形象的背后，为自己重新攫取了朝中的顶层权力。

王导是个人精，更是个高深的政客，很少有人能像他一般在揽权的时候还能保持着高风亮节的姿态。或许这也就解释了为何后来在王敦失败后他依然没有受到波及，即使是苏峻这样一个兵头入寇建康，也依然要将王导拉出来装饰门面的原因了。大奸似忠，或许说的便是王导这样的人，如果说王敦是孤傲的苍狼，那王导便是狡黠的野狐。苍狼永远无法抗拒猛虎的威严，但是野狐却可以假借猛虎的威严震慑四方。

不过周伯仁的死还是引起了琅邪王氏一些人的自责，王敦族弟王彬就曾在周伯仁死后为其哭吊一场。而事后被王敦知道了，王敦大为不满，他喊来王彬问道："周伯仁死有余辜，你怎么还去向我琅邪王氏的仇人吊丧啊？"王彬反而说道："伯仁如何死有余辜？他为人耿直刚毅，不结党营私，却落得如此下场。虽然他与我关系一般，但是如此忠直之士却枉死，我怎能不伤心惋惜啊！"

王敦被弟弟这么一说愣在当场，没有言语，可王彬却继续说："大哥，你残害忠良，欺君罔上，不臣之心昭然若揭，我恐怕日后我琅邪王氏要因为你而遭殃了。"王彬说这话的时候大义凛然，丝毫没有畏惧的样子，结果王敦听完这话差点儿气得背过去，他指着王彬骂道："你，你，你，你莫不是想要我把你也杀了，去陪周伯仁？"

左右见王敦已起杀心，连连催促王彬赶快磕头谢罪，没想到王彬是个"强项令"，以脚疼为由拒不下跪道歉，还一再声称自己没说错。王敦随即拔出宝剑，厉声说道："既然你脚疼，那我就让你脖子也疼一下，看看孰轻孰重！"

王彬见王敦提剑朝着自己杀来，赶忙撒腿就跑，跑的过程中还大声喊道："前番你杀王澄，如今你又要杀我，毫不顾及宗族之情啊！"就在王敦和王彬追逐之际，王敦的大哥王含却灰头土脸地跑了进来，大声喊道："武昌沦于甘卓之手！"惊闻噩耗，王敦扔掉宝剑也不去追赶王彬了，而是赶忙拉住王含询问详情。因为武昌是王敦的大本营，一旦被人夺占，那王敦可就无家可归了。

之前就说到，司马睿早在中央军入湖广之际，便已经开始着手防备王敦了，他亲自在荆州地界上安排了周访、陶侃、甘卓三人制衡王敦。如今周访虽死，陶侃虽走，可甘卓还在，况且还要加上个司马睿新委派的湘州刺史谯王司马承。这司马承和甘卓的存在无异于是王敦大后方最为不稳定的因素，时刻牵动着王敦的神经。

这一次王敦大军东进，留自己哥哥王含守武昌，给了司马承和甘卓可乘之机，谯王司马承便在王敦走后，联合各方诸侯，一道进军武昌。起初司马承号召各路诸侯一同讨伐王敦的时候，响应者甚寡，只有零陵太守尹奉、建昌太守王循、衡阳太守刘翼等市长级别的官员响应。这时，司马承的手下长史虞悝就说了："王爷，咱们这边刚刚经历战乱不久，战后的重建工作都没完成，兵粮奇缺。靠着我们下面辖区的地方部队要想组建成一支抗衡王敦的铁甲雄狮根本没可能，我看我们还是先固守城池为好；另外，修书一封给甘卓，邀他一同前来会盟讨伐王敦。甘卓当年和陶侃、周访一样，都是让王敦有所顾忌的大将，他的辖区又在边境线一带，手下的部队都是长年和胡人交战淬炼出来的，战斗力肯定强。如果甘卓愿意出兵进攻王敦，那么我们胜算就大多了。"

虞悝的建议让司马承很满意，他立刻修书一封派主簿邓骞送往襄阳，请甘卓发兵。而老邓前脚刚走，后脚王敦的部将便领兵来寇湘州。

甘卓收到信件后，一直无法下决定到底是一同起兵还是按兵不动，只得让老邓先候着，自己则跑去和参军李梁商议。

（八）

李梁坚持让甘卓按兵不动，他给出的理由是："假使主公您出兵参与对王敦的行动，那日后的荣辱全取决于战争的胜负了。赢了固然好，您与司马承等人共分王敦的领地，可要是输了呢？岂不是身家性命全部搭进去了？假使您选择按兵不动，那王敦如果成功，您依旧做您的梁州刺史，没什么损失。如果王敦失败了，那您就有机会受到朝廷重用了。如此一来坐观成败便能达到的效果，何必去拼死一战呢？"

甘卓觉得有理，便把李梁的话转告给了老邓，结果老邓听完哈哈大笑。甘卓忙问："怎么？我的参军所说的不对？"邓骞正色道："李参军所言，真是无知无畏，徒增笑柄罢了。甘将军，您目前所处的梁州本是四战之地，北边与胡国毗邻，南边便是王敦的地盘了。倘若王敦取胜后，回师荆州，到时候切断您与湘州和建康城的联系，那您的梁州真可谓是一座孤岛了。到时候王敦若挟天下之重兵前来，您又将如何抵挡？自古以来，成王败寇，哪有说等别人掌控大权之后，还能保持不败地位的？将军您千万别忘了，您和王敦可不是一路人啊，况且您本是晋室臣子，如今天子被逆贼所迫，您却作壁上观，这可有违人臣之道啊？"

司马承选的使者确实是选对了，在外交辞令方面老邓绝对有两把刷子，三言两语便让甘卓有些犹豫了。老邓见甘卓内心有些松动，便又趁热打铁地说道："将军您要是随王敦附逆便是国家的奸贼，要是拥护朝廷帮助平叛，那您就是社稷的栋梁，何去何从，将军可一定要拿个主意啊。否则如将军这般首鼠两端，只能是两边都不讨好，早晚必将惹祸上身，是取灭之道啊！”

听邓骞这么分析，甘卓也是感触良多，可他依旧面有难色一言不发。邓骞似乎看出了甘卓的顾虑，便凑近说道：“将军如今还犹豫，莫不是担心自己打不过王敦？其实将军对于这方面大可不必担忧，王敦已经率主力部队东进了，剩下还有两万人马正在围攻湘州。如今的武昌城内只有王含所部的五千士卒，我想区区一个王含，您对付起来应该很容易吧？您只要拿下武昌城，便是控制了王敦的整个大后方，到时候切断了王敦的粮草供应，王敦叛军不得归来，时间久了必将溃散。而您再以武昌为据点，号召天下勤王之师声讨王敦的罪行，必然能达到您所期望的号令天下的目的。”

邓骞的话让甘卓五体投地，他激动地握住老邓的手说：“谯王果然厉害啊，连一个使者都能指点江山，我必将依先生计策而行。”随后甘卓领兵数万，南下武昌，对外则宣称是给王敦助拳的。王含这个二愣子竟然不疑有诈，面对甘卓的兵临城下他竟然大开城门以示欢迎，结果甘卓手下的士兵趁势占据了武昌城。王含多亏手下拼死护卫，才侥幸捡回一条命，往建康方向逃去。

如今王敦老巢被占，已然是进退失据，焦急之下的王敦决定直接入主建康城，而后以天子的名义再行征讨甘卓。他的谋士钱凤再次给他出主意了：“王公，早些时候你不入主建康城，如今再想打进去怕是错过了最佳时机了。要知道，如今的宫中禁军早已做好了防备工作，依托建康城的城墙，挡我们一段时日倒也不难。真到那时候，大军困于坚城之下，进退不得，我们便危险了。”

王敦便问道：“那依你之见，我们又该如何？”钱凤笑着说道：“倒也不难，甘卓离这较远，想必他还不知道我们已经诛除刁、刘、戴、周等人的事情。你只需要派一名使者前去武昌告知甘卓朝中的一切，声称我们已经控制了朝廷，那这样一来，以甘卓犹豫不决的毛病必然方寸大乱。到时候，他知道战局已定，自己失去了出兵借口，必然撤兵回去。”

钱凤的建议给得很及时，王敦立马照做，派人去知会甘卓朝中情况。甘卓得知王敦已经得手，刁协、周伯仁等人也已经被杀，明白自己晚了一步，不禁失声痛哭。哭完之后，甘卓审时度势也只得无奈地选择退了兵。与此同时，陶侃已经派部将领兵两万北上增援了，可那边一见甘卓撤了军，便也打道回府了。王敦见甘卓、陶侃俱已罢兵，便也从容地收拾部队，返回了武昌。甘卓不会想到，这一次自己的撤军等同于在王敦面前缴械，剩下的只有等死了。

（九）

回到武昌之后的王敦对于甘卓的这次军事行动表示很愤怒，依跋扈将军的脾气，凡是惹了他的人，必然要付出生命作为代价。所以，王敦也开始谋划如何除掉甘卓了。

甘卓身为梁州刺史，好歹也算是晋王朝的封疆大吏，手下兵马也有数万之众。如果贸然攻打必然兹事体大，局势可能会陷入失控的地步，外加上司马承那边还要应付，王敦此时可当真不想再搞军事冲突了。思前想后，王敦决定用刺客去摆平此事，他拉拢甘卓部下——襄阳太守周虑，让其负责刺杀行动。周虑用计策骗走了甘卓的守卫，随即带着一班人马杀入甘卓府内，当即袭杀了甘卓。

甘卓死了，王敦的心情大好，于是他便以皇帝的名义安排周访之子周抚去接替甘卓梁州刺史的职位。周抚这人也挺奇怪的，和周札差不多，明明亲属都和王敦有仇，可偏偏自己要和王敦混在一起。这边再来交代一下周札日后的下场，后来周札与王敦翻脸（估摸着是打入建康城后分赃不均引发的），王敦便再次喊他在三吴之地的盟友沈充去打周札。当时周札的府库里有一批精良的武器装备，手下就建议周札拿出来分发给将士，以此拱卫义兴城。奈何这周札脑子不知道是不是被驴踢了，居然以装备价值不菲为由拒不发放，于是一帮拎着破铜烂铁的部队自然扛不住大刀长矛的沈充部队啊，一战即溃，连周札本人也死于阵中。

要钱不要命到这般地步的还真心少，估摸着也就梁朝末期的武陵王萧纪才能和他有的一比，若是周处和周玘泉下有知，不知作何感想？随着周札的离世，显赫一时的江南大族义兴周家彻底退出了东晋王朝的历史舞台，即使在宋齐梁时期也一直被人忽视，直至后来陈朝建国。

安定了梁州，王敦又加紧了对于湘州的攻夺，他派部将李恒率兵增援围城部队。司马承几次突围都以大败告终，手下大将多名战死，可他依旧拒不投降，大声嚷道："我乃堂堂的晋朝宗室，受天子之命坐镇湘州，绝不会投降尔等逆贼，誓与此城共存亡！"

司马承精神可嘉，可是无力回天，长沙城被围困百余日后终于被攻破，司马承登上城头，望着东边自刎而死。其余司马承的手下也被王敦部队斩尽杀绝，至此，王敦控制了湘州。湘、江、荆、梁，东晋八州王敦此时控制了四个，成了名副其实的东晋最有权势之人。皇帝司马睿已经被完全架空，朝廷中百官俱是王敦一党，就连各地官员的任命也是王敦颁布的，跋扈将军到达了人生的顶点。

与南方东晋政权内部激烈动荡的局面相比，分裂的北方只能用“乱”字来形容了。自从匈奴汉国分裂后，这片土地上的刀兵之祸便一日胜似一日，一天犹酷一天，两个赵国的横空出世注定了要争夺这片土地最终的霸权。但是，令人匪夷所思的是，他们并没有就此陷入旷日持久的激战中，而是将主要精力投注到消灭辖区内的异己分子上。

先来说前赵，刘曜将都城从平阳迁到长安后，为了拓宽生存空间，便开始向西部大进军，首先就遇到了盘踞在陇西的司马保。这个司马保之前说过，承袭了父亲南阳王司马模之位，自觉自己比司马睿这个野种更有资格继承晋王朝的皇帝之位。但是呢，偏偏令他揪心的是，他那块地方太蹩脚了，就卡在河西走廊那一带，夹在前凉和前赵两大势力之间。无论哪一方想要拓宽生存空间，肯定要拿他开刀，前凉是向东晋称臣的，对于司马保这种搞“两个晋朝”的叛乱分子肯定是要严打的。前赵就更不用说了，司马保他爹司马模就是死在刘曜手里。

可前凉毕竟拉不下脸来对司马保动武，于是消灭司马保的任务就落在了前赵头上，刘曜动作迅速，很快兵发陈仓、安定两地。面对匈奴人的来势汹汹，还在幻想着做皇帝的司马保终于明白了自己已是穷途末路了，还未等到他决定是抵抗还是投降，他手下的士兵便哗变了。司马保的部下砍下司马保头颅，作为归降刘曜的投名状，刘曜收揽司马保部众后，班师回朝。

回到长安后的刘曜做了一件令人咋舌的事情，这件事情让他和匈奴贵族产生了裂痕。

（十）

刘曜做的这件事便是废掉之前的皇后卜氏，册立羊献容为皇后。自从公元300年被司马衷立作皇后之后，经过了整整18年的时间，羊献容再次获得母仪天下的机会，并成为中国历史上唯一的一位两国皇后。

然而，羊献容的第一次皇后经历太过辛酸和坎坷，司马衷是个连自己命运都无法掌控的傀儡皇帝，作为他的皇后，羊献容又如何能有皇后的威仪呢。甚至说，作为晋国皇后的羊献容甚至连自己的生命都无法主宰，可刘曜给予她的则是一个真正的皇后，具备了威严与权力的后宫之主。一个男人所能给予自己心爱女人的一切，刘曜都尽力去做到，而能让刘曜痴迷至此，羊献容靠的绝不单单是倾城的容貌，而是内在的气质与涵养。

然而，在外人眼中刘曜的浪漫代价却相当昂贵，首先刘曜的发妻卜氏是匈奴上层贵族四大姓（呼延、卜、兰、乔）之一，拥有一定的政治地位，且她与刘曜已经育有一子。如今刘曜将她无端废黜，很明显要开罪相当一部分匈奴贵族，大大折损刘曜与匈奴上层贵族的契合性。其次，倘若册立的是个匈奴女子倒也罢了，可如今册立的却是个汉人，而且恰恰是被汉国灭亡的晋朝的前皇后，这可是属于敌对势力啊，刘曜如此做很难得到匈奴人的理解。

但是即便如此，刘曜依然毅然决然地册立羊献容为皇后，因为他当初的一个承诺，一个男人对女人最为真挚的承诺。刘曜的这一举动，似乎也是在向匈奴人宣誓："羊献容我是一定要册立为皇后的，为了她，朕宁可外树强敌，内失臣心！"刘曜对羊献容爱得义无反顾，而羊献容呢？她对于刘曜的感情还是通过一则小故事来展示吧：

有一次晚上，刘曜突然来了兴致，问起羊献容道："容容，朕想知道，在你心里，我比起司马衷来，哪个更厉害些（吾何如司马家儿）？"这样的话语一般都会在二婚家庭中被提及，或是男方问起，又或是女方问起。不过一般这些问题都属于心血来潮，倒不是真是所谓的矫情，因为嫉妒心作祟，人都喜欢拿自己和他人做比较。

羊献容对于这个问题虽然有些猝不及防，但是很快便镇定地回复道："您何必要把自己和亡国之君相比呢？司马衷作为皇帝却不能保护住妻儿乃至自身，又遑论其他啊（彼亡国之暗夫，有一妇一子及身三耳，不能庇之）。"羊献容说得很从容，如一池波澜不惊的湖水。刘曜却听闻这么一说有些恍惚，错愕地盯着羊献容。

羊献容不明白刘曜怎么突然沉默了，于是又补充说明道："我出生于高门大户，曾经认为天下的男子都一个样。只是自从侍奉您以来，才知道这世上还是有大丈夫的（妾生于高门，常谓世间男子皆然。自奉巾栉以来，始知天下有丈夫耳）。"这一番话说完，刘曜都震惊了，本来他只是随意问问而已，却没想到羊献容竟然给予自己这么高的评价，以至于刘曜都有些受宠若惊了。

后人以此来抨击羊献容背叛家国、背叛夫君的无耻行为，可是，细想之下，羊献容所说的话又有哪一句是假的？司马家为争权夺利而内讧，结果却是将千千万万百姓卷入了战火，晋惠帝身为九五之尊，却没有履行过一次皇帝的职责，这样的人又如何能期许别人高度评价他呢？而反观羊献容，她只是一个女人，一个柔弱无辜，脆弱无助的女人。她虽然名义上是皇后，可却被臣子五废六立，身处深宫之中的她没有一丝一毫的安全感，更何谈行使皇后的权力？

是刘曜给了她再世为人的勇气，刘曜用尽一切去爱她，甚至可以力排众议坚持立她为皇后。他给了羊献容安全的栖身之所以及皇后真正的权威，对比司马衷，孰好孰坏，羊献容自然能分清。后人骂羊献容，也只是从道德的制高点去抨击她，可是十六国之后，世间还有道义可言？北方胡人肆意残杀汉人，南方逆臣威逼皇帝，臣不臣，君不君，国不国，家不家！坚持抗争的将领客死他乡，为国立功的元勋含恨而亡，社会的秩序早已坍塌，这不是一个人的原因，而是芸芸众生所处的真实境况！

（十一）

说到底，羊献容终究只是一介女流，既然那个时代许多男人都未能坚守住操守，又何必去苛责她呢？

这一点，司马温公也是明白的，可是他仍然把羊献容和刘曜的这段夜话记录到《资治通鉴》里面。其目的并不是要指责羊献容，而是通过这件事说明一个道理：作为帝王，如果你无法履行自己的职责，那么即使是与你最亲近的人，她也会背弃你，离开你！所以，后世的君王一定要引以为戒，不要给你的女人有拿你和他人做比较的机会！

羊献容的回答让刘曜很感动，也让刘曜知道，自己所做的一切都是有回报的，这个女人为了和自己在一起也付出了很多。她背弃了自己的国家，背弃了自己的家族，甚至背弃了自己的民族，刘曜发誓一定要让羊献容成为全天下最幸福的女人。

羊献容被封后也在向外部透露出一个信息：前赵国君开始向汉化靠拢了。与之相对应的是，羊献容频繁地参与到刘曜的内政国事上，这个君主的许多决策，都是在与羊献容商议后执行的。

不过，此时的前赵国内并不太平，尤其是西北之地上还存在不少大小割据势力，就在刘曜准备兵发凉州之际，国内却爆发了一场叛乱。因为对刘曜汉化政策的不满，前赵国的解虎和尹车两位将军趁机发动军事政变，此次政变参与者还有氐族的句徐、库彭两位酋长，只不过这场政变最终以失败告终。

事后刘曜开始清算叛逆者，尹车和解虎这两个叛国分子自然是被立即处决了，而至于句徐和库彭两位，因为考虑到是“外籍分子”，只是暂时将其关押，以观后效。时任光禄大夫的游子远去和刘曜说道：“皇上，此次叛变您已经诛杀了首恶了，剩下的还请网开一面，以示您的恩德。”刘曜原本就在犹豫如何处决这帮人，可游子远这么一说，反倒激起了他的杀心。刘曜下令将游子远关押，至于句徐等氐族人自然是被统统杀光了，而且为了警告其他人，刘曜还将句徐等人的尸首示众十天后，统统丢进了水中。

这么一来，自然不干了，巴族人联合氐人聚兵关中，打响了反刘曜的战争。他们推举句渠知为统帅，建国“大秦”，改元“平赵”（这年号很有气魄），同时，关中一带的羌人和羯人一看造匈奴人反的机会来了，也乐呵呵地参与进去。这件事情是否与石勒有关目前无从得知，但是出了这档子事，石勒铁定最开心。由于造反的实在太多，据称有三十万之众，整个关中都乱成一团，各地的城池也都只能紧闭城门了。

一听闻局势恶化到这般地步，狱中的游子远也不顾自己是戴罪之身，连忙上书给刘曜，声称自己能平乱。这时候的刘曜正在为关中之乱忙得焦头烂额，收到游子远的信后怒火中烧，一把撕得粉碎，吼道：“他算个什么东西，原本是在大荔做奴仆的，现在自己都身陷囹圄，还来对我指手画脚，难道不想活了吗”说完就想杀掉游子远，手下一见刘曜要开杀戒了，连忙围着劝阻。大家你一言我一语地为游子远说话，称他自己虽然身处牢狱之中，却一心想着为君王分忧，这是大忠大义之人啊；他不顾安危冒死上谏，陛下怎么忍心将其杀害呢？您可千万别学袁绍啊！

可刘曜正是气头上，任谁都劝不住，百官无奈之下只得齐声说道：“游子远一心为国却不能被陛下所容，臣等寒心啊，愿与游子远一道赴死。怕只怕陛下自此以后，手下再无忠臣直言上谏啊！”

大臣们这一类似于“逼宫”的举动让刘曜静下心来仔细思索，他觉得自己这般行为确实做得太过火了，于是下令将游子远放出。游子远重获自由后便找到刘曜，声称自己能破敌。刘曜来了兴趣，便问道：“你平叛需要花多长时间？”游子远信心十足地说道：“一个月就够了。”游子远的话差点儿没让刘曜再次下令砍他脑袋，刘曜满脸怒气地说道：“是你疯了还是把朕当成疯子？一个月，敌人有三十万人呢，你倒是给我说出个子丑寅卯来！”

（十二）

游子远镇定自若地说道：“这些家伙充其量就是一群乌合之众，他们造反只不过是受人蛊惑。您执法严苛，将他们首领杀了，所以他们内心都畏惧您，只要陛下您宣布大赦天下，免去他们的罪过，他们当中绝大多数人必然放下武器投降。那么，剩下一小撮顽固分子就容易对付多了，就请陛下准我领兵五千,一举歼灭顽敌。”

游子远说得头头是道，条理清晰，刘曜听得也是分外舒畅，表示佩服。于是刘曜遵从游子远的提议，大赦天下，反叛者得到这一消息后，许多人都放下了武器，唯独句渠知等匪首还顽固不化，拒绝投降。刘曜便任命游子远为车骑将军，负责统御关中的军事，并让其尽快歼灭句渠知的叛军。

游子远与句渠知的部众在阴密（今甘肃灵台）决战，句渠知全军覆没，本人也不知所终。随后，游子远又率军转战陇右，歼灭匪军残部，在追剿残敌的过程中游子远剿抚并用，招降了以虚除权渠为首的一批叛军首脑。刘曜在后方听闻这一消息，非常高兴，加封虚除权渠为征西将军、西戎公，并将二十余万的少民全部迁到长安城。

对于游子远，刘曜更是对其加官晋爵，册封他为大司徒，让其处理朝中大事，俨然成了“一人之下、万人之上”的重臣。游子远从一个奴仆成长为国家的股肱之臣，其传奇经历的确令人咋舌，然而，在史册上留下了名字之后，游子远便消失了。史书上关于他的经历，也就仅仅是这一次戡定关中之乱，“了却君王天下事，赢得生前身后名”，或许这句话就是对游子远这一类人最好的诠释吧。不清楚刘曜日后和石勒决战之时，倘若游子远还在能否改变历史，但只要知道，曾经在十六国的大时代中有这么一个传奇人物便已足够了……

安定了内部，刘曜再次整顿兵马踏上了征服西北的旅程，这一次他的目标锁定在了前仇池。前仇池本是西晋的一个遗留性质的割据政权，地盘虽然不大，但是却很容易成为前赵的肘腋之患，所以必须尽快解决掉。当时的前仇池第一任首领杨茂搜已经死去，他的长子杨难敌和次子杨坚头将国家一分为二，各自统领。杨难敌驻军下辨，称左贤王，杨坚头驻军河池，号右贤王。面对刘曜的大军压境，杨家兄弟二人在危急关头联合起来，一同对抗匈奴部队，刘曜一时间难以攻下。

随着酷暑的到来，匈奴部队中瘟疫蔓延，就连刘曜本人也不幸染病。面对急剧恶化的形势，刘曜只得派人与杨家兄弟议和，经过一番讨价还价之后，双方约定：杨家归降前赵，但是在坚持“一个赵国”的前提下，杨家原属地盘仍由他们自己治理，且可保留军队。杨难敌受封为前赵国上将军、武都王，兼任益、宁、南秦三州州牧，同时为前赵国西北军区司令员。

就这样，杨难敌得到了前赵的认可，成了刘曜册封的“西北王”。只是这个所谓的西北军区有近五分之四的领土是在前凉境内，而益州又是成汉国的地盘，所以杨家的这些称号看着牛气，其实就是绣花枕头一般。

双方议和后，刘曜的大军便踏上了东归之路，只可惜这条路走得并不太平，因为一个劫道的家伙差点儿让刘曜客死他乡。这个劫道的家伙叫陈安，和刘曜有杀主之仇。怎么回事呢？原来陈安的老板就是之前的司马保，司马保遇害的时候陈安正好在外边打仗，冷不丁地就传来老板被手下干掉的消息。陈安原本想立刻为司马保报仇的，奈何当时刘曜军力强盛，自己恐不是对手，便开始到处流窜。后来刘曜征伐前仇池之际，陈安瞅准了机会，一举发兵攻破上邽，杀死了谋害司马保的凶手以及归降前赵的将领，重新夺取了司马保的地盘。随后陈安用天子的礼仪安葬了司马保，并自号秦州刺史，准备趁着匈奴大军班师之际给予其迎头痛击。

也该陈安走运，这一次回师的匈奴部队不仅师老兵疲，而且多半患了瘟疫，战斗力普遍低下。更要命的是，刘曜也染病了，军中开始有流言说刘曜已经病死。陈安暗自欢喜，便组织人马在途中设伏，一战消灭了刘曜手下大将呼延晏，并缴获粮草辎重无数。

（十三）

呼延晏在刘渊、刘聪时代便是匈奴军中赫赫有名的战将，如今他的死对于整个部队打击都很大，就在刘曜惊愕之际，又传来消息说陈安的弟弟陈集已经带了三万大军朝着这边杀来。

危急之中，大将呼延瑜挺身而出，组织部队挡住了陈集的猛烈进攻，并趁势发动反攻，袭杀了陈集。刘曜这边死了呼延晏，陈安那边折了陈集，双方第一次交手算是打了个平局。刘曜没有恋战，而是下令全军火速返回长安，而陈安也怕继续追击会重蹈自己弟弟的覆辙，便转而去攻打陇西一带的其他城池。

这么一来，原本臣服于前赵国的氐族人和羌人再次在陈安的撺掇下纷纷闹独立，一时间西北又乱成了一锅粥，陈安由此聚兵十余万，称霸一方。虚荣心极度膨胀的陈安自号大将军、凉王，都督雍、凉、秦、梁四州军事，与刘曜的前赵政权分庭抗礼。这么一来，搞笑的一幕出现了，西北地区出了三个所谓的西北王。一个是前凉，向东晋称臣，论实力是三者最强，但最低调；一个是前仇池，是前赵政府册封的，其实也就巴掌大点儿地方；剩下的这个便是陈安的割据政权了，比前仇池大不了多少，还是不被各方认可的。

陈安的手下中有不少有识之士对自身所处的尴尬境地有足够的了解，于是便有人提议陈安在东晋、成汉、前赵三国之间找个政权称臣，这样才能保证自己不被其他实力较强的势力给吞掉。此时风头正盛的陈安哪能去向别人卑躬屈膝啊，结果向陈安劝谏的这批人都被杀掉了。刘曜在长安得知这一消息后，心里乐开了花，他对大臣们说道："陈安刚刚建制，正是网罗人才发展势力的大好机会，可是他却无故残杀给他进谏的人，这是要阻塞忠谏之路啊。依我所见，陈安的末日不远了！"

果然不出刘曜所料，随着陈安对属下的猜忌和残杀，导致了他的政权内部离心离德。到了第二年春天，陈安与前赵征西将军刘贡在南安交战，陈安被杀得大败，只得收拢残军退守陇城。刘贡则趁势下令包围了陇城，不久，刘曜亲率大军赶来和刘贡会合。陈安一看刘曜御驾亲征，便知长久下去不是办法，于是率众突围。可惜如今的刘曜斗志昂扬，不比之前感染瘟疫那样，轻轻松松就打退了陈安一次次的突围。陈安突围无望，只能龟缩在城中等死了，而刘曜却抓准这一机会，留下一部分人继续围城，自己则派其他部队四处攻城略地，将之前被陈安夺取的城市一一收复。

很快陇城周围的其他城池都被清扫完毕，陈安这下子真心慌了，他留下部将驻守陇城，自己则带着精锐部队趁着夜色突围。刘曜这次故意放他出城，待他出城后命令部队紧紧追击，匈奴军千里追击陈安，直追至秦岭才将其杀死。而陈安一死，陇城的留守部队也都放弃抵抗，开城投降刘曜。这么一来，陈安的叛乱被彻底扑灭，陇西一带重归和平。

解决了陇西的问题，刘曜下一个目标便是雄踞凉州的前凉了。在此之前的很长一段时间内，前凉都是作为东晋的飞地而存在的，可这个凉州又是无比的巨大，实际涵盖了很大一部分西域地区。而作为与前凉毗邻的前赵国，自然无法容忍卧榻之侧有这么一头虎狼，所以在打通了河西走廊之后，刘曜便准备进攻凉州，迫使其臣服于自己。

现在就了解一下如今的前凉是个什么情况吧。凉州最早设立便是为了治理西北边务，因为汉朝建立了西域都护府，所以为了巩固住西域和大汉的联合，便利用西北的凉州进行协调。可惜的是，自从东汉建国后不久，整个东汉帝国就一直萎靡不振，因而对于边界的控制力就相对减弱了许多。这么一来，作为胡汉杂居的凉州，自然成了帝国的边患所在。东汉末年那边的羌人非常凶狂，曾经对东汉政府在那边设置的官衙进行过打砸抢烧，甚至还闹过短暂独立，直到有一个叫董卓的军阀出现才将凉州暂时维稳了一段时间。

后来这个叫董卓的军阀跑去洛阳城夺权了，凉州之地一时间出现了权力真空期。经过一系列大小火拼，最终马腾和韩遂成了这块地皮的新主人，再往后的事情了解三国的各位朋友肯定也都知道。

（十四）

转眼间就到了西晋，西晋建国没多久，凉州又闹起来了，而这次挑事儿的人叫秃发树机能，秃发鲜卑的首领。随后晋武帝多方派人征讨，才将那档子事儿抹平，可是没过多久，关中又在齐万年的领导下乱了起来，一度波及凉州。

虽然齐万年之乱也被弭平了，但是西北动荡不安的局面时刻刺激着西晋政府高层的神经，于是河间王司马颙、南阳王司马模等宗室亲王先后去坐镇西北，才勉强将动乱的局面稍微稳定下来。

奈何天要亡晋，西北战事稍平，“八王之乱”和“少数民族南下”接踵而至，中原地区顿时陷入了无序状态。由于晋朝北方长期处于无政府状态，所以身处沦陷区的汉人百姓纷纷开始到处寻找避风港，或是南渡长江去了江左，或是转道出关跑到了辽东，剩下的就直接跑去凉州投奔了。

当时的凉州名义上是东晋的飞地，可实际上却算是张氏王朝，因为那边的凉州刺史基本上都是父子承袭的。说是独立王国，不像，可说是东晋的一个州，也不像，原因很复杂，要细细说明。首先，最早的凉州刺史张轨原本是那里的豪门望族，据说是西汉常山王张耳的十七世孙。他当时眼见中原大地正在“八王之乱”的刀兵战火中呻吟，心中便萌生了趁机割据一方，混个西北王做做。于是他托人打点了一下，用不少财宝买来了一个护羌校尉的职务，借此来总督西北诸军事，那一年是公元 301 年。

有了军事大棒便等同于认可了他在这个西北地区的一切政治地位，随后张轨便利用这一便利条件开始慢慢经营起他的“西凉帝国”。值得一提的是，张轨这人虽然有权力欲，但是他为臣之道做得非常之好。当时西晋政府名存实亡，各地的州郡基本都已经不再给其提供赋税了，可是张轨管理下的凉州却是西晋政府为数不多的几个税收地。并且每当西晋政府遭遇灭顶之灾的时候，总能看到凉州部队的身影，或是北宫纯率领数千凉州铁骑勤王，或是凉州部队不远千里送粮。总之，这个之前西晋最为不稳定的地域却在西晋濒临灭亡之际，死死效忠朝廷，效忠于司马家，而这一切的一切自然要归功于张轨。

张轨病逝后，他的儿子张寔接替了他护羌校尉一职，成了凉州地区的第二任老大。而当时在位的正是西晋末代皇帝司马邺，司马邺颁下旨意，册封张寔为凉州刺史，让他成了名副其实的“西北王”。而张寔倒也不含糊，于公元 317 年自称凉王，堂而皇之地自立为王，此时西晋已经灭亡。

后人据此便将公元 317 年定义为前凉建国元年，但这个划分标准显得有些疑问。因为张家虽然对内称王了，但对外依然奉晋室为主，且对外是向东晋称臣的，只是这个称臣略显另类。因为虽然张家依旧用着晋室的年号，但是呢，他用的不是东晋的年号，而是西晋末代皇帝司马邺的年号，也就是说他虽然称臣东晋，但却又故意整出这么一个段子来恶心司马睿。或许在张寔眼中，司马睿承接司马家的江山，有些不着调吧。

正因为张家的行为如此怪诞，所以在此笔者对将其划分为独立国家存疑，至少在前凉称帝前的那段时间，可以将其算作东晋的一块飞地。当然，张寔既然能这么做，自然也与他的对内政策分不开，在他在任期间，继续保持了先父宽仁治民的统治手段，收揽了大量人心。

可惜好景不长，仅仅三年后，即公元 320 年张寔便被部下刺杀了。随后整个凉州地区陷入了混乱之中，经过一系列火拼，最终张寔的弟弟张茂夺取了最高权力，成为前凉政权第三位统治者。依照惯例，凉州继续称臣于东晋，而东晋政府则加封张茂为平西将军、凉州牧。

官位一阶阶攀升，可麻烦也变得越来越大。原先的西晋政府在匈奴人和羯胡人的打击下彻底消失在了北方，凉州顿时成了大海中的一叶孤舟，随时都有倾覆的危险。更要命的是，前赵建国之后，将首都从平阳迁都到了长安，并且开始了西进运动，凉州更成了前赵垂涎已久的肥肉了。尤其是当陈安被灭，前仇池称臣前赵之后，这样的危机感变得愈发强烈。

（十五）

这时期的前赵国刚刚弭平了陈安叛乱，刘曜在国内掀起了一场“汉化运动”，当然，给他出主意的自然是他那美丽的皇后羊献容。

吸取汉国之前在民族政策上的严重错误以及自己当初处置不当引发关中大乱的教训，这一回刘曜痛定思痛，决心从根子上改变自己的国家。于是乎，他大力发展汉化事业，设立太学，每年录取千人以上，并派遣有名的儒学大家去给这些学员普及文化知识。刘曜深知要想汉化迅速，必须要通过教育让国家的精英人才普遍接受汉文化熏陶，这一点上，刘曜无疑是走在了同一时代胡人君主的前列。为了节省资金投入教育事业，刘曜甚至还一度暂停了原本要修建的西宫和寿陵等工程。

另一方面，刘曜为了缓和民族矛盾，也是费了不少心思。他竭力消除境内汉族与匈奴族的矛盾，也试图拉拢其他少数民族。在他的努力下，不少少数民族领袖前来投奔，其中最有名的两个莫过于氐族人首领蒲洪和羌族人首领姚弋仲。因为这两个酋长的后人在以后分别建立了前秦和后秦，先后成为北方的霸主。而蒲洪和姚弋仲的归降也带来了不少氐人和羌人士兵，刘曜一下子凭空多出来了近十万兵马。

就这样，在刘曜的努力下，前赵国开始朝着汉化王朝大步迈进，与之而来的也是国家实力的日益增强，很快便医治好了关中长年战争的创伤。作为一个胡人领袖，刘曜能想到推动自己国家的汉化改革，这是相当不容易的，这需要顶住难以想象的压力。或许这对于刘曜以及前赵来说只是一小步，可是对于日后入主中原的胡人王朝来说，却是一大步！因为他们由此找到了打开长久统治汉地智慧之门的金钥匙。

具备了充足的物质条件后，刘曜也有了想要统一北方的强烈欲望。当然，要想统一北方，必须击败石勒，而要想击败石勒，首先就得搞定后方的凉州。公元 324 年，刘曜集结了三十万大军，浩浩荡荡地杀向了凉州。此消息一传出，整个凉州为之震恐，张茂连忙派部队去黄河沿岸布防，可是这些军队根本无法抵挡刘曜的匈奴兵，稍一接触便被打得丢盔卸甲了。由此，刘曜得以从容地进入河东地带。

面对大好形势，刘曜手下的将领都按捺不住激动的心情，纷纷向刘曜建议要趁此机会，一举拿下凉州的首府姑臧城（今甘肃武威）。刘曜并没有和手下一般激动过头，他冷静地笑着否决了诸将的意见，坦然说道："出征之前，容容曾经和我说过他们汉人有句名言，叫'不战而屈人之兵，善之善者也'。如今我挟天下之众来此不毛之地，绝非要夷平凉州，而是希望他们臣服于我们，我们要降服他们而不是消灭他们。况且，虽然我们有三十万众，但这其中有过半的人马并非我们匈奴人，是被我们裹挟着来参战的。一旦我们取胜，他们自然会更死心塌地地跟随我们，可要是我们出战受挫，只怕到时候军心便会瓦解了。我看不如就利用我们三十万人的威势，逼张茂降服于我们。"

可以说刘曜在这一点上，眼光非常犀利，一眼就看出自己强大之中的内部隐患，这一点倒是后来的苻坚大帝所不具备的。不过话又说回来了，前凉和东晋却也不同，殆不能同日而语啊。

刘曜命令手下将士日日操练，战鼓敲得震天响，还大声喊着"百道俱济，直抵姑臧！"面对刘曜如此咄咄逼人的态势，张茂紧急召开了战前会议，询问手下如何解决这一问题。有人便建议张茂死守，因为刘曜这三十万大军每日开销也不是一笔小数目，更何况在他东边还有石勒在虎视眈眈，只要能固守姑臧城，时间一久刘曜必然退兵。

张茂觉得这个建议可行，便决心采纳，但是派出去侦察敌情的探子却一盆水浇灭了张茂誓死抵抗的决心。探子回报说，刘曜的大军黑压压的一片，一眼望过去都看不到边，旗帜遮天蔽日，像大海的波浪一般连绵起伏，还有那震天的锣鼓声和高过浪涛的喊杀声。

张茂这人本就胆小，如今再被这么一吓，立刻便决心归降刘曜。不过张茂投降还是有条件的，他提议自己遵循前仇池旧例，即只是称臣前赵，接受刘曜领导，但保留军队自治权。

（十六）

张茂愿意归降，兵不血刃就能搞定的事情，刘曜自然满意。很快刘曜便接受了张茂的降表，以及送来的一千匹战马、成千上万的牛羊和无数的珠宝美女。

刘曜也挺大方的，册封张茂为太师，凉州牧，凉王，加九锡。这么一来，张茂算是正儿八经地称王了，毕竟以前那个凉王只是对内宣称，现在有了国际上的认可，自然高了一等。自此以后，凉州成了东晋和前赵共同的领地，受双边保护又称臣于两方。刘曜见自己目的也已达到，便收拢部队回长安去了。

稳定了大后方，刘曜便将目光瞄准到了华北平原的石勒身上，因为刘曜明白，大决战的序幕已经拉开，这片中原大地就看谁主沉浮了！

此时的石勒又是怎样一番光景呢？原来自从和匈奴人决裂后，这位土匪山大王也没有闲着，先是解决了段部段匹磾和邵续这两支人马，紧接着又将矛头瞄准了盟友祖逖。众所周知，石勒这个人出卖兄弟早已是家常便饭了，先是出卖了山贼老张给自己混到了匈奴的大将，紧接着出卖了送还自己老母的刘琨，趁着刘琨和别人死斗之机抢掠其地盘。如今石勒又盯上了祖逖的地盘，时时刻刻想要打回河南去。

也该石勒走运，正当石勒有此想法之际，祖逖恰到好处地死了，整个河南战区的重任交托到了祖逖那个志大才疏的弟弟祖约身上。而那时候的东晋政府方面，司马睿和王敦的争斗正进行到白热化的阶段，整个东晋王朝压根儿无暇北顾。

失去了外援的祖约俨然成了一支孤军，而他那平平的作战能力自然无法挡住老奸巨猾的石勒，很快便在与石勒的攻防战中接连失败，丢掉了大片领土，只能率部死守淮河、汉水一线。

赶跑了祖家军这个刺儿头，石勒心情大好，此时放眼关东之地，也就只有两个不和谐的音符在跳跃了。一个是盘踞北疆的拓跋鲜卑，还有一个就是在山东流窜作战的曹嶷。对于拓跋鲜卑，石勒是深有感触的，自己曾经吃过他们的苦头。

而此时的拓跋鲜卑正在开启新一波的内讧高潮，自从刘琨的义兄拓跋猗卢被儿子杀掉后，拓跋鲜卑就开始了一场持续时间久远的大内斗。直到拓跋普根的堂兄拓跋郁律做了代王之后，才通过军事手段使拓跋鲜卑勉强安稳了一段时间。在这一时间段内，代国步入了经济恢复的黄金时期，拓跋郁律开始仿造汉人王朝的政权组织模式重新改组代国，使得代国在一些政治构架上开始摆脱了落后的部落形式，而向一个真正的国家政权蜕变。也是在这一时期，拓跋郁律通过一系列对外战争，慢慢开始收回当初内乱之时丧失的领地。

只是好景不长，拓跋猗卢弟弟的老婆惟氏是个很有野心的人，她的儿子拓跋贺傉虽然年幼，可惟氏却一心想将他扶上王位。于是，惟氏便拉拢了一批贵族，发动政变杀死了拓跋郁律，然后由拓跋贺傉继位，自己则趁机垂帘听政。不过惟氏的政权并没有得到拓跋鲜卑所有人的认可，在拓跋郁律死后，相当一部分拓跋鲜卑的贵族公开反对惟氏，自立一方。面对这些不臣服于自己的部落首领，惟氏便发兵征讨，这么一来，新一波的拓跋鲜卑内讧又开始了。

虽然拓跋部内讧不断，但石勒还是没有下定决心全面发动对拓跋鲜卑的战争，因为他明白，一旦和这个对手开战，自己无必胜把握，纵使将其消灭，自身也会元气大伤。而消灭拓跋部之后所能夺取的也只不过是代北的牧场而已，如同鸡肋一般，食之无味，弃之可惜，完全没有必要在和刘曜决战前给自己找不自在。

既然不去打拓跋鲜卑，那就只能放眼于流窜山东的曹嶷了。这个老曹也的确是个人物，他原本是王弥的手下，王弥死后他便一直领导着王弥的余部在山东地区打游击战，这一打就打了近十年。在这期间，他的对头先是从屠伯苟晞换成了乞活军，又从乞活军换成了邵续、段匹磾之流，再到后来换成了祖逖，如今石勒击败祖少的部队，成了老曹的新对手。而曹嶷虽然通过游击战一直存活下来，可实力并没有增强多少，因而石勒有心将其消灭。

（十七）

这一次石勒下了大手笔要铲除曹嶷，他派自己最能打的侄子石虎领兵四万前去山东征讨老曹。而此时的老曹在干吗呢？此时的曹嶷已经摆脱了到处流窜作战的境地，有了属于自己的据点——广固城。

山东在春秋战国之时属于齐地，齐国的都城是临淄。不过呢，这个临淄有个非常不好的特点，就是易攻难守，实在不适合作为乱世中立国的都城。所以在老曹稳固了自己在山东的势力后，便开始寻觅适合做都城的理想场所，之后便有了广固城的修葺。值得一说的是，广固城除了成为过曹嶷政权的都城外，还在后来做过南燕的首都。

曹嶷龟缩在广固城，石虎倒也不急着进攻，而是着力于清扫广固城的外围据点。在石虎的猛烈进攻下，东莱太守刘巴、长广太守吕披接连投降，很快广固城就成了一座孤城。石虎破城之后的手段相当血腥，依旧是屠城泄愤，以至于广固城中也是人心惶惶，兵士们都担心广固城破后会惨遭屠城。曹嶷眼见手下将士士气低迷，心里也明白撑不住多久了，无奈之下只得率部投降，希望石虎能网开一面，停止对广固城的屠戮。

只可惜，事后证明老曹还是想多了，曹嶷投降后被押送到后赵国都砍了脑袋，而广固城中的居民依旧难逃石虎的血腥屠杀。破城之前广固城尚有三万余人，可是石虎却在短短数天的时间里杀得只剩下几百口人，就连这仅剩的几百口，石虎也想挖个大坑活埋掉。

关键时刻，石勒刚刚任命的新青州刺史刘征正好赶到，他看着石虎这一幕幕暴行，怒不可遏地骂道："你屠光了青州，让青州百姓一个不剩，我还做哪门子刺史啊！倒不如打道回府了。"说完，就准备原路返回。石虎算是给了他一个面子，将这剩余的几百口人拨给他治理。

曹嶷被攻灭后，关东平原之上再无敢和石勒作对的人了，而刘曜那边也是蓄势待发，北方双雄之间的一场大战即将拉开序幕。

而此时的刘曜那边，却因为一场突如其来的变故以至于他开始变得颓废消沉。中国历史上唯一一位做了两朝皇后的传奇女子羊献容因病亡故，这对于刘曜无疑是一个沉重的打击。在与刘曜一起的日子里，羊献容一共为他生育了三个儿子，夫妻感情也恩爱有加，刘曜甚至不顾他人反对，执意立羊献容为后，并允许她参与朝政。对照羊献容前半生颠沛流离的坎坷际遇，她的后半生无疑是幸福甜蜜的。可这样的日子终究没有持续多久，甜蜜的婚姻也因为这次变故而终止。

羊献容的离世让刘曜悲痛万分，他将羊献容葬于显平陵，谥号献文皇后。而为了修筑这座显平陵，刘曜几乎是掏空了整个前赵国的国库，史载"下锢三泉，上崇百尺，积石为山，增土为阜"，这样的规模很容易联想到印度的泰姬陵。对，它们都承载着一段传奇而又令人唏嘘的千古绝恋，只可惜这座显平陵终究没能保存下来。

羊献容死后，刘曜开始变得颓废，整日酗酒买醉，少有醒时。对于国事他消极应付，对于大臣的劝谏他也充耳不闻，这一切的变化似乎也在暗示着刘曜最终的失败……

不久，前凉派出使臣来前赵国告知凉州张茂已死的消息。原来，刘曜大军撤走之后，张茂心里一直为自己的窝囊而深感自责，百般抑郁之下竟然病倒了。在张茂弥留之际，他喊来哥哥的儿子张骏嘱咐道："我们张家世代为晋室戍守西陲，忠贞不贰，如今天下纷扰，我委屈降赵本是无奈之举。倘若有朝一日你有机会，务必要使凉州重归晋室，再续君臣之义。"

张茂死后，张骏成了凉州新的接班人，但考虑到凉州如今已经臣服于前赵，所以新旧交替必须知会宗主国一声，于是张骏委任王骘出使长安。

面对王骘的到来，刘曜打起精神进行了接见，他问王骘道："凉州能永为我赵国的藩属吗？"王骘严肃地说道："这是不可能的事情。"王骘这句话一说出口，满堂哗然，刘曜手下的臣子纷纷叫嚣着要杀掉王骘这个不识时务的汉家子。可刘曜却依旧微笑着注视王骘，询问道："为什么？"

（十八）

王骘正了正衣冠，从容地说道："昔日齐桓公称霸天下，诸侯国无不唯齐国马首是瞻，可是齐桓公死后，齐国的地位却一落千丈，自此退出了春秋争霸的舞台？何也？因而任何一个国家都有兴衰，从古至今就没有一个能永葆昌盛的王朝，如今赵国强大，自然四海宾服，我凉州也不敢叛。可若是有一天赵国衰败了，即使是您国家内部都有人起来反对这个国家，又如何能让远在千里之遥的凉州继续向您称臣呢？"

王骘说完话后，整个大殿都一片寂静，刘曜的大臣们纷纷哑口无言，刘曜本人也陷入了沉默。过了许久，刘曜大笑着说道："哈哈哈，凉州果真有俊彦之士，一番言语真可谓是金玉良言啊，张骏这个使臣没有选错。"事后，刘曜拜张骏为大将军，承袭他叔父张茂的凉州牧和凉王一职。

然而，王骘的话语中却早已预言了刘曜以及前赵国的未来，不久之后，刘曜的前赵衰败下去，并永久地消失于历史之中。

公元 325 年夏，后赵国的司州刺史石生率军从洛阳出发，直扑东晋的颍川郡。颍川郡郡守郭默紧急求援建康，而此时的建康城也是一团糟，跋扈将军王敦正在江东的地界上烧杀抢掠呢，东晋一时间处于无政府状态。

既然朝廷的援军指望不上了，那郭默只能另想办法了。于是，前赵国的长安城内很快便收到了郭默的降表，郭默表示愿意率颍川郡归降前赵，前提是前赵出兵保其平安。面对郭默的降表，前赵百官纷纷劝进刘曜即刻出兵，拿下颍川，并以颍川为据点，驻军河南。

刘曜也看出了这是一个千载难逢的机会，便派中山王刘岳伙同镇东将军呼延谟领军两万，东出函谷关，前去支援郭默。而刘岳接到命令后，并没有直接去颍川郡与石生鏖兵，而是用了一招“围魏救赵”，集中兵力打石生的老巢洛阳，以此逼退石生对颍川的进攻。

石生这边打得正起劲，哪成想后方传来匈奴人进攻洛阳的消息，无奈之下，石生只得班师回击刘岳。可是刘岳以逸待劳，一战便将石生回援的部队打得七零八落，石生率领残军退守洛阳城，并向石勒求援。

石勒作为老江湖，很敏锐地从这次刘曜出兵的事件里嗅出了大决战的信号，颍川郡便是当年的上党，一下子便引爆了秦赵近百万士兵的大决战。只是此时刘曜主力尚未出动，自己也当适量保存些实力，于是石勒派侄子石虎依旧领兵四万去战刘岳。

石虎的凶狠是出了名的，这点即使在匈奴人军中也是广为流传，这一次他带来的人马又两倍于己，刘岳与之交战一触即溃。此次战斗中，刘岳被流矢射成重伤，大将呼延谟也战死，两万大军折损一半，刘岳率残部退守石梁，派人去向刘曜求援。石虎见刘岳败退，便派兵将整个石梁围了个水泄不通，断粮之后的刘岳只能下令杀马充饥。

身处长安这边的刘曜收到刘岳的求援消息后，也来不及聚拢军队了，带着首都的三万卫戍部队便急忙东出救援刘岳。石虎这时候得知刘曜前来救援，连忙与石生分兵两处，左右呼应着迎战刘曜。刘曜大军进攻石生，石虎便在一旁突击，刘曜转而进攻石虎，石生便在关键时刻策应。这么一来，时间一久，刘曜的大军便只能疲于应付了。

一时间无法击破石虎和石生的两路大军，刘曜便退军三十里略作休整，准备等待时机再给石虎的部队致命一击。可是石虎却不愿放弃这个扩大战果的机会，他派了两千精骑悄悄地化装成匈奴兵的样子混入刘曜军营，一等到晚上便在营中大喊：“石虎劫寨了！”

大晚上的听到这一消息，疲倦已久的匈奴兵已经来不及分析真假，他们心中有的只是恐惧和惴惴不安。而这时的刘曜早已喝得酩酊大醉，整个部队的首脑处于无法指挥状态，既不能及时辟谣，又不能尽快安定手下的心绪。很快，整个匈奴部队便混乱起来，那潜伏的两千名羯胡士兵又在营中制造混乱，一时间整个匈奴部队纷纷开始溃散。

手下的士兵开始溃散，醉醺醺的刘曜无奈之下只得随着大军败逃。就这样，在石虎的两千名羯胡兵的追击下，刘曜一路西逃，一直跑到了国内，石虎的羯胡部队才收兵回去。

（十九）

刘曜回到了长安，与此同时，溃败的匈奴大军也陆陆续续到达了长安，这倒是有点儿像拿破仑远征俄国失利的景象了，前赵帝国也在这一刻开始走向了坟墓。

失去了刘曜的大军援助，困守石梁的刘岳部队再也撑不下去了。不久，石梁陷落，刘岳的这支孤军全部成了石虎的俘虏。众所周知，石虎手下从没有活着的俘虏，这边也一样，刘岳以及投降的全体将士全部被石虎坑杀，无一生还。此次石虎统共坑杀了近百名匈奴军官，士兵死亡则高达万人。当然，这并不是石虎残杀俘虏记录里人数最多的一次，也不是最后一次，以后如此惨绝人寰的景象会在中华大地上不断上演，直到羯胡这个野蛮的民族彻底消失。

刘岳的死让刘曜大受打击，经过靳准之乱后，刘曜的亲人已经不剩下几个了。如今刘岳又死于石虎之手，刘曜一身缟素出城祭奠刘岳以及阵亡的将士，一连哭了七天七夜。这一次打击过后，刘曜是彻底地颓废下去了，从那以后，他除了嗜酒如命之外，把国家的重心抛到了修筑陵墓上去了。以前未能修筑的西宫等建筑又被重新修筑起来，刘曜还征发大量民夫在霸陵的西南郊外为其修筑百年之后的寿陵以及凌霄台。修完了自己的陵墓，刘曜又开始修筑他父母的陵墓。百官纷纷劝谏刘曜要爱惜民力，不要做些劳民伤财的事情。可是如今这些话刘曜根本就听不进去了，他还下令禁止百官再对他言论朝政，前赵国的政治机器彻底陷入了瘫痪状态。

刘曜自甘堕落，石勒自然不会放过这么一个难得的机会，于是他指挥部队不断蚕食前赵国的领土，刘曜的处境一日难过一日。五年后，即公元 328 年，石勒做好了充足的准备后，趁着东晋正值“苏峻之乱”，无力北上之机，发动了对刘曜的全面进攻，此战他志在一统北方。

石勒命石虎领兵四万进攻蒲阪，由此揭开了灭亡前赵国之战的序幕。石虎兵锋强盛，所到之处沿途州县纷纷投降，一下子便席卷了前赵国五十余座城池，当然，老规矩——沿途也是一路杀降。各地战报频起，石虎一路向西的消息让醉得不省人事的刘曜也坐不住了，他命令皇太子刘熙驻守长安城，自己集结了国中十五万大军前去迎战石虎。

刘曜此番行动遭到了百官的一致反对，他们都认为如此行事太过于意气用事了，君王亲身涉险，一旦出了什么突发状况就悔之晚矣。于是，有人劝谏刘曜说："陛下，倾国之师不宜轻易发动，如今石虎带兵来犯，陛下只需派一名将领率军将其击退便可。"

这时刘曜突然大声咆哮道："昔日朕救援不力，乃至刘岳惨死异域，每每回想起来便心痛难当。如今好不容易有此机会能报洛阳之仇，朕又岂能就此罢手？！"刘岳的死对于刘曜打击相当之大，以至于他的这次作战更像是为逞一时之快。

刘曜的大军很快便渡过黄河包围了石虎，石虎纵使骁勇异常，可面对近三倍于己的敌军，还是无法逆转局势，很快便被刘曜部队打得七零八落。吃了败仗的石虎只得拼命往东逃，而刘曜则誓不放过这个屠夫，指挥着部队紧紧追击，石虎的四万部队很快就被追歼得不剩下几个了。

关键时刻，石虎大喝一声："吾儿石瞻（冉瞻）安在？"一名手持双刃矛的小将策马而出，带着剩余数千人马迎战刘曜大军，石虎则趁着义子石瞻拖住刘曜之际，侥幸逃过了一劫。而留下垫后的石瞻就没那么好运气了，在击杀了大批匈奴兵之后，他终于力竭而亡，死在了乱军之中，也算是为他义父尽孝了。

事后，石虎这个大魔头想起自己义子的功劳，便将石瞻唯一存世的儿子石闵收为养孙，对他进行魔鬼式的胡化训练。果然不出石虎所料，那个叫石闵的小子长大后真成了一部杀人机器，在为后赵国取得赫赫战功之后，又将屠刀伸向了羯胡人……

逃出生天后的石虎并没有就近投奔驻守洛阳的石生，而是取道逃回了朝歌，因为他知道，刘曜下一个目标便是石生。果然，在击溃了石虎部队后，刘曜又调转大军转攻洛阳，洛阳的石生见此情形紧闭城门，坚守不出。刘曜则派兵将洛阳城团团围住，围城三月后，刘曜又掘开了洛阳旁边的黄河堤坝，引黄河水猛灌洛阳。

（二十）

可是尽管洛阳城被泡在了黄河水中，石生的防御却丝毫没有松懈的迹象。久攻无果的情况下，刘曜只得分兵袭取了河内、荥阳和野王等地。

与后世的大军顿于坚城之下的战绩相比，刘曜这边面对围攻洛阳不利的局面所做的一些举措可谓相当的出彩，只是，此时要想真正扭转乾坤，相当的出彩已经无法满足严苛的现实条件了。一定程度上可以说，刘曜的这次失败从洛阳城下便已注定。

刘曜四处攻城略地的消息传到后赵首都襄国后，百官哗然，朝野震惊。石勒却是出奇的冷静，在思索了一阵后，石勒决定亲率大军与刘曜决战。石勒手下程遐说道："刘曜此时兵锋正盛，我们应当避其锋芒，不与其进行正面接触。想来依靠洛阳城坚固的城墙，又有石生坐镇，应该不会被攻取，等到刘曜打累了，他自会退兵，大王无须烦忧。"

从现有的情形上看，这番分析确实没有任何逻辑上的硬伤，但是，这番论据遗落了最为重要的一点，那便是程遐自始至终都没搞清楚这场战争的性质！这是一场志在统一北方全境的战争，并不是以往的那种小打小闹的边境摩擦，以往的战争只求捞到些好处便见好就收了，而这次却是不同。这一次，失败的一方将会输掉一切，所以尽管可能会遇到不少麻烦，可刘曜绝不会轻易撤军。同样，对于石勒来说，他也要抓住这次机会一举消灭刘曜，而不是等他打累了再送他出境。

所以，对于程遐的这番话石勒很反感，感觉这厮就是说了一通屁话，连自己心里想干什么都没摸清楚就出来大放厥词了。于是石勒把脸一板，说道："你给我出去，少在这胡说八道！"随即便命人将程遐轰将出去。

这边要提一下，石勒的首席谋士张宾已经在公元322年（羊献容去世同一年）因病去世了。张宾去世之后，石勒异常惋惜，他悲叹道："老天是不想让我完成千古大业啊，把我的右侯夺走得太早了（天欲不成吾事耶？何夺吾右侯之早也）！"

如今石勒更是感到这种孤独，手下这帮碌碌无为之辈全然无法窥测自己内心的心思。他叹息道："张宾走了，让我和你们这帮人谋事，真是太残酷啊（右侯舍我去，令我与此辈共事，岂非酷乎）！"

话音刚落，立马就有人站出来说道："上天如今要将前赵国赐予大王，特派刘曜来送死，大王又岂能弃之不理呢？”说此话者正是参军徐光。石勒顿时眼前一亮，感觉这个徐光能读懂他的内心，便问道：“你何出此言啊？”

徐光镇定地说道：“刘曜取胜之后，当一鼓作气直捣我国首都，这才是上策。弃襄国不打而去打固若金汤的洛阳城，这实为不智之举。如今刘曜大军顿于坚城之下，败象已现，这正是上天赐予大王消灭他的机会。如今，大王应该集结重兵出击刘曜，一统北方，戡定天下的大业必将在此一战啊！”

徐光说的话让石勒很是满意，他拍着徐光的肩膀说道：“你说的这些话很符合我的心意，终于找到能帮我出谋划策的人了。”于是，石勒立刻发起了全国总动员，征召全国年满16岁的男子入伍，并派石聪、桃豹等部会师荥阳，以为石生的策应；石勒自己则亲率主力部队前去正面迎击刘曜。

在进军的路上，石勒再次询问徐光道：“依你之见，刘曜与我们决战，他有多大胜算啊？”徐光自信满满地说道：“我已经为他拟定了上中下三策，就不知他会用哪一策了。”石勒听徐光这么说来了兴趣，忙问：“是哪三策啊？”

徐光缓缓说道：“刘曜屯兵成皋关，据险而守，这是上策，我军将无计可施。陈兵洛水与我军对阵，这是中策，胜负难以预料。倘若他仍是屯兵于洛阳城外，那便是下策，是天要灭他，刘曜必为我军所擒！”

徐光分析得头头是道，石勒很满意，于是说道：“不错，那我们就要与刘曜拼时间，传令三军火速进抵成皋关，我们要赶在刘曜前头到达那边！”

（二十一）

当石勒的部队到达成皋关之时，一眼望去丝毫不见匈奴人的踪影，石勒大喜过望，与刘曜的决战他已经有了三分胜算了。

骑在马上的石勒笑着对徐光说：“我看羊献容一死，他刘曜已然是魂魄不齐了啊，频出昏招，这是上天要我灭掉刘曜，统一北方啊！”随后，石勒发布命令，邀石虎、石堪、石聪、桃豹等各路军马会师成皋关，随后一同杀往洛阳，迎战刘曜。

此时的刘曜还在洛阳围攻石生，听闻石勒集结了十多万大军杀来，他心里吃了一惊，赶忙撤下洛阳之围，并召回了各地还在攻城略地的部队。刘曜集合了部队后也不就此离开，而是驻军在洛阳城西。

刘曜撤了围，石勒由此轻松地与洛阳城内的石生部队会师，随后对所带大军进行了新的部署，石虎、石堪等率大军驻守洛阳城外的四周，自己则带着主力部队进了洛阳城。进城之后，石勒与徐光登上城楼审视刘曜大军布防，石勒笑着说道："刘曜真是昏了头了，居然还驻军城外，且又不以洛水结阵，这是摆明了要用下策啊！"徐光则在一旁笑着说道："那在下就预先祝贺大王一统北方，完成千古帝业了！"

在洛阳城内休整了一日后，第二天石勒便率领部队，发起了对刘曜军的总攻。石勒亲自领军三万出城直击刘曜中军，其他驻扎在城外的各部人马也应声而动，配合石勒一同围攻刘曜。双方近三十万兵马混在一起，厮杀声震天，从早上一直杀至黄昏。渐渐的，匈奴部队这边有些支撑不住了，战线开始后移，而本应该作为全军灵魂的主帅刘曜，此时却是喝得酩酊大醉。刘曜醉酒，战事失去了最高指挥官，匈奴兵抵抗不住后开始败退，而一小波的退败很快便演变成了一场全军的大溃败。

醉醺醺的刘曜也被败兵裹挟着往回撤，可惜他的帅旗太引人注目了，吸引了大批羯胡士兵的围拢。最后，刘曜本尊在洛河的北岸被追击上来的羯胡兵擒获，得知刘曜被捉的消息后，石勒欣喜若狂，下令三军暂停对匈奴兵的追击，声称捉住了刘曜已然是大获全胜了，其余残兵任由其逃命吧。

刘曜被捉后，拒不向石勒下跪，反而站起身来大声说道："昔日朕与赵王你曾一同受命于光文帝（刘渊）帐下，也曾一同打下过洛阳城。奈何，如今依旧在洛阳城，只是要人鬼殊途了啊！"刘曜的一番叙旧让石勒也有些动容了，连忙上前为其松绑，并说道："今日你我沙场相会实乃天意，并非人力所能主宰的，以前的事切莫再提了。"随后石勒又喊来医官为刘曜疗伤，并带回了襄国。

只不过石勒虽然为刘曜治伤，可治好后便将他软禁了起来。等到了来年（公元 329 年），石勒调集大军准备一举吞并前赵国之际，他又派人去狱中要求刘曜给自己在长安监国的儿子写劝降信。面对石勒提出的要求，刘曜仰天大笑，随后挥笔写下了"匡维社稷，勿以朕易意也"几个字。

胁迫不成的石勒恼羞成怒，再次显露出他下三滥的本色，派人将刘曜杀害了。随后派石虎和石生兵分两路，进攻长安。

刘曜被杀的消息传来，在长安监国的太子刘熙吓得六神无主，以南阳王刘胤为首的宗亲一致建议放弃长安，退守西北方的秦州。这一决定遭到了一干大臣们的反对，他们说："皇上虽然不在了，可是我赵国的领土并未完全丧失，先帝在世时爱民如子，将士都能效死命。如今我们凭借潼关之固、崤函之险，必能挡住敌人的进攻，殿下要三思啊！”

主张逃亡秦州的一派人士却发话了：“陇西才是险要之地，此时不逃，难道要等到石勒兵临城下才逃，到时候还来得及吗？”胡勋仗义执言道：“还未交战，怎知不敌？今日逃长安，明日遁秦州，再往后还能跑去哪里？”

胡勋的一番忠言很是逆耳，南阳王刘胤以胡勋妖言惑众为由，让人将其拖出去斩了。大臣们见胡勋一死，也都三缄其口，不再说些什么了，迁都决议由此确定。

（二十二）

刘熙和刘胤走了，剩下了蒋英和辛恕留守长安。各地守将本来就人心浮动，此时一看太子都弃了国都逃跑了，也都纷纷自谋出路，或是投降了羯胡部队，或是弃城而逃。石生和石虎的大军由此得以从容地挺进到长安城下，守卫长安的蒋英和辛恕也懒得再做前赵国的忠臣了，一齐献关投降了。

拿下了长安并不算完，刘熙的残留部队一日不消灭，前赵国便仍有翻盘的机会。基于这一点，石虎和石生进驻长安后便兵分两路，石生率部镇守长安，石虎则带着另一路人马往西北方追击刘熙去了。

面对来势汹汹的石虎，刘熙彻底慌了手脚，带着仅剩的人马在上邽与石虎军展开决战。十几岁的刘熙哪里是大魔头石虎的对手啊，一战便成了俘虏，与之一同被俘的还有前赵国整个的朝廷班子和三万大军。落在石虎的手里等同于进了鬼门关，这一次也不例外，石虎依旧发扬了他杀俘虏的“优良传统”，前赵国五千余名王公贵族以及数万将士全部被坑杀，至此，前赵彻底灭亡。

如果从公元 304 年刘渊立国算起，屠各部所建立的这个匈奴王朝共延续六王二十三年，如果从刘曜登基算起，时间则更为短暂。随着前赵的灭亡，雄极一时的匈奴人也淡出了中国的历史舞台，虽然后来又陆续有郝连勃勃和沮渠蒙逊两人自称匈奴的继承者，可是他们已经或多或少被鲜卑化和西域化了，再也没能重温匈奴帝国的荣光。倒是在西欧，一个叫“匈人”的民族在首领阿提拉的带领下，掀起了一场摧垮西罗马帝国的“蛮族入侵”运动。

依照惯例，前赵灭亡了，又到了总结原因的时候了。现在就来说说前赵灭亡的原因。

前赵国实际来算更像是刘曜的一世王朝，起于刘曜也亡于刘曜，犹如昙花一现。从政治框架上看，前赵比起汉国已经有了长足的进步，甚至可以说它的一只脚已经踏在了汉化之路上，可是最终它依然走向了灭亡，为什么呢?

因为前赵虽然在一定程度上实现了半汉化，但是这是刘曜依靠个人魅力所促成的，在刘曜努力推行汉化的过程中也是顶着巨大的压力的。这些压力在平时或许会被压制住，可是一旦在刘曜权威受到打压之际便会一股脑儿地迸发出来，最终让帝国从内部走向崩溃。

这也说明了为何同样是遭到外部入侵，西晋在灭亡之后仍能建立起东晋，而前赵却彻底绝灭了，正是因为这个国家不是扎根于土中，而是零落在沙里，随风一吹，便四处飘散了。表面上看似前赵亡于外来入侵，实则却是亡于内部缺乏凝聚力，如水中月、镜中花一般虚幻缥缈。在这一点上，后来的前秦也有相似之处。

当然，刘曜个人因素也起了很大的作用，刘曜是个重情义之人，但是一个讲究情义的人是做不了合格的帝王的。千载之后，不会有人记得他因羊献容之死而变得意志消沉，人们只会记得，前赵是亡于他手中的，历史永远是那般残酷。

不过，尽管如此，刘曜还是踏出了汉化的第一步，对于他个人是一小步，可是对于后世胡人入主中原建立王朝来说，却是一大步。因为在那以后，游牧民族终于找到了能长期统治汉人的方法，多年后，同样是在关中，苻坚重新扛起了汉化的大旗，并再次统一北方。又过了百余年，孝文帝元宏则进行全面的汉化，给后世的胡人政权树立了标杆，而这一切都起步于刘曜……

汉化的前赵败给了胡化的后赵，北方由此走上了一条弯路，一条迷信武力便可解决一切的弯路。然而，最终的历史证明，穷兵黩武给后赵带来的并不是长治久安，而是差一点儿的种族灭绝，胡化终究是一条不归路!

第七章 皇权旁落
——东晋权臣甚猖狂

（一）

随着后赵取代前赵，石勒初步统一了北方，北边的战事便告一段落了。现在就再次将目光转回到南边来，看看这些年的东晋又发生了什么天翻地覆的变化。

这一时期的东晋政局动荡，大有数百年之后的李唐王朝那般“国都六陷，天子九迁”的态势。权臣的嚣张气焰很盛，天子成了摆设，各地军阀相互攻伐，一

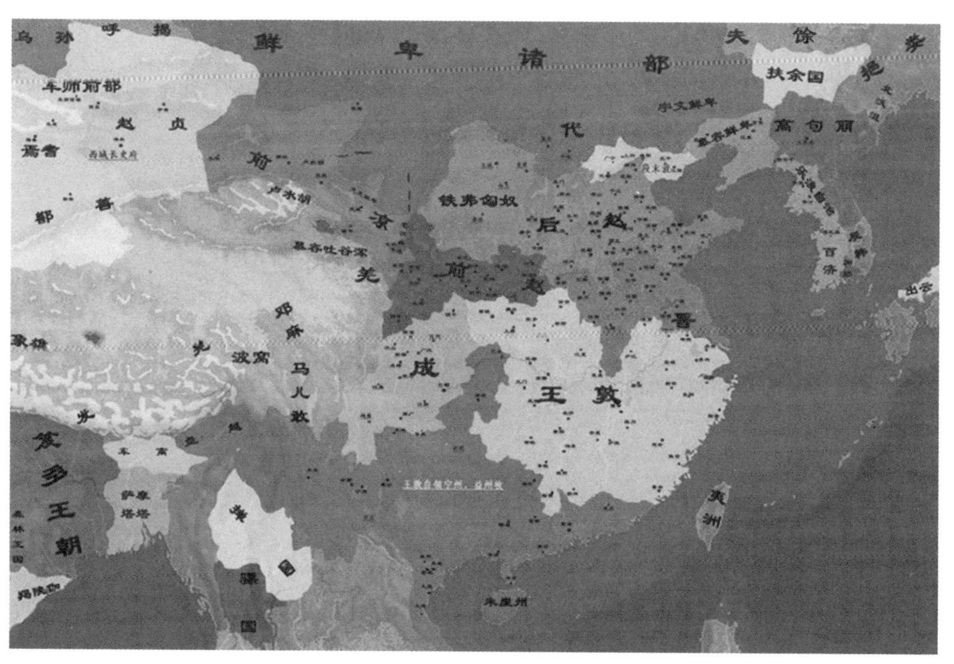

派无序的景象。而且，这里提到的权臣并非只是之前那位跋扈将军王敦，继王敦之后，又陆续蹿上台好几个权臣。

还是先从王敦说起吧，之前说到王敦率兵洗劫了首都，又派人刺杀掉了甘卓，很是不可一世的样子。清扫完异己势力后，跋扈将军王敦没有留在京师辅政，而是带着部队返回老巢武昌去了。

晋元帝司马睿遭受了如此奇耻大辱，心中郁闷难结，不久便病倒了，很快也就撒手西去了，享年四十七岁。太子司马绍由此登基，改元太宁，是为晋明帝。

纵观司马睿的一生，可圈可点的地方确实很少，庸碌无为倒是他的真实写照。不过，在司马睿的执政生涯中，还是有一笔辉煌的业绩的。司马睿曾经为加强皇权威严，发起过一项改革，史称“刻碎之政”。

这次改革主要参与者有刁协和刘隗，其目的主要为了抑制世家大族势力，巩固并加强皇权。但是，司马睿整饬吏治的打击面实在太广了，其中被他的改革弄丢乌纱帽的官员有不少，这些人对他意见很大。

要知道，东晋建国很大程度上是靠随同司马睿一起南渡的官员，而这些官员要是真清查一番，估计不少人有黑底子。而司马睿又声明了，那些州牧刺史相互之间要搞揭发，禁止串联，对那些阻塞忠谏之人和包庇贪污之人的官员，都将予以罢免。

大批的官员下马导致官僚集团对于司马睿政府的支持率普遍下滑，由不满甚至演化为敌对和仇视。所以，当王敦振臂一呼的时候，并不缺少大着胆子跟着王敦造司马睿反的官员。

更要命的是，司马睿的改革还动到了兵头身上。军方历来是改革当中最为慎重的一个环节，可以毫不夸张地说，你要是敢动他们的血汗钱，他们就敢和你玩命！而东晋的兵源大多掌握在各地的军政首领和当地豪强手中，改革军制不可避免地触及这些军阀的自身利益。可是，要想加强皇权，就必须有一支听命于朝廷的正规军，而要与王敦叫板，也离不开军队建设。

这么一来就能发觉，其实这已经走向了一局死棋。当司马睿下诏免除豪强手中兵户的卑贱身份，使其成为平民，作为自己兵源招募之时，他已然走向了这些军阀的对立面。而这些军阀并非以王敦为代表，他们之中甚至包括了像陶侃、祖约以及甘卓这类人，当然也有周札。

士族地主和豪强私占人口的权力受到抑制后，统治阶级不由自主地走向了分裂。而王导、王敦之流恰恰利用了这一点，大力鼓噪那些士族豪强公开反对司马睿的新政。要知道，司马睿这个皇位完全是世家大族哄抬出来的，他本人并无什么耀眼的功绩，也没有什么傲人的功德，如今面对士族集体的铁板一块，司马睿在军制上的改革也只能如“蜻蜓点水”一般，意思意思得了。因为面对这批盘根错节、势力雄厚的士族，司马睿根本就束手无策，他根本没有办法铲除，也不敢铲除这批政治团体。

但是，矛盾一旦产生，绝不是一方妥协，另一方就能做到完全不计较的，尤其是在政治层面上。因司马睿改革而受到波及的广大官僚集团，对于日后司马睿会不会再来一次这样性质的改革深表疑虑，踌躇之中更多的人选择倒向了王敦这边。在王敦起兵之际，这些世家大族纷纷采取“中立”政策，对于朝廷的安危，他们视若无睹。而司马睿刚刚组建操练起来的新兵又如何能抵挡王敦大军的一击呢？

（二）

所以有时候治理国家确实是个令人头疼的问题，惩治贪官和解放奴隶对国家和人民确实有好处，但是执政者实施起来却总会显得举步维艰。为什么明明一项利国利民的政策却往往无法贯彻下去，为什么中国历史上许多次改革都以失败告终？这问题的关键究竟是出在皇帝身上，还是出在大臣身上，又或者是出在百姓身上呢？现在还不得而知，或许有一天会有人对这个问题给出一个完美的答案吧。

晋明帝的登基让跋扈将军王敦很是不爽，当初入寇建康城的时候，是他王将军提出要废掉太子的，故而这梁子结得很深。所以司马睿病逝的消息一传出，王敦就急忙喊来狗头军师钱凤，他询问如果自己此时起兵夺位，能有多大的胜算。钱凤很滑溜，他声称“王马共天下是百姓普遍认可的，江东基业可全靠琅邪王家支撑，司马睿早就该禅位与你了。如今，各大威胁势力已经被清剿干净，朝中又有王导做内应，举大事必成！”

随即，王敦听从钱凤的建议，将军事大本营从原本的武昌迁移到姑孰城（今安徽当涂），将战线前移方便后续动作的展开。

这一举动引发了东晋朝野的轩然大波，王敦之前那次入京历历在目，如今这举动很容易让人联想到王敦将再次兵发京城。很快，朝廷便收到一份王敦的奏章，其中王敦表示太子的顺利登基离不开琅邪王家的努力帮忙，其中犹以他王敦功劳最大，请求“假黄钺”。这是什么意思呢？

黄钺最早是从斧子改良而来的，用以征战杀伐，可后来逐渐成为一种象征权力的礼器。周武王伐纣的时候便用黄钺指挥过军队，拥有黄钺等同于可以代行天子杀伐决断的大权。所以王敦这边请求“假黄钺”实际上便是在寻求代行天子的杀伐之权，其心当诛啊！

类似王敦这种变相要挟君王的手法，早在秦末汉初的时候，韩信便用过。当时韩信刚刚收复齐地，以“齐地边民不堪教化”为由，请求刘邦册封其为“假齐王”，以便管理齐地。结果刘邦大笔一挥：允了，还略带讥讽地评价韩信没出息，要做就做“真齐王”嘛，做什么“假齐王”。

这边也是一样，晋明帝司马绍答应得很痛快，还大大方方地顺带赐予了王敦另外几项权力——“奏事不名，入朝不趋，剑履上殿”，当然，顺带要求王敦入朝受封。

这样的结果对于王敦来说好比是拿了一筐饼又挨了一巴掌，因为王敦预料中司马绍是不可能如此痛快答应的，更别说另赐几项殊荣了。可是，这也不是白给的，王敦是需要入朝受封的。这么一来，王敦心里挺不是滋味的，按照道理，自己入朝谢恩理所应当，可自己之前干的那些事情也实在是要承担掉脑袋的风险的，决不可轻易入朝。

进退两难之际，王敦的狗头军师钱凤再次为他支招，他提议王敦称病，并另派使者前去入朝拜谢。这么一来，王敦倒是在这个少年天子面前认㞞了一回。原本王敦预估司马绍不会答应，他便可以以此为借口，再次发动“清君侧”，进军京师。可是，司马绍却漂亮地解决了这一难题，还以加封王敦其他殊荣的举措，让世人看清了王敦的野心，并通过让王敦入朝拜谢的手段，达到了使王敦认㞞的目的。这一系列的快招在让王敦目不暇接的同时，也让世人见识到了新天子的果决与干练。那么，这个司马绍能否击败不可一世的王敦呢？

在开讲少年天子与跋扈将军的博弈大战前，有必要先了解下这位晋明帝的早年生活。

晋明帝司马绍，出生于公元 298 年，是司马睿的长子。此子小时候就显得格外与众不同，先来说说长相。司马绍肤色皎白，黄发金髯，乍一看和中土人士的长相有很大区别，很多人觉得他那副长相更像是鲜卑人。那么，作为东晋帝国的最高统治者，司马绍究竟有没有鲜卑血统呢？这个已经无法得知，可以知晓的是他母亲来自代郡。就因为这样的外貌特征，所以时人都称其为“黄发鲜卑儿”，这倒是与“碧眼紫髯”的孙仲谋有一拼了。不过，单单外貌的光辉并不足以彰显司马绍的尊贵，更神奇之处还体现在他的思辨能力上。

（三）

《世说新语》记载了一则关于司马绍幼年天资聪颖的故事，当时长安有使臣来建康，于是当时还是琅邪王的司马睿便问年仅五岁的司马绍：“宝宝，你说太阳和长安哪个离我们这儿近啊？”

按理说，以司马绍的年纪是不可能知道长安有多远的，更别说太阳了，所以司马睿这么问实际上也就是在逗逗儿子。没想到司马绍竟然一本正经地说道：“长安近。”司马睿忙问道：“为什么呢？”司马绍很淡定地说道：“我从来没听说过有人从日边来的，据此推断而已（不闻人从日边来，居然可知矣）。”司马绍用的是条件假设推断，即数学上常用的知道两组等式以及公式法则，求算另一数据的建模思想。

年仅五岁就能有如此敏锐的逻辑关系，司马睿心里对这个儿子自是欢喜无限，独乐乐不如众乐乐嘛，自己的嫔妃怀孕都能招来群臣庆祝，这次有如此神童，晋元帝自然不能放过这个机会。

于是，司马睿再次设宴款待群臣，席间便喊来司马绍，继续之前的那个问题，希望让大臣们也趁机开开眼。不过这一次，司马绍的回答却变了，他果断地答道：“日近。”这么一来，司马睿脸上有些挂不住了，毕竟从大人们的视角来看，太阳和长安谁近早有定论。

司马睿便压低声音说道：“儿子啊，你怎么和昨天说得不一样啊？”司马绍笑笑，说道：“因为我们抬眼就能看见太阳，但看不见长安啊（举目则见日，不见长安）。”这话一说完，在场先是一阵静默，随即响起了热烈的掌声。聪明的人不在于能够辨析客观规律，而在于即使是一个错误的结论，他依然能给出令人信服的佐证。这也是一项官场法则，可才五岁的司马绍就能一语道破这层规律，这让那些个官场老油条都不禁咋舌。

当然，高智商并不能决定你是个伟人，因为聪明如不用在正途上，智商再高也是危害社会的渣滓，注定被人所唾弃。而接下来的一件事，反映了司马绍在聪明的同时具备了高尚的情怀与品德。

十岁那年，司马绍无意间问起王导司马家建国的历史时，王导眉飞色舞地给司马绍讲起了司马懿、司马昭、司马炎祖孙三代篡国得天下的历程。说到高平陵政变、淮南平定以及刺杀曹髦这些事件时，王导显得格外激动和自得，而一旁的司马绍却一把抱住枕头，哭着说道："真要是像您说的那样，那我大晋朝的国祚又怎能绵长呢（若如公言，祚安得长）？"

能够从客观上去看待自己的父祖得天下的手腕，并予以公正的评价，这并非一般人能做到，可司马绍却做到了。再往后，司马绍更是加强骑射学习，成了一位能文能武的优秀国储。

从司马绍的早年履历来看，他绝对是个有为的天子，从他与王敦的第一轮交锋中也看出了他的不凡。可是，幸运并不是固定的，尤其目前来看王敦依然占据优势。第一回合较量结束后，王敦又立马开始了第二轮的行动，他决定利用主动权，再次给司马绍下绊儿。

狗头军师钱凤再次为王敦出谋划策，他建议王敦将司马绍的老师温峤借机调来自己身边，好方便下手除掉，因为温峤善有谋略，留他在司马绍身边绝对得出事。于是王敦便要求晋明帝派温峤到自己身边任职，司马绍本不欲答应，不过温峤却胸有成竹地表示愿意前往。

温峤之所以敢堂而皇之地前去赴任，其实他内心早有打算，笃信王敦无杀他之心。因为他虽然为太子嫡系，但是当初王敦"清君侧"之时，温峤还是朝中为数不多为王敦摇旗呐喊的人物。无他，因为温峤觉得刘隗、刁协之流决计是要祸乱朝纲的宵小之徒，他们掌权比王敦更恶心，更为重要的是，温峤自己也是世家大族出身，利益也驱使他与刁协、刘隗分道扬镳。

所以，这一系列的举动让王敦对温峤还有些许好感，甚至会将其当作自己人。因而拉拢是主要举措，绝不会轻易杀掉。当然，只是王敦不知道温峤此时的态度已经有了明显转变，刁、刘死后，温峤已由原先挺王党成了坚定的倒王党了。

（四）

温峤去了王敦那后，为人很是低调，勤勉做事，对王敦也是毕恭毕敬。一时间王敦对他的杀心也消失殆尽，反倒开始对其信任起来。当然，忽悠住王敦不是什么难事，难的在于要把王敦的狗头军师钱凤也忽悠好，为此温峤可没少下功夫。

温峤平日里一有机会就在众人面前吹嘘钱凤，“钱老高风亮节，当是我辈楷模啊，他为王公做事，奇策百出，值得我们学习啊！”钱凤本就起于寒微，得蒙出身门阀的温峤这么吹捧，心里很是得意，所以一来二去倒也和温峤成了好友。温峤为了能够彻底消除王敦、钱凤的顾虑，还一再怂恿王敦举行二次“清君侧”，并声称百姓都期盼着王敦进京除恶呢，一番话让王敦很是受用。

转眼到了第二年，这时候朝中传来丹阳尹（今镇江）一职空缺的消息，对于这个职位，王敦势在必得。因为一旦让自己人控制住了那个位置，就等同于在皇城周围埋下第二把刀（之前南边的沈家为第一把），让自己日后在与司马绍的博弈中取得了更大主动权。那么，究竟派谁去呢？这倒是个问题。温峤推荐钱凤，认为钱凤是王敦心腹，可以胜任，钱凤这时候倒也谦虚起来，力挺温峤。这一来一去之下，王敦最终敲定由温峤前去出任丹阳尹，并分配好了任务：温峤前去刺探军情，为自己传递朝中消息，而钱凤则留下来辅助自己，共谋天下大计。

王敦的算盘打得很精，自以为天下之事尽在掌握，却不料朝廷密探就在卧榻之侧。温峤原本就是司马绍派来忽悠王敦的，在温峤任职荆州的两年中，王敦没有采取任何对朝廷的军事行动，相反，司马绍却是在积极备战。他竭力拉拢当时国内还能抗衡王敦的三支力量——陶侃、祖约和苏峻，组成新的“铁三角”来制衡王敦。其中祖约和陶侃由于地处偏远且又毗邻王敦的防区，不便明着和王敦叫板，不过私底下都承诺了到时勤王以及誓死效忠皇帝。而身处淮北的苏峻则直接带兵南下，向京师方向靠拢，以此震慑王敦并方便日后及时勤王。

这次的交锋很明显王敦败下阵来了，可笑的是此时他仍蒙在鼓里。而温峤东去之前怕王敦反悔还特地演了一出戏，当时适逢王敦大摆筵席为温峤践行。席间温峤便借酒装疯，扯掉钱凤的帽子并大骂道：“贼钱凤，老夫敬你的酒，你为何不喝？你能耐了是吧？”钱凤本也不是善茬，被这么无端一骂，也火大了，登时就和温峤争执起来，后来大家好不容易才将他俩分开。

第二天辞行的时候，温峤也是来来回回地不断和王敦道别，显得很是依依不舍的样子，让送行的人都深感温峤忠诚。不过待温峤走后，酒醒之后的钱凤越琢磨越感不对劲，静下心来仔细一想，大呼“中计了”。

于是钱凤急匆匆地跑去王敦府内，对他说道：“我等中了温峤的奸计了，你快去把他抓回来，千万不能放他东归。”王敦心里很诧异，心想平日里你俩称兄道弟的，怎么说翻脸就翻脸啊，忙询问缘由。钱凤便解释说，温峤早先就是司马绍的师傅，他这次来是做卧底的，先前对你的百般忠诚都是装出来的，目的就是为了使你信任他最后放他东归。

王敦对于钱凤这番缜密的分析丝毫不信，还讥笑他是对昨天温峤醉酒后的出言不逊怀恨在心，因私废公才诋毁温峤的。钱凤对于王敦的看法只能连连摇头，失望地退了回去。

不出钱凤所料，一回到建康城温峤第一时间便与司马绍取得联系，将王敦欲阴谋称帝的消息上报，同时还披露了不少王敦集团的内幕。晋明帝这边也开始行动起来，他任命王导为大都督，温峤与卞敦守备石头城，卫将军郗鉴带领军士守备皇宫。不得不说，在人员安排上，晋明帝比起他父亲已经是有长足进步了，任用的多是武官以及有能耐之人，绝非刘隗、刁协等人可比的。只是，对于王导的安排或许是这一系列人事安排中美中不足的一笔。

此外，晋明帝还给京师周围的藩镇广发勤王帖，苏峻、祖约、陶瞻（陶侃儿子）等将都公开打出“勤王”的大旗。形势变化之快让王敦惊讶不已，自己这边刀还没磨好呢，那边却已然摆好阵势了。尤其当他得知这一切都是温峤的“杰作”时，王敦更是愤恨地扬言要把温峤舌头拔掉。年长之人最忌动怒，结果王敦这一生气竟然把自己给气病了。

（五）

原本王敦这边就已经输了一招了，这时候主帅再被气病，那局势就更加朝着帝党那边偏转了。关键时刻，钱凤找到王敦，询问道：“将军您目前病重，可也得有个人出来主持大局啊，要不就先让您的儿子王应出来应付？”

这边说一下，王应只是王敦名义上的儿子，并不是他的亲生儿子。跛扈将军可能坏事做多了，所以老天让他绝了子嗣，无奈之下的王敦只得从哥哥王含的子嗣中挑选一个过继过来，而这人便是王应。

王敦深知王应的才干，忙说道：“这种非同寻常的事情，非一般人可以做的，王应年轻识浅，做不来的（非常之事，非常人所能为。王应年少，岂堪大任）。”顿了一顿，王敦又说道：“此时我倒是有三策，上策是交出兵权，投降朝廷，尚可保全我王家一门性命。中策是回军武昌，依靠我们这些年在荆州一带的势力，与朝廷做长期斗争，一旦朝中有变，再趁势东进。下策则是趁着我一息尚存，集结兵力东进，若上天眷顾，或许会成功。”

钱凤这时急匆匆地喊道：“下策才是上上之策啊，我立刻回去集结军队准备进攻建康。”那么，为什么平日里最清楚王敦心思的钱凤会突然意见和王敦产生如此大的反差呢？归根结底，还是各自利益使然。

王敦是顶级门阀，朝中有他弟弟王导映衬着，所以此时倘若他主动向朝廷“讨饶”，朝廷定然可以做到既往不咎的，所以他认为主动归降是上策。可钱凤不同，钱凤出身寒微，他这种人在门阀当道的东晋纯属草芥。长在朱门上便无人敢动，可要是插在寒门，便随时有被人拔除的危险。钱凤之所以能如此风光，完全是依靠王敦，可如今王敦靠不住了，他只能为自己搏一把了。他清楚地知道王应不是个能干大事之人，但恰恰如此，他才可以更方便地掌握王应，让王敦这次东进战争最终转化为他钱凤攫取至高权力的战争。

就这样，王敦在他有生之年发动了第二次“清君侧”，然而这一次的“清君侧”倒是夹杂着不少被动与无奈，感觉更像是被司马绍所逼迫，被钱凤所裹挟一般。公元324年6月，王敦在荆州起兵后，率领主力部队五万余人，向建康杀来。

在王敦率军东下的时候，还有一段小插曲，而这段小插曲就要牵出一个精通易术的神人——郭璞。说起这个名字，或许大家都比较陌生，毕竟两晋南北朝的诸多人物都是冷门嘛，但倘若举个其他朝代的人做类比，大家或许就能直观地感受到这郭璞有多厉害了。郭璞的本事可堪比周朝的姜子牙、三国的诸葛亮以及明朝的刘伯温，都是那种“前算三千年，后推八万载”的通天机之人。相比较姜子牙的《乾坤万年歌》、刘伯温的《烧饼歌》、诸葛亮的《马前课》，郭璞并没有那种预言书留世，但零散的预言却并不少，而且句句成谶。

由于郭璞预言被验证的事情太多了，所以在此列举其中三条。第一条便是郭璞衣冠南渡期间，曾经预言说：“江东分王三百年，复与中国合。”这边说的中国是指当时的中原，即北中国，由于当时正值五胡乱华期间，汉人南渡到江东，所以一定意义上与中原少数民族相对隔绝。随后，东晋一百多年，南朝宋齐梁陈合计一百七十多年，加起来恰恰是三百之数，也即国家由分裂到统一正是郭璞所预言的期限。第二条是关于琅琊王氏的命数的。当时王导在“王马共天下”的体制达成后，担心子孙不能长保富贵，便寻求郭璞替他推算琅邪王氏的兴衰之期。郭璞掐指一算后，告诉王导道：“淮水竭，王氏衰。”而后，梁朝末年，淮水突然出现断流现象，不久便是侯景南来，尽诛王谢高门。

第三条则牵扯到了另一位人物，即“江郎才尽”的主角江淹。公元474年，南朝江淹当吴兴县令，一夜宿城西孤山，睡梦中，见神人授他一支闪着五彩的神笔。自此文思如涌，成了一代文章风流魁首，当地人称为“梦笔生花”。江淹到了晚年，有一天晚上梦见一个人，自称是郭璞，对江淹说道：“我有一支五色彩笔留在你处已多年，请归还给我吧！”江淹从怀中取出，还给了那人。其后他写的文章就日见失色。时人谓之才尽，便有“江郎才尽”一说。

（六）

这三则小故事足见郭璞此人确实有通天之才，不过，历来泄露天机过多的人也终无好下场。正所谓“天机不可泄露，泄露必折阳寿。”这边王敦起兵之时，郭璞也预算到自己寿数将尽了。

王敦在起兵之前曾命参军郭璞为他算一下此次出军的吉凶，郭璞屈指一算说道：“如果你能安安稳稳地待在荆州，尚能活些时日，若执意东进，只怕是必死无疑。”郭璞的回答让王敦很不满意，厉声喝道：“你倒是算算你自己能活多久？”郭璞哈哈大笑，高声说道：“不用算了，就在今日啊！”王敦遂命人将郭璞斩首。

就在王敦那边造反准备得风生水起之时，建康城内的司马绍政府也没有闲着。考虑到王敦掌兵日久，且又攻陷过国都，军中忌惮王敦的将士不在少数，于是司马绍采纳臣下意见，下一道诏书痛斥王敦的悖主行为，并让王导等在京的琅邪王氏子弟为其发丧。

如此一来，王敦原本就抱恙的身体更加显得力不能支了，钱凤则趁机在军中发号施令。钱凤伙同王导的兄长王含一路东下，很快便打到了建康城的外围，与驻守朱雀桥的晋军统帅应詹打了一场恶战。关键时刻，温峤率领援军赶到，及时救下了应詹，并纵火焚毁了朱雀桥，撤至秦淮河北岸。王含则与钱凤率军和温峤隔河对峙。

恰恰就在这时，晋明帝司马绍带着亲兵前来视察前线了。对于温峤焚毁朱雀桥一事，这位年轻的君王表示很不满意，温峤解释说：“当时敌强我弱，如果不焚毁桥，对方很可能趁势杀过来，而我军则无法抵挡。国家安危与一座桥相比，孰轻孰重呢？”郗鉴此时也补充道：“贼军兵锋强盛，我军若意气用事，的确要吃大亏啊。”司马绍没去理会他们，而是带着人马悄悄地跑去王敦防区一探究竟。

司马绍上前线视察的消息很快便通过斥候汇报给了王敦，钱凤得知这一消息立马派人前去追捕，可司马绍却机敏异常，愣是在王敦大营溜了一圈后安然回到秦淮河北岸。劫后余生的司马绍召集温峤商议，趁王含兵马刚到，立足未稳，夜袭敌军大营。

当夜，温峤等将兵分六路，直扑王含营帐。混战中，王含的大将何康被斩，王含中军也被打得七零八落。好在这时周抚率领援军前来救助王含，这才让王含捡了一条性命，而温峤等人担心久战不利，王敦的其他援军会及时赶到，便收拢大军撤了回去。

司马绍没能捉到，王含大军还被人打得损失惨重，接连而至的噩耗让王敦捶胸顿足地说道："吾兄打仗简直如老妪，我等要亡了。"随后，气急攻心的王敦竟然昏死过去，手下好一番抢救才让他勉强清醒过来。回光返照的王敦开始交代后事：他吩咐待自己死后，王应应该立即即皇帝位，设朝廷，立百官，再安葬自己。交代完毕后，王敦吐血斗升，气绝身亡，时年五十九岁。

王敦的死对叛军打击很大，军中一下子失去了主心骨，当然，王应和钱凤这对活宝还想隐瞒王敦死亡的消息，做出掩耳盗铃的举动。钱凤担心王应继位之后掌控不了大局，硬是拖着不让他即皇帝位，而王应也怕王敦病逝的消息散布出去影响军心，于是秘不发丧，用草席裹了王敦尸首，外涂白蜡，埋在地下室里。

这时候，王应和钱凤还嫌事情不够大，想起了再次拉王敦盟友沈充下水。这个沈充也是死催，都不看看形势便贸然出兵建康。当时司马绍的使者已经去沈充那边招安了，只要沈充承诺不再次附逆，那朝廷既往不咎，甚至还会加封沈充为三公。而沈充给予使者的答复却是："三公之位，当属有才者方可居之，且大丈夫生于天地之间，当善始善终。我既已投效王公，自然竭尽全力，岂能因利益而背弃盟友，为天下人所耻笑呢！"做贼还能给自己编造如此理直气壮的理由，沈充还真是少有的典型啊。

沈充的两万精兵从吴郡出发后，便往王敦叛军所在地开来，意图会师城下，一举破城。而沈充的谋士顾飏也向他建议道："如今，天子坐镇城中，据险要而抗王含，双方对峙日久。我军可借会师之机而转攻建康城东北，引玄武湖之水倒灌入城，水陆夹攻，此为上策。"

（七）

沈充笑着摇了摇头，在他心目中自己还犯不着行此不义之事。顾飏紧接着又说道："我还有中策，我等不必与王含会师，只教与其约定好时间，两路合击建康城，依仗兵力优势强灭朝廷禁军。"

沈充依旧不语，顾飏急着嚷道："如果两条计策将军都不应允，那我还有最后一计，召钱凤、王含二人前来议事，趁此机会在席间斩此二人，并以此向朝廷投诚，此为下策。"沈充听了他的下策，心里暗自嘀咕：我才告知朝廷为大义才举兵，如今却要杀王含、钱凤降朝廷，岂不是自扇耳光吗？于是，沈充正色地回道："我军兵威所至，无不夹道请降，何须用如此多的计策，我强行攻打便是了！"顾飏一看沈充在这关键时刻如此犯愣，心知此战必败，便找了个由头离开了。

而这边沈充组织部队通过船筏渡过秦淮河，直攻建康城而来，先是打败了应詹，随后又赶至南门。可是，沈充的好运到此结束了，因为在那边他遇到了一支精兵——苏峻的江淮悍匪。之前说过，作为新的"铁三角"——（苏峻、陶侃、祖约）之一的临淮太守苏峻对于勤王之事一直积极响应，早在王敦大军东进的时候，他便带兵南下驻军江北了。在晋明帝招安沈充失败后，便通知苏峻火速渡江，苏峻仅仅用一天时间，便突入到建康城外围，恰恰赶上了和沈充叛军的对战。

苏峻的突然杀到让沈充立刻拟定新目标，放弃攻城转攻苏峻队伍，意图趁其立足未稳将其吃掉。同时，沈充也派人传讯给王含那边，邀他出兵助战。钱凤接到消息后，将军队一分为二，王含率主力留守接应，钱凤自带一万人去助战。结果，恰恰是钱凤这个看似精妙的主意，把原本一局僵持不下的棋给走死了，因为他始终没有看透王含。

与苏峻的江淮兵交战之后，钱凤发觉自己这边的士卒虐虐朝廷部队还行，真要和北方野战军比起来，那相差的不是一丁半点儿，所以他和沈充两军联手反倒还被苏峻压着打。这时候，刚刚被沈充杀败的应詹又不知道从哪里杀了出来，对着叛军就是一阵招呼。

按理说，这时候该是王含的援军发挥作用了，可奇怪的是，钱凤、沈充这边打得热火朝天，王含那边却是雷打不动，援军等也不来。时间一长，叛军这边再也扛不住了，纷纷四散奔逃，逃亡的士兵为了渡河争抢竹筏溺死在秦淮河中的倒也不少。沈充的残军在败退青溪时又遭到北中郎将刘遐的劫杀，大战过后仅带数百人马逃回。

这边钱凤前脚回营，后脚就来了一个人，此人正是周访的次子、周抚的弟弟周光。这次他是奉了兄长周抚的命令，率兵数千前来支援的。钱凤刚刚吃了败仗，正在发愁呢，眼见有援军，倒也来了精神。只是，这位周光说许久不见王公，一定要见见王敦，王应、王含诸多推辞就是不让周光见。

周光这家伙贼精，心里一寻思猜想这王敦定是死了，连忙找了个理由带兵回去了。周光一回到营帐便找到大哥周抚说道："哥哥呀，王敦已经死了，咱跟着王含，钱凤混没前途啊。"周抚也清楚自己的斤两，沈充都败了，自己再去不是找死吗，于是乎就地遣散了军队，各自跑路了。

钱凤和王含一看，连最后一支援军都散了，剩下留在中军的这些人马更是逃的逃，走的走，不堪一战了。于是钱凤和王含这两个战犯也各自跑路了，王含带着亲儿子王应准备投靠同族的荆州刺史王舒，哪成想此时的王舒已经彻底投靠了朝廷。王舒假意招待了他们一番，却在席间将他父子二人杀死，沉尸江中，向朝廷报功了。

钱凤这个狗头军师更惨，离开了王家的庇佑他就什么都不是了，路上遇到周光，周光二话不说，砍了钱凤脑袋，传首京师。周抚和邓岳这对难兄难弟也不敢去投周光，只得找了个深山暂且躲避起来，直到来年才自首谢罪。适逢当时司马绍大赦天下，也便一并赦免了他们。

至于沈充，他是要将犯愣进行到底，居然在逃出生天后跑去投靠老部下吴儒。

（八）

沈充如今是什么身份？谋逆不成朝廷通缉的乱党，他只要能借鉴下王含父子的下场便能知道这个时刻不能乱投亲旧。王舒与王含可是正儿八经的兄弟，尚且能在危急关头"大义灭亲"，何况这边的吴儒只是沈充的一名旧将。

"朝廷赏格，斩沈充者，封三千户侯爵！"这是吴儒在杀害沈充前所说的，沈充闻言只是笑笑："区区一个千户侯就把咱俩多年交情给出卖了，善恶到头终有报，今日你背弃义气杀我，他日必然会遭报应的！”吴儒并没有过多考虑沈充的临终遗言，因为他知道，朝廷会替他斩草除根的。

果然，沈充传首建康后，全族被灭，吴儒闻之大喜。可世间的事情总有些戏剧化，受过沈充恩惠的钱举冒着杀头的危险收养了沈充的儿子沈劲，并传授他绝世武艺。后来，武功大进的沈劲趁着一天夜晚，悄悄溜进吴儒家中，将其满门杀尽，算是报了家仇。

这件事在如今的社会铁定要被打成“严重破坏和谐社会”的大罪，可是在当时，人们对于这种敢于报父仇的高义之举给予不少赞扬。尤其是另一位报父仇却被晋明帝赦免的人物后来一度把持了东晋朝政，所以对于沈劲之事他也算是惺惺相惜了，这个人是谁暂且不说，因为日后还要对他大讲特讲。

只不过，令人较为遗憾的是，那时朝中仍有不少是反王敦一党的要员。所以对于沈劲，他们内心也是急欲除之而后快，最后沈劲带领五百将士被困北方孤城中坚守不屈，直至战死。继义兴周氏之后，吴兴沈氏也随着沈充一门的死尽而退出了政治舞台。遥想当初周、沈两大家族在江东是何等之风光，如今看来也只能是南柯一梦了，沈氏的没落标志着以王谢为首的北来侨族正式接过军事大棒，主宰日后东晋乃至宋齐梁军事权的时代开始了。

随着王敦余党的一一落败，长达数年之久的王敦之乱宣告彻底平定。这场从东晋开年就绵延不止的战争，最终在晋明帝司马绍手中得以解决，司马绍也以中兴之主的身份，开始为大晋的明天规划蓝图。

为了表彰诸将在这次讨逆行动中的英勇表现，司马绍在战后进行了论功行赏。首要功臣太保王导被加封为始兴公，领司徒一职，谋士温峤加封为建宁公，领前将军。而及时赶来救驾的苏峻被封为邵陵公，领冠军将军，同时调任统帅禁军的郗鉴为兖州刺史，领车骑将军，出镇广陵，都督徐、青、兖三州诸军事。顺带司马绍还追封了一些因王敦叛乱而为国捐躯的朝中重臣，如周伯仁、戴渊、谯王、郭璞等人。

同时，司马绍也看出了荆州势大，日后恐再成危及朝廷的隐患，将原本的荆州一分为二。由征西大将军陶侃担任荆州刺史一职，另派温峤领江州刺史（从原荆州分离出来的），原先逆贼王敦所委派的荆州刺史王舒因投诚有功，改封为会稽内史。在老上司刘弘阔别人世多年后，陶侃终于应了刘弘当日所言——“在我之后，你必然会做这荆州刺史。”当然，陶侃的好运气绝不会止步于此。

将朝廷内外重新大洗牌后，晋明帝雄心勃勃，他准备趁着北方石勒、刘曜竞逐中原之际，挥兵北上，以图收复故土。然而天妒英才，仅仅在王敦之乱被弭平一年多后，在位三年的晋明帝司马绍于公元 325 年，农历闰八月戊子日暴毙，享年二十七岁。

没有人能解释为何正值壮年的司马绍会死得那么突然，或许他身上的鲜卑基因能牵强地解释这个原因，毕竟北魏早期诸王除拓跋焘外都是壮年离世的。老天给予司马绍的历史使命或许仅仅是为了弭平王敦之乱，一旦天下重归太平，司马绍的生命也即终结。如果司马绍不死的话，或许东晋的政治面貌会大有不同，东晋王朝君弱臣强的局面会有改观，北伐中原的壮举会被提前，然而，毕竟这一切都是假设，而历史不容许假设。

司马绍离世前安排司马羕、王导、庾亮、温峤等人共辅朝政，确保自己年仅五岁的儿子司马衍能够顺利掌权。然而，司马绍安排的这套班子并不科学，因为辅政大臣居然没有一位出自军方（当然原本是有的，具体原因下文细说），这对刚刚分割利益后的各方并不公平。

（九）

司马绍死后，太子司马衍即位，是为晋成帝，改元咸和。除了司马绍安排的几位辅政大臣外，司马衍生母庾太后顺理成章地临朝听政。然而，这位庾太后毕竟也就一个小女人，朝政过多地依赖于他的哥哥庾亮，东晋王朝在刚刚树立君权威严不久便迎来了外戚当政的局面。

庾亮之前也提到过，他算是晋元帝时代拉拢抗衡王敦的四位重臣之一，比较幸运的是，周伯仁以及刘隗、刁协都在王敦首次进京过程中被处理掉了，他却顽强地活了下来。如今成了辅政大臣的庾亮自我感觉良好，竟然想学学以前外戚独揽大权的例子，而他首要打击目标就定在了南顿王司马宗的身上。

外戚夺权的第一步就瞄准宗亲，这在其他朝代是很难实现的，然而在君权虚弱的东晋却很容易办到，此外，南顿王确实也有庾亮欲除之而后快的理由。当时晋明帝病危期间，庾亮作为司马绍信任的大臣经常需要进宫面驾，可当时执掌宫中禁军的南顿王司马宗对于庾亮这种外戚频繁出入宫禁感到有些不满。

一次趁着天黑，司马宗对着就要进宫的庾亮嚷道：“你是个什么东西，大晚上地就想出入皇宫内院，真把这大内当成是你自家的啦？”司马宗原本也就想杀杀庾亮的锐气，教教他守点儿规矩，哪成想就这么一件事情让庾亮给忌恨上了，如今大权在手的庾亮立刻贬司马宗为骠骑将军。

就因为几句气话，庾亮便把人家一个好端端的皇室宗亲给降职了，这也确实让人说不过去了。不过，司马宗也不是个省油的灯，他一肚子气无处发泄竟然联想到要发动政变，将庾亮处死。奈何，庾亮早已得知司马宗的打算，先发制人，派兵将司马宗杀了。这事情还牵扯到了另一位辅政大臣司马羕，司马羕和司马宗是亲兄弟，都是当年“八王之乱”中汝南王司马亮的儿子，也算是司马家族里面血统比较高贵的。

当时衣冠南渡的时候有句民谣叫“五马渡江去，一马化为龙”，说的便是琅邪王司马睿、西阳王司马羕、汝阳王司马祐、南顿王司马宗、彭城王司马纮，五王为避战乱一同渡江，最后司马睿做了皇帝的故事。仅仅从这则故事中也可以看出司马羕和司马宗两兄弟在东晋宗室中的地位，可偏偏庾亮就敢动这宗室中的泰斗。在杀完司马宗之后，庾亮又将司马宗的几个儿子全部废为庶民，并将司马宗这一家族改为“马”姓，同时又免了司马羕的职务，将其轰出京城。

司马宗的死在很短时间便引起了司马衍的注意，因为司马宗常年在宫里当值，和这位小皇帝玩得很好，小皇帝也很喜欢这位白头发老爷爷。长时间未能见到司马宗的司马衍一次不经意间问庾亮：“舅舅，以前常常带我玩的那个白头发老爷爷去哪儿了啊？”庾亮当然知道自己这位皇帝外甥问的是司马宗，便淡淡地说道：“哦，他呀，因为谋反，被我诛杀了。”

小皇帝司马衍听完很伤心，嘟囔着说道：“舅舅你说别人谋反，就把人家杀了，那要是有一天有人说舅舅你谋反，又能怎么办啊？”庾亮万万没有想到小外甥竟然能抛出这么一句话，惊得半天说不出话来，最后只能拂袖而去。

搞定了司马兄弟，庾亮又把矛头指向了另外两位大臣——王导和温峤，温峤这个人很识大体，平日又与庾亮交好，一见庾亮想大权独揽，便主动提出出镇武昌去了。至于王导，平素他的心思便藏得很深，如今对于庾亮这个弄权小人，王导只是笑笑，摆出一副与世无争的样子隐退了。

但是，如果真以为王导就如此销声匿迹了，那大家也着实小看了这位一手缔造“王马共天下”的权谋家了。因为王导在等待一个时机，一个庾亮忘乎所以把自己推上死路的时机，而这个时机随着庾亮一系列的政治失误，很快便来了。

在搞定了辅政大臣之后，庾亮很不适宜地将枪口对准了昔日反王敦的“新铁三角”。

（十）

王敦的荆州军事集团被荡平后，整个东晋朝廷主要有以下几支军事力量：依托三吴，由东晋政府组建的正规中央军，这支部队是支撑东晋王朝生存的基础。然后在长江以北有两支部队，祖约继承兄长祖逖的北伐军为一路，苏峻所带的江淮野战军为另一路。

最后剩下的一支，也是东晋王朝目前来说战斗力最强的一支，便是陶侃所带领的部队。这支部队成分有些冗杂，早年陶侃带来的北方官军为一部分，在广州刺史期间招募的粤人为一部分，剩余的则是在消灭王敦集团过程中收编的一部分。虽然陶侃的部队龙蛇混杂，但作为一支优良的军队，只要能有一个魅力十足的统帅，便能打出漂亮的仗，而陶侃恰恰是这样的一位统帅。

总的来说，就目前实力对比之下，控制了江南大部分版图的东晋政府相对于司马睿时代的窘迫境况已经有了显著提升，单方面对苏峻、祖约、陶侃中任意一位都有绝对优势。但是，这位庾老板偏偏为美特斯邦威代言——不走寻常路，竟然在短短的时间内把这仨强藩都给得罪光了。

先来说陶侃，陶侃老成持重，是三藩之中最受晋明帝信赖的人，所以才敢于把荆州交付给他（虽然已经削弱一部分了）。但在庾亮眼中，这位最本分的陶将军恰恰是最叛逆的危险分子，他会是东晋王朝第二个“王敦”。在这一点上，庾亮只能说猜透了一半，确实最后陶侃成了一个权势上并不输于王敦一丝一毫的权臣，但是他能够收获如此荣耀的过程却比王敦要正派得多得多。

很快，赶赴江州做刺史的温峤便收到了一个来自“朝廷”的指令——负责监视陶侃，当然明眼人都能看出来是庾亮的意思。庾亮在建康更是明目张胆地修葺了石头城，等同于在向陶侃传递这么一个信息：老子就是要准备和你开战！

紧接着，就在大家都误以为庾亮和陶侃又要打内战之际，庾亮却一个大转身，矛头直指江北的苏峻。怎么回事呢？原来当初参与司马宗密谋除掉庾亮计划的一名成员卞阐曾出逃到苏峻那边，如今庾亮便借机问苏峻索要卞阐，哪成想苏峻竟然一口咬定自己这边没有这号人。

这让庾亮很不爽，因为自打他掌权以来还从来没人敢忤逆他的意思，于是庾亮便准备以“窝藏逆党”为由，召苏峻入京，实施抓捕。而这个时候，王导王大人很合时宜地出现了，他劝阻庾亮说道："苏峻于国有功，于社稷有利，他手下兵精将勇，威望颇重。而且这个人本就不是什么善茬儿，你让他入京的目的他定然知道得一清二楚，肯定不愿前来。到时候他一旦拒绝，难道你还想兵戎相见吗？"

庾亮显然没读懂王大人此番话的深层含义，竟然乐呵呵地说道："怕什么，我和你说啊，这苏峻好比汉朝的吴楚七国之乱，削藩他要反，不削也要反。既然都要反还不如趁着他羽翼未丰之际，给予他迎头痛击，总好过等他养肥了，成了王敦那样的人，朝廷想治都治不了了。"

庾亮傻乎乎地就这么上了王导的套还浑然不知，而有聪明人又不便把事情挑明，便对庾亮劝阻道："国舅哇，你还记得上次苏峻进京勤王的事情嘛，他从历阳到这只需一天行程啊。你诏书早上发出，他大军晚上便能抵达江边，我们到时候该如何抵挡？"庾亮依旧不听，还陶醉在他的春秋大梦里，立即颁下圣旨，召苏峻入京升任大司农一职。

朝中明白人知道庾亮这么干得出大事，连忙悄悄地将消息传递给温峤，希望温峤这个智囊能给庾亮补补脑。温峤得知这一消息后，对庾亮是又好气又好笑，自己都被王导卖了还无知无畏地替人数钞票。他连忙致信庾亮不要头脑一热拿全京城百姓的性命开玩笑，甚至还提议说如果庾亮执意要和苏峻开战，就允许他从武昌移镇浔阳，同时再派一支部队入京支援，这样朝中一旦有事也可及时接应。哪知道庾亮大手一挥，说道："江北的苏峻算个什么玩意，我对付他绰绰有余了，倒是荆州的陶侃是个祸胎，你的军队不要越雷池一步！"（雷池位于今天安徽省望江县，是温峤防区与政府管辖区的分界线。"不越雷池一步"由此成了典故。）

（十一）

面对近在咫尺的苏峻，庾亮居然毫不担忧，还将温峤的好心拒之千里，一个人倘若这般找死，那他的好日子也快到头了。可是，苏峻那边并没有利用地利之便对朝廷不宣而战，而是在试图做妥协与最后的退步。

很快，庾亮收到了苏峻的回信，苏峻在信中说道："如果论行军打仗，国舅指向哪儿，臣必打到哪儿，绝不敢有半点儿违背。可入朝担当大司农一职，我恐怕难以胜任，况且当年明皇帝在世的时候，曾握着臣下的手嘱咐我北伐大业。如今匈奴未灭，何以家为？如果您觉得我待在历阳碍你眼了，你大可以把我调去青州前线镇守，为国家保障边界安宁。”

那庾亮又是如何回复苏峻的呢？庾亮在收到苏峻回信后，立即进行了国内军事总动员，委派各个将领守备建康城，并对苏峻下达了最后通牒。

妥协都无法换来和平，苏峻手下的将士集体愤怒了。要知道，这些人都是刀尖舔血的，谁如果让他们活不下去了，他们势必灭其满门。以参军任让为首的一干将领纷纷向苏峻进言道：“将军，如今您既已开罪了庾亮老贼，那便入不得京师了，否则会有生命危险。拥兵自守，尚可保全性命。”

此时的苏峻自然也是怒不可遏，出道这么久哪里受过这等鸟气！苏峻气愤地说道：“好，庾亮那狗贼不是说我想反吗？爷爷就反一个给他看看！当年王敦贼兵进逼京城，如果不是我的援军及时赶到，为先帝保驾护航，那沈充和钱凤的‘王’字大旗早就插上建康城的城楼了！我誓死卖命才为国家争取到如今的幸福生活，可庾亮竟然要卸磨杀驴对我下手了，我纵使必死无疑，也要在死之前为国斩此奸佞！”于是苏峻在历阳起兵，公开声讨庾亮，并派人去联络祖约助阵。

也该庾亮倒霉，恰恰这位祖二少也是被庾亮开罪不小。当初石勒南下攻伐祖约，祖约向庾亮求援，结果庾亮这厮竟然想坐山观虎斗，拒不出兵援助。没有朝廷援军的祖二少自然不是羯胡石勒的对手，被打得只能龟缩在寿春城内困守，好在寿春城墙高大，一时之间石勒也拿不下。

结果石勒在攻不下寿春之后，竟然浩浩荡荡地往长江这边杀来。 下子慌了神的庾亮竟然下令士兵挖掉涂水，以此阻挡羯胡的骑兵，像极了六百多年后的南宋政府开挖黄河以拒金人“铁浮屠”。结果，石勒的骑兵是过不来了，可祖约的寿春城也是被割断了与东晋政府的联系，因为江泛区恰恰位于寿春城与建康政府之间。这么一来，祖约的后路算是彻底被断了，愤怒之下的祖约竟然断绝了与建康政府间的一切联络，摆明了要脱离国家的姿态。

这时候，苏峻起兵的消息传了过来，祖约大喜过望，二话不说便答应了他一同起事。随后，祖约委派祖涣、许柳率兵两万前往支援苏峻。庾亮得知后惊讶不已，苏峻造反在他意料之中，可祖约这么一个根正苗红的“光荣之家”也跟着谋逆，可让他有些难以接受了。

不过惊讶归惊讶，庾亮却依然以为荡寇易如反掌，当时手下曾向他提议说出兵把守住各个要道，尤其是要加强对周围大型粮仓的防卫，依靠持久战与苏峻拼消耗，取得最终胜利。庾亮却不以为然，他觉得要是把部队都分出去了，苏峻集中兵力攻打京城该怎么办。结果，就在庾亮的不作为期间，姑孰的粮仓被苏峻叛军给攻占了，里面的军事物资被一洗而空。这么一来，庾亮傻眼了，心想这苏峻明显是不按照套路出牌嘛。

危急关头，庾亮想起了王导，连忙派人去找王导求计，哪知道王导却在这节骨眼儿上戏剧化地“生病了”。求人求不到，只能靠自己了，庾亮这时分派左将军司马流和弟弟庾翼前往守备慈湖和石头城。

庾亮这个外戚还真是坑司马家皇亲，才杀了司马宗，贬了司马羕，这边又要送司马流去死了。司马流也确实是个脓包，得知要出征，喝壮行酒的时候竟然手一阵哆嗦，一碗酒全洒在了地上。这样的将军要是上了战场结果可想而知，果然，司马流刚赶到慈湖，大军还在安营扎寨，埋锅造饭之际，韩晃的大军便杀了出来，交手不到两回合，司马流便被斩杀。

（十二）

消灭了司马流的部队，苏峻与祖涣、许柳的部队完成顺利会师，两路叛军直指建康城。这时候，又有人给庾亮出主意，说石头城目前有精兵把守，苏峻断不敢强攻此地，他怕是会绕道南边的丹阳，所以应在那地方设下一支伏兵。

可这位庾国舅居然一板一眼地分析起兵法布阵了，他说：“苏峻固知丹阳道狭险，易于伏兵，又岂会从那儿进兵呢，一定是从石头城进军！”此时的庾亮是昏头到底了，在一次次的错误决策之后，还能一如既往地选择继续犯错，也真是难为他了。

苏峻这边还挺配合庾亮的，故意将舰队全部排列在长江上，做出要渡江的态势，让庾亮得意地以为自己预估正确。而实际上，苏峻的全部大军却已然通过丹阳小道，偷偷地来到了建康城下。

得知敌军已经兵临城下，庾亮这时候也只能硬着头皮上了。卞壶、郭默等将领分率大军前去围攻苏峻，奈何这京城中的老爷兵哪能和与羯胡部队交战都不落下风的江淮野战军相比呢？很快这些部队都败下阵来，卞壶的残军后退至青溪栅固守，苏峻随后纵火烧了青溪栅，卞壶和两个儿子卞昣、卞盱都为国捐躯了。

随后苏峻又攻下云龙门，以陶侃之子陶瞻为首的一干朝中重臣又在此地以身殉国了。而挑起这一切内战的庾亮兄弟却趁着贼兵攻打云龙门之际，换上女人衣物，从宣阳门偷偷溜了出去，向西投奔温峤去了。

这一次苏峻进城的军纪与当初王敦进城时不相上下，纵兵劫掠，凡是发现还穿着军服的男子，不管投没投降，一律格杀勿论。至于女的，不管美丑都扒光了衣服奸淫，甚至是皇宫里的宫女也会遭到乱兵的强奸。许多女子由于丢失了衣物，只能用茅草或者泥土覆盖自己的身体，哀号之声，不绝于耳。

纵兵数日之后，苏峻决定去面圣了，而恰巧此时，原本“病魔缠身”的王导竟然奇迹般的好了，他带着一干大臣护卫着小皇帝司马衍登上帝座。面对来势汹汹的乱兵，侍中褚翜厉声呵斥道：“皇上在此，快让苏峻速速拜见！”原本叫嚣着的乱兵被这么一喝，倒也知道规矩似地退了下去，随后，苏峻一身戎装，昂首阔步地走进了大殿。

司马衍虽然年纪小，但见苏峻也不慌张，一番交谈之后，苏峻提出了自己的要求：重新整顿百官，凡是庾亮所提拔的官员一律撤职，另外王导仍旧官居司徒，主掌朝中政务；自己领骠骑将军，录尚书事；祖约升为侍中、太尉；许柳为丹阳尹；祖涣为骁骑将军。其余参与除贼的诸将一律受封。

司马衍对于这样的条件也只能应允，同意了苏峻的任免要求。事情发展到这个地方，有一个很奇怪的现象出现了，那就是为何王导作为朝廷的人却没有在苏峻的清算行列，反倒官居原职，要知道苏峻所安排的官员可都是参与起兵的骨干分子啊，这么做确实有些不合理。

然而，过往案例告诉我们，一切的不合理都是有原因的，而这件事的原因或许只有一个，那就是在苏峻反叛的过程中，王导一直扮演着不光彩的角色。有人会问了，老好人王大人会做这样的事？在讨论这个问题之前，应该拿证据说话，而不是简单地凭个人情感。首先，在王敦当年一次进京的过程中，王导所表现出的态度就有消极对抗之嫌，很多人会把责任推脱给双方实力对比悬殊，但是，别忘了，王大人可曾有过力阻石勒南征部队的成功战例，依托建康城的守备，也不至于让王敦成功得如此之快吧？

而后，在王敦清扫朝中政敌的时候，王导依旧是一言不发，又有人会说那不是周伯仁给王导造成要杀他的假象么？但别忘了，被杀的官员中不止周伯仁，还有戴渊呢，他和王导什么仇、什么怨，王导干吗连帮他说句话都不做？随后，当王敦清扫完毕朝中政敌，王导便再度把持了朝政，恢复了“王马共天下”的秩序。

当王敦二次起兵的时候，王导心中依旧有把小算盘，他知道此次王敦起兵必败无疑，所以他在规划着战后的政治格局，如何让琅邪王氏继续操控政坛。

（十三）

王敦的失败会让琅邪王氏彻底失去军事大棒，而为了早作谋划，王导那时便瞄向了沈充。早在晋明帝司马绍准备招安沈充之际，王导便给老沈送去了一封书信，信中表示，只要沈充投诚，他单方面可以保证沈充日后依旧能够保留军事力量，以此来拉拢沈充。

哪知道沈充是个愣头儿，居然没领会王导的意思，还一意孤行要为王敦守节，将琅邪王集团的最后一支可以争取的军事力量也推向了坟墓。后来王敦之乱被弭平，虽然王导没有被追究，但是失去了军事力量的支撑，总不会长久掌权的。所以在这点上，王导便再次瞄向了"新铁三角"阵营，即以拉拢苏峻、祖约、陶侃为核心，以此构建琅邪王氏的新的军事大棒。

也正因为如此，当庾亮与他抢班夺权的时候，他选择了退让，甚至略带鼓动性地挑起庾亮与三藩的矛盾，借助苏峻的刀铲除庾亮这个外戚，重夺琅邪王氏对东晋政务的垄断大权。这一切，庾亮没看清，温峤却看清了，只可惜大错酿成，已是无法弥补了。

当然，肯定有人要质疑了，说琅邪王导高风亮节，是圣人一般的楷模，怎么会行此龌龊之事呢？这只能说智者见智、仁者见仁，有时候历史的真相未必如大家所见的那般，毕竟有可能和王导有机会达成某种默契的关键人物最后都被清扫干净了，可谓是死无对证。另外还有两句话也希望大家能记住，一切的不合理都是有原因的，过多的巧合掺杂起来那就不是巧合了。

好了，回归正题，在苏峻在朝中重组了自己领导班子之后，又挥兵击败了吴国内史庾冰，庾冰化装出逃。随后，苏峻坐镇建康城，挟天子以令诸侯，以朝廷的名义发布了全国通缉庾亮兄弟的诏令。

庾亮命大，几番艰辛终于逃到了江州浔阳，在那里他见到了温峤。曾经不可一世的庾国舅此时见到温峤居然抱头痛哭，再也不顾体面了。发泄完毕后，庾亮又拿出庾太后密诏，邀温峤召集四方勤王之师反攻京师。温峤推辞说自己当不了这个盟主，庾亮为当朝国舅，理应做这勤王之师的盟主，庾亮已经清楚自己几斤几两了，哪还敢乱来，连连推辞。

双方推辞了一番后，温峤说道："这样吧，我看我们推举荆州刺史陶侃为盟主吧？我江州兵马羸弱，不如陶侃兵雄马壮，且陶侃本人又能征善战，有他做盟主，大事必成！”双方议定之后就派人去江陵找陶侃搬救兵了。

不过，庾亮之前也没少得罪陶侃，原本晋明帝遗诏中也指定了陶侃为辅政大臣之一，结果谁知道庾亮大笔一挥，将陶侃给除名了，此后陶侃便暗恨庾亮这小人。战事爆发之初，陶侃还乐得哈哈大笑，因为总算有人替自己教训教训庾亮了，所以在庾亮和苏峻鏖战之际，陶侃选择了中立，既不助逆，也不讨逆。

面对使者带来的温峤书信，陶侃看也不看，撂下一句话作为回复：“我只是沙场上的一名藩将，负责对外征战之事，至于朝廷内斗，我无权干涉（吾疆场外将，不敢越局）。”第一次出访碰了一鼻子灰，无奈之下，温峤选派了一位叫王愆期的人去劝说陶侃。

王愆期一见到陶侃便对他分析起了形势：“苏峻逆贼，窃据中央，为天下英雄所不齿，政治斗争历来就不能选择中立。你不是替朝廷除贼，便是助苏峻叛逆，首鼠两端的人历来没有好下场。况且，当初苏峻起兵之际您就没出兵帮他，如今他风头正盛，你觉得你和他站一块儿还能分到好处吗？”

见陶侃有些动摇，王愆期又补充说道：“老将军，您的爱子陶瞻在守云龙门时已经为国捐躯了。像苏峻这样的人，本身就是头豺狼，如果让他掌控了大权，纵使天下之大也再难有你容身之地了（苏峻，豺狼也，如得遂志，四海虽广，安有明公容足之地乎）！”

听闻儿子惨死的消息，陶侃已经是泪如雨下了，王愆期后边的一番补充又是句句戳中陶侃肺腑。随即，陶侃当机立断，亲率三万大军，登上舰船东下浔阳与温峤会师。刚刚走出王敦之乱阴影的东晋王朝，再一次地迎来了新一轮的内战，这一次交战集中了东晋国内目前战斗力最强的三支部队——祖约、陶侃、苏峻，而陶侃终将以东晋挽救者身份载入史册。

（十四）

随着陶侃大军的东下，一些流言也在温峤这边散布开来，说是陶侃认定庾亮为此次“苏峻之乱”的祸首，要将庾亮砍了脑袋祭旗。

庾亮毕竟是从鬼门关走了一遭的人了，他可不愿意刚出虎口又入狼窝，得闻陶侃可能要杀自己的消息后，吓得魂不附体，准备再次出逃。温峤得知后，便好言宽慰道："放心啦，既然老陶肯来助咱们，铁定是把国家利益放在首位的，不会刻意计较与你的私怨。你到时候只要认个错，服个软，我会保你无恙的。但你倘若现在走了，这结就永远绑着了。"

温峤的一番言谈稍许安抚了下庾亮，庾亮这才不作逃跑打算，不过也是一宿未睡。第二天一早，庾亮带着黑眼圈亲自去迎接陶侃，见了陶侃的面后，连忙行礼作揖，跪拜磕头。陶侃见庾亮这副㞞样，笑着说道："哦哟，咱们的大国舅是怎么啦？何必行此大礼，我可受不起啊。"

庾亮脸臊得发红，忙推说自己以前有眼不识泰山，竟然不经意间得罪了陶侃。庾亮这家伙也真是不会说话，还"不经意间"，这让陶侃原本平复的心情又有些反胃，他厉声呵斥道："你这东西不是前阵子还在整修石头城说是要防备我么？现在干吗又来求我？"庾亮连连解释道："是防苏峻，防苏峻啊，不是防您！"说完，朝着温峤眨眨眼，希望温峤帮自己说说话。

温峤笑着扶起庾亮，说道："陶公这是和你说笑呢，他心胸宽广，不会为小事耿耿于怀的。"温峤这么一说，陶侃和庾亮相逢一笑泯恩仇，随即三人登坛盟誓，以陶侃为盟主，率兵五万，南下建康。

陶侃这边一行动，各地不满苏峻的"亲司马系"将领纷纷倒向了陶侃军这边。会稽内史王舒、吴兴太守虞潭起兵浙江，兖州刺史郗鉴起兵山东，并各自派出使者与陶侃接洽。

突然之间的形势变化让苏峻有些措手不及，原本他控制了建康城之后是一派和睦景象。可谁知陶侃居然横插一杠子，带头反了自己。剩下那群"投机倒把"分子一看有了带头大哥，也纷纷加入了陶侃军阵营。紧急之下，苏峻连忙召集各级将领开展军事会议，商议对策。

在会议上，苏峻统帅部一致认为山东的北军和浙江的南军都只是摇旗呐喊之辈，不足为惧，陶侃的西军才是主力。石头城将会是西军主攻方向，只要守住石头城，那陶侃远道而来必不能持久。

于是，苏峻安排人马留守南京城，自己则带着皇帝及文武百官一同去石头城驻守。当陶侃的部队到达石头城下时，发觉建康城周围的要道险隘苏峻把守得密不透风，陶侃只能摇头叹息，找了一处江渚安营扎寨。

过了几天，陶侃派舰队从水路进攻石头城，然而苏峻早有预料，派人在城头放火箭，一番激战之下，陶侃折损了不少舰船。不过，苏峻安排在外围的一些兵马却在与陶侃的陆军交战中被清扫完毕，这也难怪，连日来的抢劫强奸让苏峻部队过于疲惫，自然战斗力滑坡厉害。

在这一胜一败中，陶侃的部下纷纷认为与贼军进行陆战才能取得最终胜利，于是向陶侃请命上岸决战。陶侃摆摆手说道：“我军倚仗舟师之利，长于水战，而苏峻、祖约军中多为江淮锐士，长于步战。我们之所以能小胜一场，是因为苏峻那边准备不足，且不是主力，一旦我们上岸与其主力决战，则必败无疑！传我将令，有敢轻易上岸者，杀无赦！”

偏偏这些话让庾亮当成耳旁风了，他觉得自己之前丢了那么多人，得漂亮地赢一次给自己挽回点儿面子。而从陶侃轻易击败苏峻陆上残兵的事例中，他看出了取胜之机，便带兵准备袭击淮口。

临走之前，庾亮碰上了将军王彰，王彰重申了陶侃“上岸者死”的将令，结果庾亮不以为然。他声称这将令是用来约束下级将领的，不适用于他国舅，而且他表示淮口只有数百兵丁驻守，自己此去定然可以一举成功。

（十五）

王彰还想阻拦，哪知道庾亮反唇相讥道：“你堂堂一个将领，居然如此畏惧出战，莫不是怕我抢了你功劳吧？”王彰见自己一片好心，庾亮却并不领情，也不阻拦，随他去了。

起初，庾亮的突袭确实打了苏峻在淮口的部队一个措手不及，但是胜利让庾亮有些飘飘然了，竟然不理会“穷寇勿追”的战场法则，在击溃苏峻驻守淮口的部队后，长驱直入，奔着苏峻在岸上的其他部队杀来。

要知道，这岸上各个险隘都有苏峻的伏兵，庾亮这个愣头儿青身陷危险境地浑然不知，不一会儿，庾亮周边火光冲天。随后，各个方向都有兵马杀来，打仗不行，庾亮逃命行，居然还能在伏兵的包围圈中逃生，只不过突出重围后，千余人马只剩下两百号了，还都是伤兵。

再次丢人的庾亮只得亲自去陶侃军营负荆请罪，看到这个成事不足败事有余的家伙，陶侃也是一肚子火无处发泄，只得摆摆手道：“事不过三，你已经二次犯错，不过这次就算了，下不为例啊（古人三败，君侯始二。当今事急，不宜数尔）。”

庾亮的贸然行事迫使陶侃紧急召开军事会议，开展新一轮的战略部署。有人提议，在如今沙洲军营以外，再修筑一个陆地营垒，这样一来可以储存物资，二来也可以与沙洲军营互为掎角之势。陶侃对于这个建议表示赞同，但是在选址方面，各方又起了争执。有人认为这个陆上营垒应该建在白石，这样距离敌方近，可为现在营垒的前瞻。陶侃认为不妥，恰恰是因为白石距离敌方太近，建造时极易遭到敌军攻打，难以构建。

这时候，军中的李根毛遂自荐道："我们可以用舰船在上游将石料都准备好，沿江而下，趁夜前去构建。末将向将军保证，只需一夜，便可建成！"陶侃见李根这般胸有成竹，便将建造白石堡垒的任务委托给他去做了，而李根果然不负使命，一夜工夫便建好了白石堡垒。

突然间矗立起来的白石堡垒引起了来自苏峻方面的警觉，作为久经沙场的干将，苏峻太清楚这座白石堡垒对于整体战局的重要性了。要想能制住陶侃，必先拔掉白石这个据点，然而，当苏峻得知守卫这座堡垒的将领是庾亮时，不禁哈哈大笑，心想陶侃也太不拿自己当回事了吧。

苏峻率领一万大军猛攻白石堡垒，不过几番攻打下来，他才明白，不是陶侃不拿自己当回事，而是自己太不拿庾亮当回事了。苏峻万万没有料到，那个在他眼中不堪一击的庾亮此番就像是打了兴奋剂一般，死死地扛住了苏峻几波进攻。这时，温峤见前方战事胶着，便派王愆期领兵五千前去助战。

苏峻见援军从水路而来，便弃了庾亮，急攻援军，苏峻借助东风的优势，朝着援军就是一顿火箭招呼，温峤所派援军几乎全军覆没。陶侃见援军被灭，白石顷刻间沦为一座孤岛，形势危急，便要亲率大军去救。温峤却认为陶侃身为主帅，不宜亲身犯险，一番争执之下，决定由将军毛宝前去支援。

毛宝并没有直接去援白石堡垒，而是用了一招"围魏救赵"，通过猛攻苏峻在北岸的部队，迫使苏峻从白石堡垒撤兵。在那里，他所遇到的是祖约的部队——祖涣和许柳两军，相比较于苏峻军，祖约军战斗力稍弱。交战过程中，一支流矢将毛宝大腿洞穿，硬生生地钉在了马鞍上，毛宝咬紧牙关，猛地将箭从大腿中拔了出来，鲜血迸溅而出。而毛宝却高声激励将士道："兄弟们，此战吾义不图生，消灭叛军，封侯拜相指日而待！"大家眼看毛宝受了伤也不包扎，鲜血直流仍在奋勇杀敌，顿时士气高涨，竟然将祖涣、许柳联军杀得大败。

苏峻这边正在围攻白石堡垒，得闻祖涣部队被击溃连忙回军救援，毛宝见计策成功，也不愿与苏峻正面交战，收兵回去了。就这样，陶侃和苏峻两军围绕着白石堡垒进行了反复争夺，但没有任何一方能取得关键性优势，战事由此进入了相持阶段。

这么一来，苏峻这边在物资补充方面的后勤优势渐渐显露出来，当初纵兵劫掠后的财物全部封存在蒋山，这时候正好派上用场，且三吴之地又离开不远，苏峻也可就近补充军需。可陶侃这边就惨了，由于是在别人主场作战，军需补给线拉得过长，时间久了就撑不住了。

（十六）

很快，陶侃这边陆续有部队出现断粮情况，于是陶侃找来了温峤，向他提出了退兵的想法。陶侃说："当初你们忽悠老夫说什么只要振臂一呼，顺江而下，各地将领无不响应。事实呢？响应倒是响应了，就光呐喊不出力，如今粮草告罄，我看咱们还是暂时退兵，各自回防区休整之后，来年再战吧！况且我荆州北边是刘曜的赵国，西边是李雄的汉国，我大军长期在外，他们要是有什么异动，只怕悔之晚矣。"

温峤见陶侃要打退堂鼓，哪里肯依，忙说道："苏峻和我们相持了这么久，想必也好不到哪里去啊，此时离去，岂不可惜？我们为国锄奸，兴的是正义之师，上报君恩，下济黎民，当义无反顾，取胜之后，我们都将是拯救国家的有功之臣。况且，此次起兵，已然是开罪了苏峻，难道你退兵他就能不追究吗？"

温峤的一番话打消了陶侃退兵的心思，然而，机会往往就在顷刻间出现，这一次陶侃抓住了。就在当天，郗鉴的部队到达了战场，苏峻连忙出动大军，对郗鉴的新来部队发动了进攻。陶侃派郭默领兵增援郗鉴，果然在途中遭遇了苏峻部下韩晃，郭默力不能敌，与郗鉴退守一处，韩晃便趁势截断了他们的水源。

由于缺乏水源，郗鉴和郭默部队只能就地掘井，可掘地三尺都找不到一丝水源，无奈的士兵只能靠喝尿支撑一时。眼看就要失守，陶侃赶忙再派部队来援，结果长史殷羡劝阻他说："如今苏峻大军在外，此时防守石头城的部队必然不多，我们可趁势进攻石头城，一来解友军被围之急，二来若能擒住苏峻，则大局必定。"

陶侃于是听从了他的意见，集合主力部队猛攻石头城，这边连日来的胶着战让苏峻也厌烦了，决定趁此机会和陶侃决一死战，便大开城门带着部队杀将出来。由于苏峻的江淮部队主力都是骑兵，与陶侃部队厮杀在一块后，很快便冲乱了陶侃军阵形。

而此时正在山头一边观战一边喝酒的苏峻竟然看得一时兴起，高声喊道："小儿辈尚能破贼，我难道还不如他们吗？"说完，扛起大枪，趁着酒劲杀下山去。前面说过，刘曜当初就是因为醉酒，才在乱军之中被活捉的，这边苏峻也要步他后尘了。

陶侃、温峤等人见苏峻出场了，纷纷带领军队包抄过去，由于苏峻这个一时兴起导致身边跟随部队不是很多，一下子便被包围在阵中。这时候，苏峻酒劲上来了，竟然软绵绵地从马上坠落下来，这一下子有眼尖的士兵连忙冲过去将苏峻乱刀砍死。苏峻一死，贼兵一下子乱了阵脚，慌乱地往石头城逃去，陶侃则一路砍杀，重创了苏峻贼兵。

事后，陶侃砍下苏峻首级，悬挂于军门之上，将尸首挫骨扬灰。这时候，负责围困郭默部队的韩晃得知苏峻被杀的消息，连忙撤军准备回城，到半路上又听闻苏峻原先委派镇守建康城的官员已经献城投降了陶侃，毛宝率军进驻了建康城。无奈之下的韩晃准备回石头城，此时驻守石头城的是苏峻弟弟苏逸，苏逸下令韩晃先不回石头城，转道去夺回建康城。

韩晃兵马强壮，毛宝只能据险而守，仗打得很艰难。而陶侃为了缓解毛宝那边压力，又集中兵力进攻石头城，苏逸抵挡不住，赶忙召回韩晃。韩晃的大军一回来，陶侃这边也立刻撤了石头城的围。此时，在石头城中苏峻的儿子苏硕见叔叔这般窝囊，父亲又死于陶侃军之手，心中怒火中烧，见陶侃那边撤军，自己便带着数百兵丁前去追击。

这边苏硕也犯了当初和庾亮一样的错误，追击追得太远了。苏硕等人一直追到了秦淮河边上，在那边他们遭到了王愆期的伏兵，由于所带人数太少，苏硕等人遭遇埋伏后全军覆没，无一生还。

听闻侄子又死于沙场的消息，苏逸泪如雨下，一天之内连失两位亲人对他的打击实在是太大了。可是他又能如何呢？出击陶侃军以他的才干只能是死路一条；坐守石头城，长期来看也是不可取的。因为此时建康城已然是掌握在陶侃手中了，这等同于宣告苏逸的一切补给都被切断，坐吃山空后绝无活命的机会。

（十七）

韩晃是个明白人，他清楚地知道再这么耗下去只能是死路一条，于是他准备带兵去投在外征战的张健所部。可是，当韩晃准备出城时，因为军心不稳引起骚动，整个部队在混乱中相互践踏而死的就有数千人。

而这时候，陶侃等人见机会来了，带领部队强攻石头城，一番激战后，韩晃率领小部分人马突出重围，奔着曲阿方向去了。而陶侃军则趁势攻入石头城内，救出了皇帝司马衍，并将苏逸为首的一干叛乱分子全部斩首示众。

逃出的韩晃很快便找到了张健，意图南下夺取吴兴，结果在那儿遭到了王舒的迎头痛击，两人不敌便往别处逃窜。然而"普天之下，莫非王土"，已然成了丧家之犬的韩晃和张健逃到哪里，官军就追到哪里。

情急之下，两人分开流窜。张健在躲藏了一段时间后准备出来投降，可是他遇到的是郗鉴，郗鉴在历数完张健罪状后便将他斩首了。韩晃则逃入山中，面对追击的士兵，韩晃张弓搭箭射死了不少追兵，直至弓箭射完，才被追兵乱刀砍死。而身在寿春的祖约得知大势已去后，带着剩余部队北上投奔石勒了。东晋咸和四年（329）二月，继王敦之乱后的又一次内战——苏峻之乱终于宣告结束。

此次内战对晋王朝来说又是一场噩梦，苏峻和祖约两支军事力量被拔除，东晋在江北的军事态势显得岌岌可危。经济方面，此次战争波及东晋最富庶的几个州郡，晋元帝、晋明帝两代皇帝的苦心经营被付之一炬，国力又倒退回衣冠南渡之初。尤其是首都建康城，在韩晃攻打首都过程中，曾放火箭将建康城付之一炬。

如今首都成了一片废墟，不少大臣便提议迁都，温峤说迁都去江州，王舒说迁都去会稽，陶侃说迁都去荆州。总之，在战争中立功的大臣们心里都有自己的小九九，都谋算着学苏峻体验一把把持朝政的感觉，战争才刚刚结束，野心家们就蠢蠢欲动了。

而作为首席大臣的王导自然绝对不会同意迁都啊，他们琅邪王氏的根基可都扎在这儿了呢。于是，王导义正词严地说道："建康旧为帝里，孙仲谋、刘玄德皆言：'建康，王者之宅。'"一句风水师的"金陵王气在此"竟也堵住了悠悠众口。可是，不迁都总得想办法吧，不能说就在废墟上安营扎寨嘛。

史书上记载说是王导将国库里剩余的三千匹练布拿出来，然后给百官一人做了一身行头，由于当时上层人物的衣着引领着时尚，所以人们纷纷购买练布。结果，王导又趁机提高了一把价格，最后竟然赚得了一万五千两金子。除却修复宫殿的费用外，官员的俸禄也有了着落。

然而，对于此段史料笔者是存疑的，因为当时建康城已经被苏峻等人洗劫过一次了，老百姓又不是傻大个，哪会傻兮兮地花重金去买啊，就算他们真傻，估计也没那么多钱啊。所以笔者猜测这笔钱的来路可能来自两部分，一部分是当时苏峻抢来的囤积在蒋山的财物没来得及用光的被政府没收了，同时，在这一时间内，以王导为首的门阀士族可能对老百姓加了重税，所以才能在短时间内筹措到这笔资金。

总之，不管如何，钱反正是有了着落，接下来就是论功行赏了。司马衍加封陶侃为长沙公，领太尉一职，都督荆、交、广、宁四州诸军事，加封温峤为始安公，领骠骑将军，开府仪同三司，加封郗鉴为南昌公，领司空。其余诸将依次受封，在战争中阵亡的朝廷义士，也都追加了谥号。

庾亮觉得此次苏峻之乱都是自己挑起来的，深感惭愧，便推掉了一切官职，带着家人隐居起来。结果，刚隐居没多久就被王导等人找了出来，无奈之下的庾亮只得申请远调去做豫州刺史，出镇芜湖。陶侃为人谦逊，主动放弃了执掌朝政的大好机会，仍旧返回荆州保境安民。兜兜转转一圈，东晋的朝野大权又回到了王导手中。

从晋元帝、晋明帝时期的王敦两次入寇，再到这次苏峻的把持朝堂，东晋虽然通过大打一场完成了江山洗牌，勉强维持了统一。但国力却在动乱中损耗不少，尤其是东晋所拥有的战斗力最强的几支部队，没能在北伐中原中派上用场，反倒在内乱中拼了个精光。

也得蒙上天眷顾，此时的北方还正是刘曜和石勒争夺中原霸权的高潮期，而蜀中的成汉也因为李雄的储君之位虚空而在暗自较劲。否则只要有一方势力突然介入，那么整个东晋将跌入万劫不复的深渊。

第八章

地狱修罗

——一代魔君石季龙

（一）

当参与平定“苏峻之乱”的各镇诸将各自回到领地后，江州刺史温峤于当年病逝于武昌，时年四十二岁。晋成帝得闻噩耗后，追谥其为大将军，谥号“忠武”，葬于豫章，祠以太牢。随后，晋成帝再次下旨，让陶侃兼管江州，加封其为都督荆、湘、雍、梁、交、广、宁、江八州诸军事，移镇武昌。 243

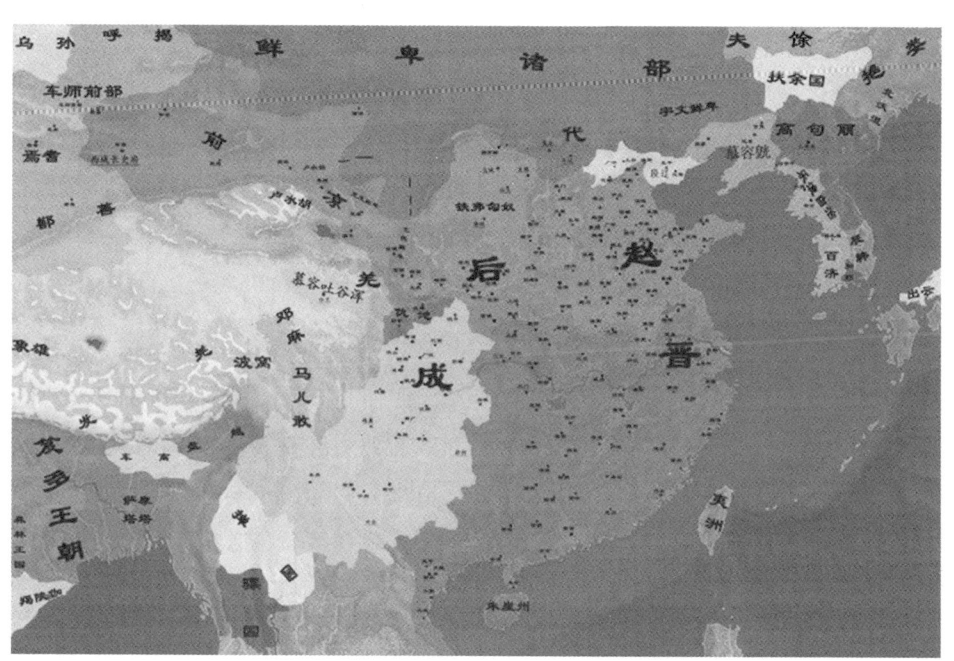

至此，陶侃在东晋王朝的军事地位无人可及，超过了曾经的“军界一哥”王敦，即使在后来人中，也仅有桓温与刘裕方可匹敌。在权势方面，陶侃也压过了把持朝政的王导，当年那个出身寒门处处碰壁的破落户终于在一个门阀森严的国家到达了位极人臣的境地。

南边的事情就此先告一段落，现在调整视角，看下北方在石勒统一之后又是走上了如何一条轨迹吧。

强行攻灭了前赵之后的石勒，如同后世女真人消灭契丹后收降蒙古部众一般，也顺利继承了前赵帝国的顺带财产——氐人首领蒲洪和羌人首领姚弋仲的两支部族。石勒将蒲洪和姚弋仲分别任命为六夷左右都督，又将万余名关中比较有势力的大族迁到襄国。与此同时，身处凉州的张骏担心石勒挟大胜之势进攻自己，连忙再次向石勒称藩，石勒随即拜张骏为征西大将军、凉州牧。

灭掉前赵，统一北方，放眼大江之北尽是后赵的领地，石勒称帝的议程也被提上了桌面。学着汉人君主的“谦让”姿态，石勒虚与委蛇一番，先称呼天王，行皇帝事，又于当年年底（公元 330 年）正式登基称帝，改元建平。

从边镇到襄国，从十八骑到如今的百万之众，仅仅用 20 年时间，石勒便完成了从一名奴隶转而为北中国皇帝的华丽蜕变。如果单单从个人成就来说，石勒的事迹无疑是个很好的励志故事，但是，倘若站在宏观的视角去审视，石勒的崛起之路却包含了太多诈骗与血腥。凡是与他结盟过的人，最终都被他算计，凡是他愤怒之时，总要有满城的百姓为之身亡，苦县、洛阳、郸城、长安……一座座残败的城市铭刻下了石勒的名字。

然而，这些都没有引起石勒的重视，在他眼中，铸成大业必将流血，那死去的人们能够换取自己的最终胜利便已足够。在登基大典的盛会上，这位胜利者毫不掩饰自己心中的得意之情，当着鲜卑诸部、氐羌酋、高句丽使臣的面，向他的新晋心腹徐光发出了一声询问：“爱卿倒是说说看，我可以与你们汉人哪位古代贤君相比拟？”

深谙石勒心思的徐光从容地恭维道：“您的伟略，汉高祖刘邦所不及，您的雄才，魏武帝曹操所不如。自三皇以后，五帝以来，还从来没有一位皇帝能像您这般伟大，你就如温暖的太阳照耀着我们，让每一位百姓都笑开颜。我看，也唯有华夏始祖轩辕黄帝可以勉强和你一拼。”徐光的一番马屁话真是将读书人的气节丢得一干二净了，恭维皇帝可以，但是为了恭维皇帝将历代华夏君王都贬低得一文不值，仅为凸显一位异族君主，这在以前是绝无仅有的，可以说徐光开了一个不好的头儿。

那么石勒能否与刘邦、曹操又或是轩辕黄帝相比呢？很显然比不了，刘邦三年反秦，四年灭项，虽百败却终成一统天下的大业，石勒与之相比只有百败之迹而无混一之功。而曹操呢，虽也只是统一北方，但屯田策保障了军需，严法纪巩固了国家。反观石勒，即使他统一了北方，可国家依旧处于一个无序的状态，既不能大力发展经济，又不能稳定社会秩序，这些以后都将被证实。

既然比不得刘邦、曹操，那自然更不可能与轩辕黄帝相企及了啊。不过平心而论，石勒确有和轩辕黄帝相似之处，那便是两者都开启了一个时代。轩辕黄帝逐鹿之战后便开启了华夏族主宰天下的格局，即使后有"白登之围"，强大一时的匈奴犹不敢入中原宰割天下。而石勒则开启了一个胡人睥睨汉人的时代，从石勒之后，少数民族都有了一颗入主中原、征服汉人的心。从羯胡到氐、羌、鲜卑，再到后来的突厥、吐蕃、契丹、女真、蒙古，都有一股力量，催动着他们向中原挺进，征服汉人，成为九州的主人。

（二）

听徐光如此奉承自己，石勒倒有些不好意思了，他带着略有自得、略显坦荡的心情说道："人岂不自知，卿言亦已太过。朕若逢高皇，当北面而事之，与韩彭竞鞭而争先耳。脱遇光武，当并驱于中原，未知鹿死谁手。大丈夫行事当磊磊落落，如日月皎然，终不能如曹孟德、司马仲达父子，欺他孤儿寡妇，狐媚以取天下也。朕当在二刘之间耳，轩辕岂所拟乎！"

这段话不难理解，石勒先是肯定了徐光马屁拍得太过了。随后又正面自我评价了一番，他认为自己与刘邦同世，只能做个和韩信、彭越一般的战将，如果遇上刘秀，当与他争夺天下，并认为胜负不可知。同时，石勒还认为大丈夫行事应当磊磊落落，不能像曹操父子、司马家一样靠欺负人家孤儿寡母以权臣上位，轩辕黄帝是圣主，自己比不了。

石勒将自己定位于二刘之间，当然，对于刘秀与刘邦究竟谁更强，各人有不同的看法，但估计如果石勒当真遇上光武帝刘秀，恐怕还是刘秀更胜出一筹啊。

做了皇帝之后的石勒便开始用心治理他的国家了，为此出台了一系列政策，当然，这些政策里面有些看起来很不合理。比如，由于石勒及羯族是翻身做主的胡人，所以有法令宣称在后赵国内不得用“胡”字，违令者杀无赦。这或许是最早异族为了巩固统治实行的“文字狱”了，不过法令虽然严厉，却深刻透露出羯胡统治者内心的自卑和浅薄。

值得一提的是，现在日常生活中的常备蔬菜之一——黄瓜的得名也与此有关。因为黄瓜最早产自西域，通过丝绸之路传到了中土，所以在很长一段时间里，黄瓜被称作胡瓜。可是到了这边，再叫胡瓜便犯了大忌了，只能改称黄瓜，这么一改以后就再也没改回来。

当然，羯胡人对于汉人的压迫也并非止步于小小的“文字狱”，在后赵国内的汉人地位很低下，他们的财产和人身安全得不到根本保障。兴许羯胡兵一个兴起就会砍杀汉人出气，又或是肆意掠夺汉人的财物。当然，羯胡人所针对的并非只是手无寸铁的平头百姓，哪怕是达官贵人，他们也敢抢，史书记载了一件事便能充分反映出这点。

一次石勒召见章武内史樊坦，老樊本非京官，所以对于京城中的状况不了解，但考虑到皇帝召见便穿得整整齐齐去皇宫。可走到半路上老樊遇上了一伙羯胡兵，羯胡兵二话不说将老樊一顿暴揍，洗劫掉樊坦的财物并把他的衣服也给扒了去。无奈之下的樊坦只得去搞了件破衣服（很可能是问乞丐讨要的）拜见石勒。

石勒冷不丁地看见这么一个衣衫褴褛的大臣出现在自己面前，心里很是诧异，忙问道：“爱卿竟然如此清贫，连一件华衣都没有吗？”

不提衣服还好，一提衣服樊坦便气不打一处来，骂骂咧咧地说道：“微臣出门真是没看黄历啊，半路遇上一伙羯胡狗贼，这群混账玩意居然二话不说就把我财物全部抢光了，还连身衣服都不给我剩下，我这衣服都是，都是……唉！”

樊坦此话一出口，在场人士都纷纷盯着他望了过去，早有法令言明不得提“胡”字，而这边樊坦不仅说了羯胡，还点明骂羯胡是狗贼，这铁定是要被杀头了。看着在场人士诧异的目光，再看看石勒有些愠怒的表情，樊坦也突然醒悟了。知道自己犯了忌讳后的樊坦也顾不得面子了，连连跪下磕头讨饶，石勒摆摆手道：“既然爱卿是被羯胡抢了，那朕就替他们好好补偿下你吧。”于是石勒赏赐了樊坦一套车马、几件华丽的服饰和一大笔钱。

后世有人根据这件事便认为石勒心胸开阔，是有道明君。然而我想说的是，这件事非但不是用来表彰石勒的，反倒从侧面描绘出后赵汉人身份的低下。试想一下，樊坦好歹也算是个中高级官员，却被羯胡人给洗劫了一番，达官显贵尚且如此，那下层百姓的境遇又当如何？光天化日之下，羯胡在大街上公然抢劫，这个国家法纪何在？秩序何在？这一切都是石勒的纵容所致。

的确，这一次石勒好好补偿了樊坦一番，那下一次呢？如果不制定法律去规范羯胡的行为，那樊坦一次被抢就可能二度被抢，石勒没有从源头根除恶行，反倒寄希望于亡羊补牢，做善后处理，不得不说他这个皇帝做得很失败。

（三）

无独有偶，这样的事情发生并非一次，在史书中又一次褒扬石勒“大度”的时候，后赵国的混乱状态终于再次出现。

有一次，一名醉醺醺地羯胡士兵借着酒劲，骑着高头大马就闯进了皇宫，石勒听闻后大发雷霆，准备好好惩治下守备宫门的士兵。那是一名汉人小兵，见皇帝责骂自己忙说明原因：“那个羯胡士兵很凶狂，又喝了酒，我使劲想拦住他可无奈他骑马太快了。冲过宫门就往里面去了，拦都拦不住。”不用说，这名小兵又是犯忌讳了，再次提到“羯胡”。

当然，还是老一套，石勒依旧没有治该名小兵的罪，略带笑意略显实诚地说道：“羯胡人本来就难说话嘛。（胡人正自难与言）”随后饶恕了这名小兵失责之罪。一个喝醉酒的羯胡兵就可以肆无忌惮地出入宫禁，这在哪朝哪代都难以想象，但却发生在后赵，而这次结果更为严重，混乱的秩序已经损害到石勒自身了。

不过从这两件事来看，石勒虽然御国无道，但心胸还是有点儿的，尚能赦免两人失言犯禁之罪。早年石勒穷困的时候，曾和邻居李阳因为争夺沤麻池而大打出手过，如今石勒做了皇帝，李阳吓得便躲了起来。石勒听说后，便找人给李阳带话：“李阳是个少有的壮士，当年的恩怨结于布衣之时，如今朕已经贵为皇帝了，又怎么可能去为了报复他而有失身份，沦为一匹夫呢？”李阳听了后，便出来去见了石勒，石勒赏赐李阳做了一名武官，并在酒宴上笑着说道：“我当年可没少挨你拳脚，你也被我暴揍了几回啊（孤往日厌卿老拳，卿亦饱孤毒手）。”

不排除石勒这么做是不是受了韩信旧事的启发，不过能义释李阳倒也不失为一桩美谈。只是必须明白，石勒的大度仅仅适用于那些弱者或是无法对自己造成任何威胁的人。如果当石勒面对的是刘琨、祖逖、刘曜、王弥之际，或许他的大度和宽容就荡然无存了。

所以在这边，有必要提一下一位老相识祖约的下场了。当初祖约参与了“苏峻之乱”，待苏峻被剿灭后，东晋王朝便发布了全国通缉祖约的诏书，祖约知道自己在晋国待不下去了，便举家逃亡后赵。

当初祖逖曾经与石勒缔结过边境和平协定，对于石勒也算是照顾，所以按理来说接纳祖约也是情理之中的事情。起初，石勒为了博个美名，倒也欣然接纳了祖约来归，并对其委以重任。只是后来随着事态的发展，祖约凭借着其兄在北方的名头竟然收揽了不少人心，不少汉人名士纷纷投奔，这引起了石勒的警觉。

石勒清楚地知道，自己的国内，胡汉矛盾相当尖锐，羯胡对汉人的压迫随处可见，一旦这些矛盾被人利用，那将会演变成一出席卷全国的动乱，甚至会颠覆他的国家。而祖约虽然才能不济，但毕竟其兄的威望在那儿，况且他本人又是出了名的反骨仔，必须尽早铲除，以绝后患。

随后，石勒以祖约在任上利用职权强占百姓田产为由，将他一家老小百余人满门抄斩。石勒可以说为了拔刺连理由都懒得编些靠谱的了，如果以这项罪名定罪的话，他那群到处明抢百姓财物的羯子羯孙早被杀得不剩几个了。好在关键时刻有义士挺身而出，将祖逖的一个儿子从中救出，秘密带到东晋。

解决了祖约，石勒将精力转向国内经济文化建设，之前的“八王之乱”“汉国灭晋”以及“两赵争霸”事件，大大地摧垮了北方经济，大量农田荒废，经济一片萧条。再考虑到国内羯胡民族不事生产的本质，石勒只能寄希望于通过汉人耕作来维持经济恢复，为此他特地减免赋税，以此来鼓励汉人从事农业生产，为羯胡人提供财富来源。

除此之外，石勒还借鉴了刘曜的“汉化模式”，设立学校并亲自进行督导。经过一番文化熏陶，石勒这个大老粗竟然也养成了听书的习惯，每每让周围人说书给他听，并进行一番品评。当然，照搬照抄显然不是石勒的做派，既然刘曜可以办学校，那自己一定得有突破创新，才能压这个昔日对手一头。

（四）

那么该如何创新呢？这个课题石勒交给了底下人去想，结果不负所望，底下人果真给石勒提出了一个建议——不光要办学，还要考试。

根据手下的提议，石勒在每个郡都设立学官，负责考核招收来的学生学习情况。规定每名学员要经过三次考试才可以完成学业生涯，将办学与考试相结合，石勒倒还真是别出心裁，具有划时代的意义。只不过，虽然石勒成为“应试教育的第一人”，但他不会想到，他这么做让原本的读书求学成了一件功利性的事情。在以前的时代，人们读书仅仅是为了求知抑或是陶冶性情，但石勒却让读书与名利挂钩，一下子让原本高尚的东西变得日趋功利化，无数学子为了通过读书出人头地而挤破脑袋。

石勒的治国之策虽然表面看上去一片平和，但细细深究却毫无章法可言。但也恰恰是石勒在位的几年，是后赵国唯一一段看似光明的岁月，因为就在石勒死后，北方大地彻底沦为地狱，这一切都源自于一位来自地狱的修罗——石季龙。

公元 333 年，垂垂老矣的石勒开始为帝国的明天担忧了。即位之初，石勒曾经册立石弘为皇太子；次子石宏为骠骑大将军、大单于、秦王；三儿子石恢为辅国将军、南阳王。而对于战功彪炳的石勒侄子石虎，只被加封为太尉、中山王。

对于这样的结果石虎当然不服了，他曾不止一次地私下埋怨说：“皇上自从定都襄国之后，便很少出外征战了。都是我在前线浴血奋战，他只是坐享其成罢了，不把皇位传给我也就罢了，连大单于之位都让给那黄毛小子，此仇我必报之！等着吧，石勒死后，我必灭其满门！”

不过石虎虽然狂妄，但也并非没有脑子，这种话他也就私底下说说，真要是在石勒面前，他还是夹着尾巴做人。

不过石勒识不破，不代表下面的人就看不穿，太子石弘的舅舅程遐为此就向石勒进言：“石虎晋爵中山王，凌驾于众臣之上，此人颇有野心，除了陛下外他谁都不放入眼中。况且他与他的那几个儿子手握重兵，在朝中素有威信，哪天陛下一旦不在了，只怕他会对新君不利啊。”

程遐的话让石勒不以为然，在他眼中，程遐之所以会说这番话仅仅是因为他是太子的舅舅，心里有自己的小九九。于是，石勒反驳道：“石虎是我的亲侄，又是太后抚养长大的，于朕是骨肉至亲。再者，如今天下尚未统一，正是需要石虎这样的人来为社稷出力，你怎么能诋毁他呢？”

程遐碰了一鼻子灰，只得去找徐光，因为徐光是石勒目前最为信赖的汉臣，他的话石勒或许会听。程遐对徐光说道：“石虎这头中山狼，得志便会猖狂，他素来痛恨汉人，我俩便首当其冲。一旦皇上不豫，依太子的懦弱必然无法控制他，他定会抢班夺权，到时候国家遭殃不说，你我只怕也难逃一死啊！”

徐光于是急匆匆地进宫面圣，一入宫就对陛下说道：“我看皇上眉宇间略带忧色，不知道为何事发愁啊？”

石勒看了眼徐光，说道：“唉，虽然我已经称帝统一北方，可吴（东晋）、蜀（成汉）二国未灭，不知道日后一统江山的又会是谁啊。”徐光摇了摇头，说道：“陛下说的只是肘腋之疾，您还有心腹之患尚未看清啊。”

石勒见徐光这么说，心里犯起了嘀咕，问道：“你说这话是什么意思啊？”徐光缓缓说来：“放眼天下，如今的大势像极了当初魏蜀吴三足鼎立，江东的司马家类吴，蜀地的李氏似蜀，而陛下您好比曹操。而日后一统江山的也必定会是我方，只是，怕是会重演司马篡魏的一幕啊。”

石勒便问道：“哦？你倒是说说看，谁人会是我们这儿的司马氏？”

（五）

徐光一脸严肃地说道：“中山王石虎，功勋卓著却残暴不仁，对帝位时刻怀有野心，可比当初周时的管、蔡。臣担心陛下百年之后，他必然不甘心屈居新君之下，会发动叛乱，篡位夺权啊！”

徐光是石勒的亲信，所以对于他说的，石勒还是会考虑下的。但石勒选择了沉默，既不驳斥徐光，也不制裁石虎。经过一番思忖后，石勒用了一个“折中”的方案，命皇太子石弘管理朝中奏事方面的政事，以此打压中山王石虎在朝中的权威。石虎不知道这是徐光的主意，却私下里笃定是程遐这家伙背地里使的坏，于是报复的念头油然而生。

很快，一则消息轰动了整个京师：当朝国舅程遐程大人的老婆女儿，在夜里被一群入室暴徒给轮奸了，还是当着程遐的面干的。明眼人一看就知道，敢如此行事的，除了石虎还会有谁？这一次石勒也忍不住了，准备要对石虎动手，可一来没证据，二来羯胡贵族大多站在石虎这边，无奈之下的石勒竟然一下子病倒了。

公元333年，即石勒称帝后的第三年夏天，年逾六十的石勒在病榻上自知时日无多，便召太子石弘与中山王石虎入宫侍疾。结果石虎却堂而皇之地假造诏书，宣称石勒只让他一人侍奉，将太子石弘拒之门外，并同时又矫旨将在外领兵的大单于秦王石宏及养子彭城王石堪召回襄国。两位王爷一到，石虎当即便解了他们兵权，准备谋划夺权了。

病中的石勒见到了石宏，心里诧异地问道："你为何会出现在这里，我不是让你领兵在外以备不测的吗？"石勒如此一说，石宏再蠢也知道是怎么回事了，可是面对石勒身旁面目煞人的石虎，石宏也不敢指证说是石虎矫诏。

石虎怕老谋深算的石勒猜出了其中的端倪，忙解释说道："秦王担心叔父您的身体，所以特来探望，我这就命人送他回去。"当然，石虎并非是真心想送石宏回去的，只是暂且骗骗石勒，待石宏一出了大殿，石虎随即将他扣了起来。

到了当年七月，弥留之际的石勒再次询问起石宏是否回去时，石虎欺骗他说石宏早已回到封地了。石勒没有说话，信也好，不信也罢，对于他这个将死之人来说，一切都变得没有意义了。咸和八年（333）七月戊辰，石勒病逝于襄国，称帝三年，享年六十岁。

根据石勒遗诏，丧事一切从简，三日后便下葬，墓室内不得随葬金银珠宝。并告诫子孙要以司马家为戒，相亲相爱，禁止内斗，中山王石虎当作表率，成为像周公一样的名臣。从事后的发展来看，石勒无疑是想得太天真了。

石勒刚死，石虎便急不可待地派人将太子石弘给扣了起来，随后又派兵将徐光和程遐也一并捉了。这突如其来的变局让虽内心有些准备的石弘仍感到触目惊心，他赶忙拿着玉玺找到石虎说要让石虎登基。石虎却大手一挥，说道："你是先皇的太子，你不当谁当？"

石弘见石虎故作谦让的样子，连忙哭着跪求道："你就放了我吧，我的德才压根儿不能胜任皇帝之位。"石虎把脸一板说："你德才够不够日后自有定论，暂且先做着吧，其他的以后再说！"

公元 333 年 8 月，石弘被石虎胁迫着即了皇帝位，登基当天，石虎便授意石弘下达了处斩程遐、徐光的诏书。同时，石虎又被加封为丞相、魏王、大单于，加九锡，负责总揽全国朝政，石虎诸子纷纷出镇地方，接管了后赵的军政大权。

石弘生母刘太后不甘心就此坐以待毙，忙召来自己的养子彭城王石堪密谋除掉石虎。刘太后愤恨不平地对彭城王说道："石虎逆贼，密谋篡位，先帝尸骨未寒他就诛杀朝中大臣，如今朝中怕是指望不上了。我想让你挟带我的血书出京师，去号召各方诸侯共讨国贼石虎。"石堪又追问道："那到时候义军盟主该由何人担任？"刘太后镇定地说道："先皇诸子，唯有南阳王石恢尚在外领兵，你此去寻到他后，推他为盟主，号令天下，共讨石虎！"

于是，石堪拿了刘太后的血书便准备出宫，起初石堪凭着自己平日里对下属的宽容，在手下的帮助下成功出城，然而，却在南下途中被石虎的卫队给捉住了。

（六）

落在石虎手里还能有什么好下场呢？这一次石虎没有选择将他一刀杀死，而是采取了虐杀的手段，将石堪用“炮烙”之刑活活给烤死了。而刘太后因为牵扯进这件事，所以石虎二话不说就派人冲进宫去将刘太后一刀捅死。

刘太后死后，石虎第一时间发消息给石恢，让他火速进京，生怕走漏了消息逼石恢提前造反。然而，石虎用心在谋划着如何防备石恢的同时，却不料镇守长安的河东王石生以及镇守洛阳的石朗趁机打出了“诛除逆贼石虎”的旗号，各自起兵了。

原本石生石朗就是石勒安排出去防止京中有变的，如今刘太后被杀的消息传来，他们再也按捺不住了。不过，戏剧性的一幕是：刚刚归附后赵政权不久的氐人首领蒲洪不知道哪根筋搭错了，也掺和进这次后赵皇族内讧的事件中去了，他也起兵响应了石生。

听闻有人造反，石虎那涌动的兽血沸腾了，不过比他更积极的还要数他的世子石邃。石邃赶忙请战要求带兵去消灭这俩逆贼，石虎知道自己这个儿子虽有豪气但不一定有本事，于是他留石邃守卫襄国，自己带着大军前往平叛。

洛阳的石朗首当其冲，在石虎的猛攻之下，洛阳很快陷落。随后，成了阶下囚的石朗自然也无法好过，石虎将他的双脚剁去，让其痛极而死。首战告捷，石虎心情大好，不过接下来他就遇到了石生派来支援的两万大军。石生可是当年独挡刘曜十余万大军都能岿然不动的优秀将领，而石虎这边则陶醉于胜利中过于轻视石生，只派儿子石挺和左长史刘隗（当初晋元帝司马睿的死党）前来抵挡。

结果两军一交战，石虎这边就败下阵来，石挺和刘隗都死于军中。石虎听闻消息后大惊失色，连忙带着部队再次来战，结果依旧吃了败仗，石虎裹挟着残军往北边溃逃。按理说石虎遭遇大败，必然是狼狈逃回襄国，做防御的态势了。可令人想不到的是，石虎竟然驻军渑池，如此安排很容易让人遐想石虎是不是还有后招。

事实上，石虎确实有后招，不过这个后招还得感谢石生。当石虎一路溃逃之际，却惊奇地发现石生那边并没有派兵马追击，困惑之中的石虎派人打听后才恍然大悟：原来石生军队中有一支战斗力顽强的雇佣兵，这支雇佣兵是鲜卑人，仅仅是因为利益才和石生走到一块儿的。

这一次击败石虎后，因为石生所给的报酬少之又少，鲜卑人闹情绪了，便没有追击石虎残军。得到这个消息后的石虎喜出望外，连忙派人送重金去收买这支雇佣兵，随后鲜卑人拿了钱立马倒戈，杀得石生大败。石生带着残兵先是回了长安，但后来考虑到长安八成也守不住，于是又带着少许部队学刘曜的儿子窜逃到山里头去了。

结果进了长安城后的石虎张榜重金悬赏石生，石生手下部队哗变，杀了石生向石虎投降。搞定了石生、石朗后，就仅剩下蒲洪这个氐人首领在死扛了。然而这时候戏剧性的一幕出现了，蒲洪投降了！按理说造反投降的情况确实有，但首脑投降的还真不多，因为对于逆首基本都是死路一条的，更何况是落在石虎这个杀人魔头手上，那是会死得要多惨有多惨。

可是事情值得玩味的倒不是蒲洪的投降，而是石虎的既往不咎，这个杀人如狂的石季龙居然放了蒲洪一条生路，当真让人匪夷所思啊！有人认为石虎是顾虑到蒲洪在氐人中间的威望所以不杀，但这个说法明显不靠谱，正因为蒲洪在氐人中有影响力，所以更应该除之而后快了。那事情的原因究竟如何呢？历史没有给出答案，不过根据后世的一些琐碎片段倒是可以梳理出一些东西来。

石虎对蒲洪的宽恕让蒲洪在后赵末期一直成为抵抗冉闵的中流砥柱，而后来慕容燕取代了石赵，并且慕容儁将石虎的遗骸沉入河中。直到后来前秦天王苻坚灭前燕后，才派王猛拾掇起石虎的遗骸厚葬，而众所周知，“草苻家族”又好男风，犹以苻坚、慕容冲为甚，所以蒲洪和石虎这之间的一切或许也就不难理解了。当然，略加惩处以增威信的手段还是要的，蒲洪被封为龙骧将军，麾下部众被迁到了枋头（今河南浚县）。

（七）

蒲洪部下被迁，姚弋仲也跟着躺枪，他被石虎封为奋武将军，手下羌人部众迁居到清河的滠头（今河北枣强）。

得闻石虎得胜归来，心里惶惶的石弘赶忙再次手捧玉玺，前来拜见石虎。石弘一把鼻涕一把泪地求着要让位于石虎，石虎看着心烦，忙说道："你少来烦我，谁有资格当皇帝，那得天下百姓说了算！"石虎这官腔打得很是冠冕堂皇，他石虎哪曾把百姓放入眼中？

石弘回去后，对着已经升为皇太后的生母程氏哭着说道："想来石虎是容不下我了，父皇的几个亲生儿子只怕都要被石虎杀掉了！"母子两人除了抱头痛哭也再无他法。

恰巧不久之后，冀州出现了陨石落地，如此一来，有好事者便开始编排"上天降示，当有革新易主的事情发生"。很快石虎便收到了百官的劝进表，石虎原本就做梦都想当皇帝，如今形势如此，他也就顾不得再三谦让了。石虎随即带着人马闯进了石弘的宫里，对着石弘恶狠狠地骂道："你这般无能的废人，有什么资格让位于我？你只配被我废黜！"石虎当场便废了石弘，随后登基，不过石虎并没有称帝，而是自称"赵天王"。因为在石虎眼中，皇帝是汉人的玩意，他既然是胡人，当然用天王更为妥帖，这么一种习惯在十六国后续政权中也能发现，甚至直到若干年后的南北朝末期北周开国，也依然有称天王的。

紧接着，石勒在世的三个儿子及程太后被悉数杀掉，杀完了他们后，据说石虎夜里常做噩梦，于是石虎便迁都到了邺城，至此邺城开始了它作为胡都的数百个春秋。

由于之前邺城曾一度被战火损坏，所以作为都城之后自然要好好翻修一下。皇城的主殿太武殿，以黄金为砖，以白银为柱，以白玉为床，以流苏为帐，以宝石为帘，殿高二丈八尺。底下还修葺了可以埋伏五百甲士的地下室，可能是石虎做贼心虚，怕人想暗害他吧。此外，石虎又修筑了八所副殿，以及从洛阳皇城搬来了当年西晋的宫廷镇兽。

原本石虎还预想在邺城南边的漳水修建一座飞桥，可是耗费了亿万的钱财也没能修筑成功。不过石虎却在太武殿上建成了庭燎，这是一种大型的照明工具，粗丈余，高达十余丈，夜里点燃后，整个大殿亮堂得如同白昼。有了华丽的宫殿和装饰，接下来就该物色搜罗美女了，石虎也是这么想的。

他在全国范围内进行选美，一时间将上万名年轻貌美的女子选入宫中，这些女子身着华丽的服装，佩戴光鲜的首饰，只供石虎一人宣淫。有了美女，石虎又想到了野兽，他大面积地在国内进行"圈地运动"，他将灵昌津（今河南滑县）以南，荥阳以北，洛阳以东，阳都（今山东沂蒙）以西之间的广大区域都划归为圈地区。石虎这么做完全是为了自己的私欲。

在这么一大片圈地区内，石虎圈养了不少飞禽走兽、虎豹豺狼，以供他打猎取乐。当然，这些野兽是石虎的专贡，可不是随意什么人都可以去猎杀的。于是石虎在继石勒颁布“禁言令”之后，又随即颁布了一条“犯兽令”，即在他所划分的圈地区内，凡是有伤害野兽的行为，都以犯兽罪处死。

兽伤人不犯法，人伤兽犯法，如此荒唐变态的法律竟然发生在煌煌的华夏起源地——河南。横也是死，竖也是死，在如此般严苛的律法之下，中原之地成了人间炼狱，而人们也终于相信了——石虎这个暴君就是地域修罗的化身。

当然，石虎这些举措并非仅仅是为他一人的淫乐，在荒唐暴虐的背后，隐藏着石虎更为反人类和阴狠的想法。

首先，石虎大肆征发民夫参与修建新都邺城，这是在计划性地消耗汉人劳动力。要知道，短短数年之间就修筑起一座新的都城，代价之大可以预见。杨广继承其父的丰厚家底，营造个东都洛阳尚且搞得人怒人怨，普天同反，而石虎这边呢？中原大地刚刚经历了“八王之乱”和两赵交锋，百姓压根儿就得不到应有的休养生息。结果，恰恰就是在邺城建成前后，因误了农时，由人为因素引发了一场饥荒，中原大地饿殍千里，惨烈程度空前绝后。

（八）

而刘渊所提倡的“胡汉分治”政治模式则更是为石虎广征民夫提供了相应的温床，在这一制度下，汉人被贴上了有色标签，被石虎轻而易举地系统性分离出来，从而投入到各项工程中，最终累死无数。

其次，石虎的犯兽令更为残忍，他所圈定的地方相当于今天大半个河南省，即使在今天也是我国人口最密集的地方之一，更不要说是经济重心尚未南移之前了。在如此庞大的区域内制定这项制度其实也就是变相地消灭汉人人口基数，因为兽可以伤人，但人不能伤兽。更深层次地在于这项命令还大大摧残了汉民族的经济，中学历史就曾讲过，经济决定政治，河南之地历来是中国农业经济地核心区。在这一核心区内颁布这项命令，实际上就是断了汉人的经济命脉，并用游牧文明取代农耕文明。

另外，即使从石虎强征数万名妇女入宫来看，也绝非是单单地满足个人私欲。唐玄宗时期宫女妃嫔也有说法是有万人以上，但要知道，石虎所处的混乱时局怎么比得了开元盛世呢？不说别的历史时期，就单单拿十六国这段时间来看，像石虎这么疯狂地搜罗美女入宫的也只此一例。因为尤其是这种战乱时局，更需要百姓繁衍生息，有的君王甚至会将宫里一些多余的宫女遣送出去，以使宫内宫外无怨女旷夫，但石虎却反其道而行之。如果石虎不是司马衷那种智力低下的君王，那唯一的解释只能是他别有用心了，事实上，从石虎夺位来看，他脑子是相当的灵巧。

此外，石虎在征兵方面更是达到了丧心病狂的地步，石虎统治时期，全国常备部队一直保持在六十万人以上，他每次征战还要规定三男必须出一卒。整个十六国时期，像石虎这般疯狂扩军的也只出现过两次，一次是慕容儁扩军一百五十万准备削平秦、晋，另一次便是苻坚扩军八十万准备南下灭晋，不排除他们也是偷师石虎的。但无论是慕容儁还是苻坚，他们搞出如此庞大的部队也只是昙花一瞬，慕容儁匆匆阅兵完毕就遣散了部队，苻坚淝水之战后也是分崩离析，可石虎却一直让军队保持在六十万以上，这是什么概念？举个例子，即使是二战后期，日本战事吃紧，征兵率也不到石虎的三分之一，石虎这么做完全可称之为灭绝人性！

居高的征兵率和征役率降低了汉人的劳动力人口，圈地和犯兽令破坏及摧残着农耕经济的发展，广征妇女入宫遏制了汉人的生育率，最后外加时不时的屠城，这一环扣一环，正在将汉人往绝路上逼。

经过石勒、石虎这两代统治者的“不懈努力”，到后赵末期，诸胡对北方汉人的人口比率居然高达百分之六十五。

短短二十余年竟然可以达到如此大的破坏力，即使今天想来依然是触目惊心。羯胡，这个民族的确是除了破坏便毫无益于世界文明的发展。如果说西晋的灭亡只是对于北地汉人肉体的摧残，那后赵的统一北方便是从精神上彻底打垮北地汉人，当偏向于汉化的前赵被灭后，北方彻底陷入了黑暗之中。

然而，令人哭笑不得的是，石虎这个地狱修罗为了给一片黑暗的北中国大地再增添一点儿黑色幽默，竟然开始搞起了宗教宣传。石虎大力推崇佛教，赏赐高僧财物并提升僧人在后赵国内的地位。如此一来，倒是又有不少百姓通过削发出家来逃避徭役和兵役，原本就稀少的劳动力资源变得更加岌岌可危。

当然，石虎信佛是有理由的，绝不是一时的心血来潮。在石虎眼中，佛教源自印度，即中原人所称的西方，属于外来宗教。而羯胡也是来自西方的民族，与佛教可谓有些渊源，宣传崇佛这一意识形态也是摧毁以儒学为主导的汉家文化的一个重要步骤。为了让汉人彻底地亡国灭种，石虎这个羯胡统治者真可谓是不遗余力，从武力到政治，从政治到经济，再从经济到思想，凡是可以被利用的地方石虎都利用起来了。

（九）

而这时候，有个半路和尚（之前为精通占卜的术士）不失时机地给石虎卜了一卦，声称："胡运将衰，晋室将兴，当苦役以厌之！"什么意思呢？就是说胡人的运数快走下坡了，晋朝即将中兴，应当用苦役继续摧残汉人。

真不知道这个半路和尚究竟是何等的厚颜无耻，竟可以说出这样的话，反正拜他所赐，原本就饱受徭役之苦的北方汉人自此以后日子是一天难过一天。不过，从后来的发展来看，这预言倒是说准了，不久南方就因为一个英雄的横空出世而完成了统一，北方则因为石虎对外征战的失利而走向覆灭，随之而来的则是羯胡这整个民族的灭顶之灾。

然而，石虎的暴虐有时候甚至让他的亲人都难以忍受，石虎的太子石邃也是个出了名的杀人魔头。他也学着石虎的样子在国内搜罗美女，抓到美女后便当场奸淫，完事后还要将女子斩杀，割下头颅放于盘中，待大宴宾客之际便拿来供众人欣赏。甚至他还时常会将被杀女子煮成肉羹，与部下分食。

有人实在看不下去了，便将此事禀告给石虎，哪知道石虎却满意地说道："这小子有当年我的风范啊！"于是非但不降罪给石邃，反倒更加宠爱和重用他了。但是，石虎的骄纵反倒让石邃更加得意忘形，竟然动起了弑父的念头。哪成想石虎老谋深算，早就在石邃身边安插了探子，石邃前脚要造反，石虎后脚便得到消息。于是石虎将石邃全家二十多口全部坑杀，甚至还将东宫属官二百多名也一并杀掉，同时册封石宣为太子，生母杜氏为王后。

石虎的横征暴敛并没有在短时间内遭到被压迫汉人的反弹，其原因就在于羯胡兵卒对于北地汉人的强大控制力上，然而所有东西都并非是一成不变的，一次次战争的失利让汉人清楚地意识到，羯胡正在走下坡路了。而开启羯胡政权覆灭的第一战便是与慕容鲜卑的交锋。

已经很久没有将目光投注到辽东这块土地了，让时钟再往回拨转数年，即石勒称帝后的那一年。那一年辽东刚刚结束了漫长的混战期，慕容鲜卑力挫高句丽、段部、宇文部三路人马，一跃成为整个东北的新霸主，并被东晋王朝授予龙骧将军、大单于和昌黎公。

然而，也恰恰是在这一年，统一北方称帝后的石勒也将目光瞄准了辽东，为了能够早日统一全国，身处后赵大后方的这枚钉子必须尽早拔除！于是，石勒很快便派使者出访大棘城（今辽宁锦州），准备将慕容鲜卑争取过来。

石勒给慕容廆开出的条件是大单于一职，望着这一纸诏书，慕容廆心里很不爽地说道："石勒也就区区一个大单于，他有什么资格再封我做大单于？"使者见慕容廆消息闭塞，倨傲地说道："我家主公早已称帝了，难道大王连这都不知道？"

慕容廆见来使态度傲慢，连忙正色地说道："吾只知天下有司马氏皇帝，却不知天下还有羯胡皇帝！大晋早已册封我为龙骧将军、大单于，你们那个所谓'大单于'一职我根本就不稀罕！"使臣见慕容廆不识时务，忙说："我赵国东起东海，南至江淮，西极关陇，北达阴山，疆域之大，领土之广远胜于当年曹魏，如何比不得他司马家！况且我国中能征善战的将士不下于四十万，那晋国连区区一个逆臣王敦尚且奈何不得，如何能与我赵国相比？大王，您还是好好想想吧，辽东到江东根本无陆路相通，可辽东离我襄国倒是很近啊！"

慕容廆听出了来使的言外之意，面对这威胁性的致辞，慕容廆也毫不客气，既然来使声称自己与晋国无陆路相通，那便让他走一遭海路罢了。于是慕容廆让人将使者捆了，押往了前去东晋的船只上，当然慕容廆还顺带捎了一封书信。

信的意思大致如下：慕容廆声称自己世为晋臣，决不会与羯胡逆贼同流合污，送上贼国使臣便是向晋国表露忠心的。同时，他希望晋国能派出得力干将，与他南北夹击，一道灭了石勒，早日还师旧都。此外，慕容廆还有个小九九，他希望晋国能封他做燕王。

那么，面对慕容廆的态度，东晋方面又是如何表态的呢？

（十）

东晋面对慕容廆的突然"送礼"有些手足无措，尤其是这里面慕容廆还提到请封燕王，这让当时东晋朝局的几位大佬都拿不定主意。陶侃、王导、庾亮纷纷要求进行廷议，而后再答复慕容廆。

廷议过程中晋朝百官也是各执一词，互不相让。一派认为慕容廆久居辽东，面对石勒的威逼利诱尚且能坚持操守，不惜与羯胡翻脸也要将来使送至晋国，是晋国大大的忠臣啊。如今天下大乱，北方为羯胡窃据，正是需要忠臣卖命的时刻啊，对于慕容廆的要求理应答应。再者人家现在已然是称霸辽东了，莫说是燕王就是燕帝还不是他一句话的事，可他仍愿意尊我晋国为宗主，那是重视我晋国啊，何不赏赐他一个燕王的虚名，也好让他更加尽心为我朝效力啊。

而另一派则坚决认为不妥，他们声称自从汉刘邦杀马立誓以来，就有了“异姓不得为王”的规矩，曹操后来破了这个规矩，结果他死后儿子立马称帝。如今要是再允了慕容廆燕王一职，只怕此例一开对国家会有祸患啊，想当初还不是册封拓跋部首领代公一职么，可人家现在早就称王了，还俨然将我晋国视为敌对国家。所以，决不能允许异姓称王的事情再次发生！

这么一来，晋朝小皇帝更是没了主心骨，不知道到底该赞成哪一派的主张了。这时候一向老谋深算的王导便再次提出了建议：既然陛下拿不定主意，那就晾着慕容廆，既不应允他的燕王一职，也不立刻劈口回绝。

别说，这一计策还当真有效，一直熬到了石勒和慕容廆相继去世，燕王事件还依旧没能给出个说法。慕容廆死后，东晋追谥其为大将军，也算是从官职上弥补了一下爵位上未能给慕容廆晋升的遗憾吧，不过，嫌隙已经在晋国和慕容部之间悄然发生了。

慕容廆死后，接班的是慕容廆的三子即嫡长子慕容皝，这位首领也是个野心勃勃之人，其志远在乃父之上，史书记载他“龙颜版齿”，有帝王相。龙颜那应该是一脸凶相，至于版齿，实在想象不出大板牙有什么好看的，不过考虑到历来不同凡响之人长得都有些另类，也就泰然许多了。当然史书还记载了慕容皝精通天文历法，这倒是很少见，与他人相比显得有些与众不同。

只不过，可能是慕容皝和他父亲太像了，以至于性格到行为处事也是依葫芦画瓢。想当初慕容廆因为一块地皮和自己的同父异母哥哥慕容吐谷浑兵戎相见，最后逼得吐谷浑只得反出辽东，一路西迁到了西北荒凉绝境之地。好在上苍对慕容吐谷浑还算眷顾，竟然让他在恶劣的大西北顽强地存活下来了，并繁衍生息，历经数百年不衰，送走了五胡十六国，南北朝以及大隋，一直坚挺到了李唐王朝。

而这边，慕容皝也是依仗着自己是嫡子，便对庶出的大哥慕容翰诸多刁难，想尽一切办法迫害他。这个慕容翰之前也提到过了，能征善战，胸有韬略，也是个杰出的领导者，曾在打击段部鲜卑中为慕容部立下赫赫战功。所以作为嘉奖，慕容廆将辽东地区的军政大权都交由他统领。

继承人是慕容皝，可大权却在慕容翰手中，如此尴尬的境地确实会让慕容皝不舒服，更何况当初慕容翰死命攻打的段部鲜卑还是自己母亲的娘家呢。于是新仇旧恨加一块儿，慕容皝准备对慕容翰动刀了。慕容翰这边的嗅觉也很灵敏，当他得知父亲亡故的消息后，就猜到慕容皝准备对自己下手了，便对左右说道："慕容皝以为我雄才难制，必对我不利，我岂能坐以待祸？"但是慕容翰也不愿眼见兄弟之间兵戎相见，于是抛下部队，带着儿子投奔了段部鲜卑。

段部鲜卑也算厚道，并没有追究慕容翰之前领兵进攻自己的责任，而此时的段部鲜卑也是换了新的领导人。段部鲜卑自从段末柸死后，首领一职便由段牙接管，奈何这个段牙实在是个棒槌，竟然在慕容廆的一通忽悠之下死于乱军之手。

（十一）

慕容廆借口段部鲜卑的首都风水不好，便怂恿段牙迁都，结果段牙还真傻兮兮地进行了迁都工程，结果段部鲜卑中很多实力派人物都不愿迁都。于是，段疾陆眷的孙子段辽趁着这次机会，纠集了不少段部鲜卑贵族发动政变，杀死了段牙。然而经此一役后，段部再次元气大伤，兵马锐减至五万人。

可以说慕容翰这时候的投奔对于段辽来说恰到好处，如果慕容翰能为自己所用，那么复兴段部鲜卑将不再是梦。于是，段辽亲自带队出城迎接慕容翰，并将其拜为上将。而慕容皝这边，对于慕容翰的出奔倒没有立刻追究，并非是慕容皝决定放其一马，而是慕容鲜卑内部出现了动乱。

慕容翰一走，慕容皝的两个胞弟——慕容仁和慕容昭也担心哥哥无法容下自己，便一道扯旗造反了。慕容仁和慕容昭的大军在大棘城外和慕容皝打了一仗，结果两人不敌，败退之际便想到了找段部求援。

段部眼看着慕容鲜卑好不容易内讧，自然是想把这潭浑水给搅大了，于是段辽当即派弟弟段兰和慕容翰领兵两万前去进攻慕容翰的领地柳城，同时再次广发英雄帖，要求高句丽和宇文部一同出兵相助。

这时候的宇文鲜卑部也是换了头领，新首领名叫宇文逸豆归，说起来他与前任首领宇文乞得龟并没有任何亲属关系。宇文逸豆归原本只是宇文鲜卑部的一名部将，一次偶然的机会他趁着宇文乞得龟外出狩猎便发动政变，杀死了宇文乞得龟，自己做了宇文部的新首领。所以从这里也能看出，内讧并非是慕容鲜卑的专利，它是整个鲜卑人民的固有民族精神，他们已经将内讧的基因融入血液之中。从以前的拓跋鲜卑内讧，再到前不久的段部鲜卑内讧，再到如今的慕容鲜卑内讧，一幕幕喋血政变在鲜卑诸部上演。

和段辽一样，宇文逸豆归的上台严格来说也是“野路子”，在道义上根本站不住脚，所以宇文逸豆归更迫切希望通过对外战争来树立权威。上次宇文鲜卑、段部鲜卑、高句丽三家讨伐慕容鲜卑还得追溯到十五年前，那次的战争奠定了慕容部东北霸主的地位。如今十五年过去了，参与过上一次辽东大战的那辈人早已作古，新的人都有一颗迫切想建立新秩序的雄心。

于是，段部鲜卑、宇文鲜卑、高句丽的“三国同盟”再次形成，这一次他们决心讨回上次所失去的，一举打垮慕容鲜卑。

面对段辽的大举进犯，驻守柳城的慕舆泥连忙向慕容皝求救，随后慕容皝派慕容汗领兵五千前去支援。只是慕容皝没想到的是，在这关键时刻竟然后院起火，慕容仁旧部司马佟寿与慕容仁里应外合，对慕容皝发起突然袭击，慕容皝猝不及防只得撤入大棘城内。

而慕容汗这边也是吃了败仗，原来慕容汗决意领一千轻骑火速进军支援，结果参军封弈反对，认为一旦分兵极有可能陷入危险。结果慕容汗理都不理他，自顾自地带着一千人马奔着柳城去了，他为了抄近路弃大路而走小路牛尾谷，最终遭遇了在那儿埋伏已久的段兰部队。

与段兰交战后慕容汗全军覆没，单骑逃出，而封弈在与慕容汗会合后也怕段兰乘胜追击杀来，便丢了辎重和慕容汗一同逃回了大棘城。只不过，封弈的这一举措太过小心谨慎了，因为段兰没有选择追歼残敌，而是转道进攻了柳城。柳城守将慕舆泥闻听援军已败，心中便失去了继续坚守的信心，随即弃了城池也逃回了大棘城。

形势急转直下，一时间慕容皝陷入了四面楚歌的境地，而这时慕容翰又顾念起兄弟之情了，连忙劝说段兰暂且收兵，以防慕容皝设下埋伏。段兰对于慕容翰这副既当娼妓又想立牌坊的做派很恶心，便讥讽他说道：“你无须担心，此次出兵我们只诛慕容皝，事成之后会扶你为慕容部的新首领，绝不会让你成为慕容鲜卑的千古罪人的！”

而这时候慕容翰被拆穿后还死鸭子嘴硬，嚷道：“呔，你把我慕容翰当成什么人了，既然我已经离开了慕容鲜卑又岂有再回之理！”

（十二）

不过话虽这么说，可接下来慕容翰的举措表露了他的心迹，他招呼都没打便带着所部人马离开了战场。慕容翰一撤兵，段兰这边孤掌难鸣，为了防止慕容皝的突然袭击，他只得率部驻军休整。

段兰的暂停进攻给了慕容皝宝贵的喘息之机，他得以收拢各支残军入驻大棘城，为长期坚守战赢得宝贵时间。不过，此时的形势依旧严峻，在大棘城四周都是慕容皝的敌对势力，南边的是段部段辽，西边的是叛贼慕容仁慕容昭，北边的是宇文部宇文逸豆归，东边的则是高句丽的人马。

在四方包围中，大棘城里的慕容皝度过了一个寒冷的年关，然而，就在第二年开春，一个契机出现在慕容皝的眼前。据探马来报，整个辽东湾都结了一层厚厚的冰，于是慕容皝拟定从海路进击，先灭掉慕容仁所部，打破目前的僵局。

但是军中有不少将士都认为海路进攻太冒险了，纷纷劝阻慕容皝取消计划，可慕容皝却援引当初刘秀踏冰击强敌的实例，力排众议坚持出兵。慕容皝兵分两路，以慕容汗封弈为一路，率少数人马鼓噪前进，用以迷惑敌方，自己则亲率五万主力部队，身披白袍踏冰渡过辽东湾。

慕容皝的部队在历林口（今辽宁营口）登陆后，便丢弃辎重直驱平郭（今辽宁盖州），在那里慕容皝遇上了只有五千人马的慕容军，如此悬殊的兵力交锋很快便以慕容军的完败告终。后来慕容皝在慕容军的带领下，从后路突袭了慕容仁的大营，慕容仁还在惊讶慕容皝的部队从哪里来的之际便成了慕容皝的俘虏。在这一刻，亲情什么的都已经如同草芥，慕容皝毫不犹豫地下令处死了慕容仁和慕容昭这两个胞弟。

慕容仁被消灭的消息传来，段辽和宇文逸豆归都纷纷叫苦，随后一南一北同时发起进攻，意图彻底消灭慕容皝。可是最佳时机已经错过，挟大胜余威的慕容皝先击段辽，再破宇文逸豆归，以闪电般的速度打残了这两支部队，随后看形势不妙的高句丽方面也撤军了。

至此，第二次辽东大战全面结束，“三国同盟”再次被强势的慕容鲜卑给击败了。如果说第一次辽东大战奠定了慕容鲜卑东北霸主的地位，那第二次辽东大战过后，便开启了慕容鲜卑正式统一辽东的步伐。战后，慕容皝自称为燕王，开国定号，前燕这个政权也开始了它的历史。

对于这一次段辽蓄意挑起战端的行为，慕容皝是窝了一肚子火，这时候他腾出手来便决定灭了段部鲜卑。可是如果单凭自己一家干或许灭了段部之后也要元气大伤一番，所以慕容鲜卑准备拉拢盟友，辽东这块地面上有实力的自己都得罪得差不多了，所以慕容皝将目光投向了辽东以外的世界。

就可行性来说，目前能向慕容鲜卑施援手的就两家——代北的拓跋部和中原的赵国，综合来看石虎的赵国在各个方面更具优势。于是慕容皝抛却了父亲当年固执的主张，向石虎抛去了橄榄枝，世界上没有永恒的敌人，利益永远是化敌为友的催化剂，慕容皝的所作所为已经开始显露出他作为一个王者的霸业雄心了。

石虎收到慕容皝的书信后很得意，正巧他也有染指辽东的想法，于是便以段辽停止纳贡为由，悍然发动了战争。这一次石虎在数十万的常备军中精中选精，组建了一支战斗力高昂的龙腾军，大约三万人。以桃豹为横海大将军，率水军十万；姚弋仲为冠军大将军，率步骑兵共十万一道讨伐段辽。慕容皝见石虎那边出动了，自己也不甘落后，带着倾国之军向段部杀来。

一个慕容皝已然是难以对付，这会子又把石虎这个地狱修罗也拉进了战局，段辽甚至感觉到段部鲜卑亡族在即了。不过，鲜卑人好战不服输的性格又促使着他要与这两大强敌大战一场，本着“吃柿子拿软的捏”的原则，段辽准备先与慕容鲜卑决战，随后再迎击羯胡部队。

（十三）

但是，事实上段辽压根儿就没有充分估计自己的实力，而羯胡部队与慕容鲜卑相比，软柿子还真不是慕容鲜卑。段辽的贪功冒进让他在进军兜兰山的时候遭到了慕容皝的埋伏，一战之下主力全军覆没。

取得大胜的慕容皝转而去抢掠战利品了，而没有去消灭段辽的残余部队，因为他知道石虎会替他灭掉段部鲜卑的。果然，在另一个战场，姚弋仲率领着羯胡部队连下段部四十余城。段辽在主力尽丧的情况下自然无法抵挡羯胡部队，便弃了国都，率残军逃亡到密云山中落草了。

可以说石赵能在极短时间内取得如此大进展绝非是军力的强盛，而在于姚弋仲的指挥有方。姚弋仲，西羌首领，出身名门，早年投效于刘曜，后又跟了石勒，其间遭遇石虎夺权事件，姚弋仲作为羌人领袖并没有和氐人领袖蒲洪一样声讨石虎。这一点让石虎非常满意，所以在稳固了自己政权之后，石勒册封姚弋仲为西羌大都督，等同于将羯胡政权中的非羯胡亦非汉的其他少民部队都划归他统领。

而姚弋仲也没有辜负石虎的期望，这次出兵大出风头，横扫了整个段部鲜卑。可是，志骄意满的石虎却认为是他的羯胡勇士战斗力高，所以才能打胜仗，而忽略了姚弋仲在其中起的关键性作用，正是这个误判让石虎后来在与慕容鲜卑的战斗中大吃苦头。

回过头来继续说段部鲜卑的情况，此时整个段部鲜卑的地盘已经被赵国悉数吞并了，除了北平长官阳裕还带着数千人在燕山上据守。这时，石虎手下便建议石虎先行灭了阳裕，然后再追击还在逃亡途中的段辽、段兰等部，石虎却不以为然地说道："阳裕，一介书生罢了，只不过多读了几本书爱惜名节才不愿意此刻投降，看着吧，只要我们消灭了段辽，他自会乖乖投降。倒是还潜逃在外的段辽和段兰始终是个祸患，一旦他们与宇文部或者高句丽相勾结，只怕我们就难办了。"

随后，石虎派郭太和麻秋领兵两万，绕过燕山追击段辽、段兰残部，麻秋他们没能找到段辽，反倒是遇上了段兰的部队。此时的段兰部队已经如同丧家之犬般毫无士气，两军一交锋便溃败逃散，段兰靠着几十名亲兵护着才勉强逃出战场，奔着宇文部去了。

也恰恰是此时，阳裕屁颠屁颠地出来投降石虎了，石虎冷笑着对阳裕说道："咦，这不是段部的伯夷叔齐吗？怎么着，不做义士改学微子启啦？"哪知道阳裕这个所谓的读书人被这么一羞辱非但没气，反倒恬不知耻地引经据典为自己开脱，他说自己先投王浚，后随段部，奈何这些人都不是明主。如今见到石虎王师杀到，才明白世间尚有雄主，所以特来投奔，如果石虎执意要杀他的话，他也无怨无悔。

阳裕这番类似于琼瑶苦情戏的肉麻话直接将"文人无行"这四个字体现得淋漓尽致，奇怪的是，一向杀人如麻的石虎竟然被这段话打动了，居然提拔阳裕为北平太守。要知道在这以前，对于叛逆者石虎那是神挡杀神，佛挡杀佛，唯一一次例外也是发生在和他有着说不清、道不明暧昧关系的蒲洪身上。关于石虎这一次的网开一面笔者也很是费解，但无论如何都不可能是因为阳裕那番出怪卖俏的话，唯一一点可能接近于事情真相的是阳裕这个人有安定人心的作用，这对于后赵迅速消化掉新征服地能起到推波助澜的功效。

话说虽然段辽上山落了草，段兰投靠了宇文部，但明眼人都看得出，段部鲜卑已经成为历史，原有领地已经被慕容鲜卑和羯胡瓜分完毕。而宇文部呢？眼见这段兰成了烫手的山芋，宇文逸豆归也不敢在这节骨眼儿上支持段兰成立流亡政府，连忙派手下将段兰遣送回石虎那，顺带捎上数千匹骏马，以示臣服于赵国。

正在石虎得意扬扬之际，一个消息将他原本兴高采烈的心情冷却到了冰点。姚弋仲汇报说，慕容鲜卑一伙子流氓团伙趁着羯胡部队还没正式入驻令支城（段部鲜卑都城）前，抢先一步洗劫了令支，等到姚弋仲到达的时候，令支城俨然已经成了一座空城。这种窝囊气羯胡人在这之前只吃过一次，就是石勒进洛阳那次。

（十四）

而石勒后来为了出气，报复性地放火烧了洛阳，这边姚弋仲也是有样学样，将令支周围方圆百里都化为灰烬。

可是烧归烧，憋在心里的那口气依旧出不了，石虎处事法则历来是这样：谁让老夫一时不爽，我让他这辈子都爽不了了！对于慕容鲜卑的鸡贼手段，石虎决心用武力报复，他随即命令大军一路向东，朝着慕容鲜卑的老巢大棘城杀来。慕容皝虽然是雄主但也并非是无脑之徒，他也知道这次惹火石虎需要承担多大的代价，面对石虎大军压境，这位慕容鲜卑的领袖竟然也动起了弃城逃跑的念头。

这时，慕容皝的手下一见老大要开溜，急忙劝阻道："主公，您一枪没放就撤离了棘城，这传扬出去您以后还怎么在东北这儿混啊，只怕到时候宇文鲜卑抑或是高句丽会像痛打落水狗一样围堵我们，更不要说石虎会赶尽杀绝了。而且，想当初四部联攻，将大棘城围得跟铁桶一般，其情况的恶劣程度也不比当下好多少啊，您不是都挺过来了么？这次我们也得搏一把啊。"

而那个有着先见之明的封弈也进言道："是啊，主公。想那石虎在中原的统治搞得早已是民怨沸腾，田亩之间无可食之粟，行伍之中无敢死之士，纵使数十万兵马压境也只不过是一群乌合之众罢了。我们要做的只是死守城池，以待时机到来，几十万大军一天消耗的粮草就是一笔庞大开销，石虎必然不能久持的！"

手下都这么说了，慕容皝也不能当着部下的面认㞞，只能硬着头皮打一仗了。为了做好持久战的准备，慕容皝依照惯例，将城外方圆百里之内的人员和物资全部运到城内，准备用坚壁清野来对付赵国的入侵。

石虎的大军到达大棘城下后，二话不说，直接发起了进攻，双方你争我夺，战事一直持续了近半个月。在这艰苦的攻坚战中，无论是羯胡部队或是鲜卑部队，都付出了惨痛的代价，城里城外尸积如山。

不过注定是慕容皝棋高一着，他深谙兵法奇正相合的精髓，在与石虎相持不下之际，他派人组织了一支千人队，趁着夜色摸进石虎大营进行了偷袭。这些天白日里连番攻城，赵军士兵都很疲乏，晚上便睡得特别死，而那一支鲜卑千人部队犹入无人之境，在石虎大营中大砍大杀一番，直杀到天亮才回城。

清晨石虎清点了一下损失部队，估摸着少说也死了有万把人，心中更是怒火中烧，也不顾昨天一晚士兵有多疲乏，当即下令四面攻城。可是这时候赵军士气低迷，几番攻城下来除了在大棘城下留下数万具尸体外，并无所获。战事依然胶着，而慕容皝那边又生一计，此计被罗贯中先生化用为后来诸葛亮智退曹操大军的典型案例。

慕容皝命一支部队悄悄出城，每到晚上便敲锣打鼓做出要进攻的态势，但是等到赵军集结完毕后，便偃旗息鼓了。等到赵军懈怠之际，便又听到战鼓声，如此反复下来，数十万赵军晚上都无法安然入睡，全军极度疲乏。

经过一个月的折腾，石虎这边开始吃不消了，士卒普遍思乡心切，外加上此时粮草也难以为继了（以羸弱的后赵经济要想支撑数十万大军长途作战，确实困难）。诸多因素考量之下，石虎也只能准备撤兵，但是在撤兵期间，石虎的一个致命错误让他差点儿命丧异域。

原来石虎自恃人马众多，慕容鲜卑必然不敢追击，所以压根儿没有安排殿后部队，而是乱哄哄地一同撤军。这便给了慕容皝这边可乘之机，就在慕容皝准备大摆筵席款待诸将之际，慕容皝的四子慕容恪却坚持要带兵追击，给予仓皇逃窜的羯胡部队迎头痛击，慕容皝见儿子如此奋勇，当下拨给他三千兵马进行追击。

这一次的追击让慕容恪首次出现于燕赵大战的舞台上，以后在慕容鲜卑与石赵的交战中总不会少掉此人的身影，然而，也恰恰是在这一次，慕容恪遇上了一位相伴他前半生的劲敌，从辽东到中原，每一次血战都凝聚着这两人的刀光剑影。

（十五）

对于鲜卑人的突然杀出，石虎可谓是猝不及防，当他反应过来想组织人马殿后抵御慕容恪时，才发觉大军已经乱作一团。

转眼间慕容恪的部队已经逼近了中军，而布置在中军的部队恰恰是石虎精中选精的龙腾军，结果这些所谓的精锐部队竟然扛不住慕容恪的三千骑兵，纷纷做了刀下亡魂。石虎面对如此溃败的形势也早已失去了往日的威严，手足无措地等待着其他部队的救援，然而其他部队已经陷入了相互踩踏的混乱中，哪里还有工夫顾及石虎啊。

也是老天不绝石虎，这时候杀得兴起的慕容恪竟然被一支部队给缠住了，这是一支清一色由汉人组成的部队，在后赵各路大军都在溃败之际，这支秩序井然的部队格外显眼。这支部队以长枪大盾护住前后两军，两侧配以弓弩部队压住阵脚，任鲜卑骑兵无论从哪个方向进攻，都会遭到猛烈的压制，待鲜卑骑兵撤下后，这支军中的骑兵又趁势反杀。

尤其是这支部队的首领，左手一杆双刃矛，右手一枝十字戟，胯下一匹嘶风朱龙马，在万军之中显得虎虎生威，虽然年纪看上去也就二十岁，但身上却透着一股干练和老到之气。他张弓搭箭，连续放倒了数十名鲜卑骑兵，随后他又策马杀入阵中，一人一骑直杀得慕容鲜卑人仰马翻，各自溃逃而去。

慕容恪见已经重创了羯胡部队，自己只带了数千人，若是与此人缠斗只怕会得不偿失，于是便集合部队撤了回去。事后，从一些战俘口中，慕容恪才得知，那名汉将叫石闵，本姓冉，父亲便是曾经为石虎力战刘曜而最终阵亡的乞活军猛将冉瞻。冉瞻死后，石虎将冉闵收为养孙，悉心培养，终于将他锻造成一部杀人机器，即使在骁勇的慕容鲜卑面前，冉闵依然压住了他们的气场。

此次战役史称“昌黎会战”，是冉闵和慕容恪的首次对决，慕容恪以三千骑兵横扫数十万赵军而威震天下，而冉闵以区区一部力挫慕容恪也让他得到了石虎的嘉奖。史载后赵诸军尽溃，唯游击将军冉闵三千汉军独全。此战后，冉闵成名，被石虎提拔为北中郎将。

赵军仓皇撤回国内后，慕容鲜卑趁势吞并了原属段部鲜卑的所有版图，石虎忙活了半天反倒是帮他人作了嫁衣，心中自然恼怒，时时刻刻想着要报仇雪恨。

机会很快就来了，来年开春，钻山沟的段辽实在难以忍受饥一顿饱一顿的山贼生活了，便修书一封向石虎投诚，表示愿意作为向导替石虎扫平慕容鲜卑。

听闻这一消息，石虎很激动，吸取上次人多就是累赘的教训，这次石虎准备安排一支偏师前去攻取慕容鲜卑，而统帅就敲定麻秋了。随后麻秋领兵三万，配合北平太守阳裕的地方部队一同前去接应段辽，谁知道关键时刻段辽反水，竟然投了慕容皝并设计将麻秋大军引入包围圈，结果伏兵强弓劲弩一阵招呼，外加大火焚烧，将麻秋三万大军烧了个外焦里嫩。

麻秋总算命大，带着两千人马跑路了，阳裕这个斯文败类再次体现了他的操守，单人投降了慕容皝。麻秋灰溜溜地回去后，石虎大发雷霆，决定斩了这个败军之将以儆效尤。而这时，麻秋平日里积攒的人脉起了关键性作用了李农、冉闵、姚弋仲纷纷为麻秋求情，石虎这才网开一面。

刚饶了麻秋，北疆军报传来，慕容皝挟大败麻秋的余威，又以阳裕为向导，突袭了石虎在北方的边防军驻地，石成手下大将呼延晃、张支被杀，石成率残军紧急求援。石虎原本想再举兵数十万一下子铲除慕容皝，奈何刚刚吃了两次败仗，实在短时间内无法聚兵，便以李农为征东大将军，张举为征北大将军，率兵五万三征辽东。这一次情况更糟，李农他们连和慕容皝正规军交手的机会都没有，就被磕在一座边城之下，几番攻打都以失败告终，李农只得领着部队退了回去。

接二连三地吃败仗，石虎的自信心大为受挫，这时他手下谋士建议石虎联合成汉先行攻灭东晋，再消灭成汉，统一了三国后再攻灭慕容皝，这样就容易多了。哪知道此时成汉的国君李寿也不是蠢货，不上石虎的套，拒绝参与灭晋行动。

（十六）

处处碰壁的石虎已然丧失了理智，怀着对慕容鲜卑的彻骨之恨，石虎发动了他最疯狂的一次扩军，他规定汉人百姓中家有五个男丁的征三人，家有四个男丁的征二人，家有三丁和二丁的征一人，这样由青壮年组成了第四次征伐辽东的大军。

关于此次军队数量到底有多少，史书众说纷纭，有说五十五万的，有说八十五万的，有说一百万的，还有说一百五十万的。不过，根据后面慕容儁的征兵一百五十万以及此次出征的物资——大船一万艘，运军粮一千一百万斛来看，此次军队数量绝不下于一百万。在宛城匆匆阅军完毕后，石虎便浩浩荡荡地开往了辽东。

得知石虎率领如此庞大的部队来讨伐自己，慕容皝即使连战连捷也未免有些胆寒，但是，短暂惊讶之后慕容皝便露出了诡异的笑容。

不久，前方传来消息，说石虎用于备战的物资都被慕容皝给捣毁了。原来，慕容皝趁着石虎军队数量庞大，进军迟缓之际，抢先率领一万大军经居庸关兵临蓟城城下，做出一副要攻城的样子。待将赵军悉数吸引来这个地方增援时，慕容皝便虚晃一枪，南下攻陷了高阳，并焚毁了石虎在这儿的一切物资。

失去了物资维持的东征大军只得宣告失败，这一次石虎是彻底服输了，打那之后他便再也没有动过心思讨伐燕国，殊不知在他死后，自己的国家依旧陷入了与燕国的战争中，只是那时候战争的主动权已经掌握在他人手中了。

经此一役，慕容鲜卑正式从一个区域性的霸主转变为逐鹿中原的竞争者，慕容皝趁机进行了迁都，并将新都命名为“龙城”。后人有诗提到了这座雄伟之城，“但使龙城飞将在，不教胡马度阴山。”也就是在迁都后不久，慕容皝派遣使臣出使东晋，请求朝廷正式册封自己为燕王。

要知道，此时距离慕容皝擅自称王已经过去多年了，如今旧事重提自然让东晋方面很尴尬，于是东晋群臣依旧采取老方法——冷处理，既不承认也不拒绝。不过这一次的使臣可不是这么容易被忽悠了，他直截了当地说道：“想当初石虎以辽西王为饵诱惑于我家主公，我家主公尚且断然拒绝，如今只是一个区区燕王，晋朝都不肯应允，怕是丢了上国风度。况且谁说没有异姓封王的先例？远的不说，就说近的东吴，当初不也是封了身处辽东的公孙渊为异姓王么，怎么到了司马家当政还不如孙权明白事理？”

使臣的一席话让东晋君臣三缄其口，一番思忖之后便应允了他的这项要求，晋成帝委派大鸿胪郭烯出使龙城，册封慕容皝为使持节、大将军、幽州牧、大单于、燕王。至此，慕容皝经过一系列努力，终于名正言顺地当上了其父梦寐以求的燕王。

而慕容皝的几个儿子，日后将会扛起父辈的旗帜，趁着中原动荡之际入关逐鹿天下，并最终开创盛极一时的大燕帝国。在讲述他们的故事前，还得先熟悉下几位重要人物。

慕容皝的世子慕容儁排行老二，是嫡长子，史载慕容儁“骨相不恒”，从体格上看就绝非凡品，所以慕容廆在世的时候，对这个孙子很满意，认为他以后能做中原人的皇帝（事实上却也是如此）。而长大后的慕容儁更是出落得仪表堂堂，研习各种汉家经典，具有经国治世的才干。

老四慕容恪以后还会着重提到，这边先简要说一下。慕容恪，字玄恭，由于母亲身份卑微，所以从小并不被慕容皝待见。不过随着慕容恪年龄的增长，他在军事方面的造诣让慕容皝叹为观止，此后便频繁让他出入于行伍之中以便历练。

老五慕容霸，从小便深得慕容皝宠爱，慕容皝曾一度想废慕容儁，立慕容霸为世子，只是因为他并非嫡子，也非长子，大臣反对意见较强烈，所以只得告吹。慕容霸很早熟，八九岁便能上阵杀敌了，日后这位慕容霸还有个响亮的名字——慕容垂。

此外，慕容皝还有个小儿子慕容德，后来成为南燕的开国之君，只是目前他年纪尚小，就不仔细介绍了。

“江山代有才人出”，匈奴羯胡逐鹿中原的时代即将过去，成汉、赵国、东晋三分天下的格局也将随之改变，接下来一批新人物即将粉墨登场。走在前面的是慕容家诸子，当然，还有蒲洪和姚弋仲的儿孙们，而在南方，一位雄才的崛起将正式改变东晋的整个历程，而他的影响则将一直持续到东晋末年。

历史就是这样，衰亡与兴盛交替，鲜血与风流纵横，英雄如同繁叶，落地后又会生根，然而，叶子总是随风飘飞，只有根才能牢牢扎于土壤之中。那千千万万的黎民便是这树木之根，正如日本老电影《七武士》的台词那般：“武士就像风，从大地上漫卷而过，那些农民始终和大地在一起，永远地活下去。”

西晋世系表（265—317）

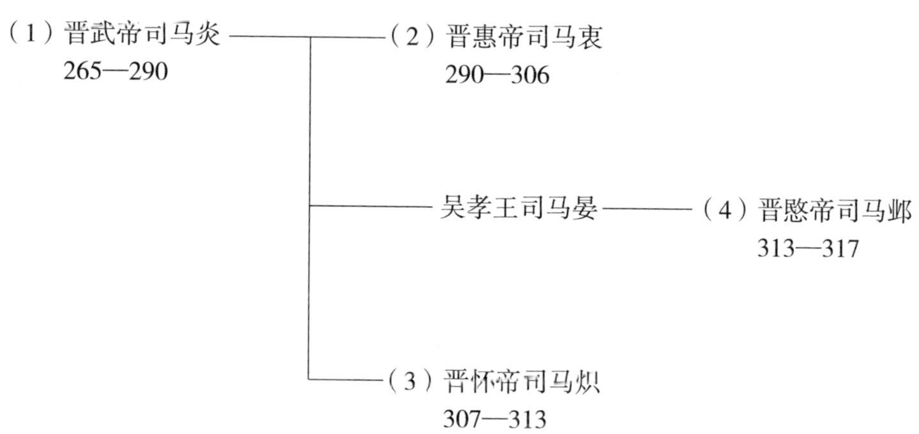

前赵灭西晋　西晋亡

汉（前赵）（304—329）

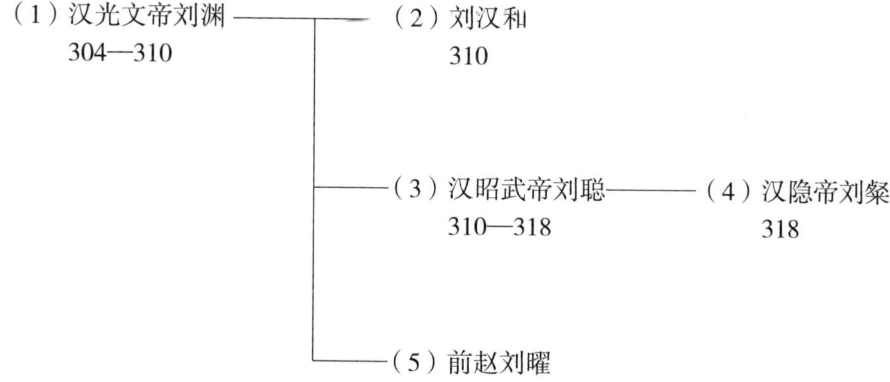

后赵灭前赵　前赵亡